O CONCEITO DE
SISTEMA JURÍDICO

JOSEPH RAZ

O CONCEITO DE SISTEMA JURÍDICO

UMA INTRODUÇÃO À TEORIA DOS SISTEMAS JURÍDICOS

TRADUÇÃO DE MARIA CECÍLIA ALMEIDA
REVISÃO DE TRADUÇÃO DE MARCELO BRANDÃO CIPOLLA

wmf **martinsfontes**
SÃO PAULO 2018

Esta obra foi publicada originalmente em inglês com o título
THE CONCEPT OF A LEGAL SYSTEM 2/E
por Oxford University Press, 1980
Copyright © Oxford University Press, 1970, 1980
Esta tradução é publicada através de acordo com Oxford University Press.
Esta edição não pode ser vendida em Portugal.
Copyright © 2012, Editora WMF Martins Fontes Ltda.,
São Paulo, para a presente edição.

1ª edição 2012
2ª tiragem 2018

Tradução *Maria Cecília Almeida*

Acompanhamento editorial *Márcia Leme*
Revisões gráficas *Ana Maria de O. M. Barbosa e Frank de Oliveira*
Projeto gráfico *A+ Comunicação*
Edição de arte *Katia Harumi Terasaka*
Produção gráfica *Geraldo Alves*
Paginação *Studio 3 Desenvolvimento Editorial*

Dados Internacionais de Catalogação na Publicação (CIP)
(Câmara Brasileira do Livro, SP, Brasil)

O conceito de sistema jurídico : uma introdução à teoria dos sistemas jurídicos / Joseph Raz ; tradução de Maria Cecília Almeida ; revisão de tradução de Marcelo Brandão Cipolla. – São Paulo : Editora WMF Martins Fontes, 2012. – (Biblioteca jurídica WMF)

Título original: The concept of a legal system : an introduction to the theory of legal system.
Bibliografia.
ISBN 978-85-7827-507-5

1. Direito 2. Direito comparado I. Título. II. Série.

11-13786 CDU-340.5

Índices para catálogo sistemático:
1. Sistemas jurídicos : Direito comparado 340.5

Todos os direitos desta edição reservados à
Editora WMF Martins Fontes Ltda.
Rua Prof. Laerte Ramos de Carvalho, 133 01325.030 São Paulo SP Brasil
Tel. (11) 3293.8150 Fax (11) 3101.1042
e-mail: info@wmfmartinsfontes.com.br http://www.wmfmartinsfontes.com.br

PREFÁCIO

Este livro é baseado em uma tese de doutorado defendida na Universidade de Oxford. Eu gostaria de registrar aqui minha imensa gratidão ao prof. H. L. A. Hart. Aprendi muito com suas obras, com suas conferências e, acima de tudo, com a crítica paciente e minuciosa que fez dos primeiros rascunhos deste trabalho. Também lhe sou muito grato pelo incentivo e pela orientação constantes.

Agradeço muito ao dr. P. M. Hacker, com quem tive muitas conversas esclarecedoras sobre os tópicos discutidos, e ao dr. A. Kenny, que leu e comentou em dois artigos o que escrevi sobre Bentham e Kelsen; esses artigos serviram de base para parte do conteúdo dos Capítulos 3 a 5.

Minha estada em Oxford foi viabilizada pela Universidade Hebraica de Jerusalém, que assegurou os recursos necessários, e principalmente pelo interesse e pela amável atenção do sr. E. Posnansky.

Tanto o prof. Hart quanto o dr. Hacker leram os primeiros rascunhos deste livro, e se não fosse pelo esforço deles haveria muito mais erros e infelicidades estilísticas no inglês do que os que ainda restam.

SUMÁRIO

Prefácio, V
Abreviações, XI
Introdução, 1

CAPÍTULO I. A TEORIA DE SISTEMA JURÍDICO DE AUSTIN, 7
  1. Soberania, 9
  2. Critérios de existência, 15
  3. Um critério de identidade, 25
  4. A estrutura do sistema jurídico, 31

CAPÍTULO II. A TEORIA DE AUSTIN: CRÍTICA, 36
  1. A ilimitabilidade da soberania, 37
  2. Sobre a obediência pessoal, 44
  3. A unidade da soberania, 48
  4. Sobre a legislação, 51
  5. Sobre a independência, 55

CAPÍTULO III. ELEMENTOS DE UMA TEORIA DAS NORMAS, 59
  1. Enunciados normativos, 61
  2. Os elementos de uma norma, 67
     A. A explicação de Bentham sobre a estrutura da norma, 67
     B. A estrutura da norma segundo Kelsen, 80

3. A existência das normas, 82
   A. Condições derivadas de criação, 83
   B. Condições derivadas de extinção, 85
   C. Condições originais de existência, 87

CAPÍTULO IV. SOBRE A INDIVIDUAÇÃO DAS LEIS, 94
1. O problema da individuação, 94
2. A abordagem de Kelsen sobre a individuação das leis, 104
3. Kelsen e Bentham – uma comparação, 114

CAPÍTULO V. A TEORIA DE SISTEMA JURÍDICO DE KELSEN, 124
1. A existência do sistema jurídico, 125
2. O critério de identidade, 127
3. O critério de identidade – o papel da norma fundamental, 134
4. O critério de identidade – a cadeia de validade, 140
5. A estrutura do sistema jurídico, 146
   A. Dois princípios alternativos de individuação, 147
   B. A possibilidade de projetar uma classificação sobre a outra, 148
   C. A primazia do princípio estático, 150
6. Sobre as normas independentes, 153

CAPÍTULO VI. OS SISTEMAS JURÍDICOS COMO SISTEMAS DE NORMAS, 161
1. Normas imperativas, 162
2. A norma fundamental e a justificação dinâmica, 170
3. A estrutura do sistema e a individuação de suas leis, 187
   A. Requisitos de limitação, 189
   B. Requisitos de orientação, 191
4. Leis que impõem deveres, 196
5. Leis que conferem poderes, 209
   A. Nota sobre as leis de obediência, 221

CAPÍTULO VII. OS SISTEMAS JURÍDICOS
COMO SISTEMAS DE LEIS, 224
 1. Sobre a normatividade do direito, 224
 2. Sobre as permissões, 226
 3. Sobre as leis que instituem direitos, 233
 4. Estrutura genética e estrutura operativa, 244
    A. Nota sobre as sanções coercitivas, 247

CAPÍTULO VIII. A IDENTIDADE DOS
SISTEMAS JURÍDICOS, 249
 1. A identidade dos sistemas jurídicos considerados em sua existência não momentânea, 249
 2 Identidade e pertinência nos sistemas jurídicos vigentes em determinado momento, 252
 3. Sobre a norma de reconhecimento, 263
    A. Nota sobre as leis em geral e sobre aquelas que só existem no papel, 268

CAPÍTULO IX. SOBRE A EXISTÊNCIA
DOS SISTEMAS JURÍDICOS, 271
 1. Sobre o princípio de eficácia, 271
 2. Algumas considerações adicionais, 275

Pós-escrito: fontes, normatividade e individuação, 279
Bibliografia, 317
Índice remissivo, 323

ABREVIAÇÕES

Alguns livros são citados pela primeira palavra principal de seu título: *The Limits of Jurisprudence Defined* [Limites de jurisprudência definida], por exemplo, é referido como *Limits*.

CL *The Concept of Law* [*O conceito de direito*], de Hart.

GT *General Theory of Law and State* [Teoria geral de direito e Estado], de Kelsen.

NA *Norm and Action* [Norma e ação], de Von Wright.

PTL *The Pure Theory of Law* [*Teoria pura do direito*], de Kelsen.

TP *Théorie Pure du Droit*, de Kelsen.

WJ *What is Justice?* [O que é justiça?], de Kelsen.

OLG *Of Laws in General* [Das leis em geral], de Bentham. Este é, no fundo, uma nova edição de *Limits*.

INTRODUÇÃO

Este livro é uma introdução a um estudo geral dos sistemas jurídicos, ou seja, ao estudo da natureza sistemática do direito; faz, ainda, um exame dos pressupostos e implicações ligados ao fato de que toda lei necessariamente pertence a um sistema jurídico (o sistema inglês, ou o alemão, ou o romano, ou o do direito canônico, ou algum outro). Essa investigação, se levada até o fim, pode resultar no que poderíamos chamar de uma teoria do sistema jurídico. Tal teoria é geral na medida em que tem a pretensão de aplicar-se a todos os sistemas jurídicos. Se for bem-sucedida, elucida o conceito de sistema jurídico e faz parte da teoria analítica geral do direito.

A abordagem aqui adotada é, de certo aspecto, uma abordagem histórica e nasce de um exame crítico de teorias já existentes. A parte construtiva do trabalho tem caráter analítico, e todos os autores comentados na parte histórica pertencem à escola analítica da teoria do direito[1]. Do ponto de vista analítico, uma teoria completa dos sistemas jurídicos consiste nas soluções oferecidas para os quatro problemas seguintes:

---

[1] Cf. Bentham, *Principles*, pp. 423 ss.; Austin, "The Uses of the Study of Jurisprudence"; Kelsen, "The Pure Theory of Law and Analytical Jurisprudence"; Hart, "Positivism and the Separation of Law and Morals".

(1) O problema da existência: quais são os critérios que definem a existência de um sistema jurídico? Distinguimos entre os sistemas jurídicos existentes e os que ou deixaram de existir (como o sistema jurídico romano) ou jamais existiram (como as leis que Platão propôs para um Estado ideal). Além disso, dizemos que o sistema jurídico francês existe na França, mas não na Bélgica, e que, na Palestina, vigora hoje um sistema jurídico diferente do que vigorava há trinta anos. Um dos objetivos da teoria dos sistemas jurídicos é fornecer critérios para determinar a verdade ou a falsidade dessas afirmações; a estes, chamá-los-emos "critérios de existência" de um sistema jurídico.

(2) O problema da identidade (e o problema correlato da pertinência ou pertença): quais critérios determinam a que sistema pertence determinada lei? São esses os critérios de pertinência, e deles podem ser derivados os de identidade, que respondem à pergunta: quais as leis que formam determinado sistema?

(3) O problema da estrutura: há uma estrutura comum a todos os sistemas jurídicos, ou a certas espécies de sistemas jurídicos? Existem padrões de relação entre as leis que pertencem ao mesmo sistema, padrões que estão presentes em todos os sistemas jurídicos ou que assinalam a diferença entre espécies importantes de sistemas?

(4) O problema do conteúdo: existem leis que de uma forma ou de outra estão presentes em todos os sistemas jurídicos ou em certas espécies de sistemas? Há algum conteúdo comum a todos os sistemas jurídicos ou que pode determinar espécies importantes de sistema?

Toda teoria dos sistemas jurídicos deve proporcionar uma solução aos dois primeiros problemas, já que os critérios de existência e identidade são partes necessárias de qualquer definição adequada de "sistema jurídico". No entanto, a teoria pode dar resposta negativa às duas últimas questões. Pode sustentar que não há estrutura nem conteúdo comuns a todos os sistemas jurídicos. O exame da estrutura e do conteúdo é fundamental também para a teoria das espécies de sistemas jurídicos (nome com que podemos designar a parte analítica do direito comparado).

Este ensaio se interessa apenas pelos três primeiros problemas, e somente na medida em que façam parte de uma teoria geral dos sistemas jurídicos. Os juristas analíticos, com exceção de Hart, têm prestado pouca atenção ao problema do conteúdo; e, como decidimos desenvolver nossas conclusões sistemáticas sobretudo por meio de um exame crítico das teorias anteriores, será conveniente desconsiderá-lo quase completamente. Alguns comentários sobre a inter-relação entre o problema do conteúdo e os outros três problemas serão feitos no Capítulo VI e em outras partes do livro.

Os quatro problemas da teoria dos sistemas jurídicos têm sido quase totalmente negligenciados por praticamente todos os juristas analíticos. Ao que parece, a ideia tradicional é que o passo decisivo para entender o direito é definir o que é "uma lei", e admite-se sem discussão que a definição de "um sistema jurídico" não envolve nenhum outro problema significativo. Kelsen foi o primeiro a insistir que "será impossível compreender a natureza do direito se limitamos nossa atenção à norma isolada"[2]. Aqui, tenho o propósito de ir mais além: segundo a tese principal deste estudo, a teoria do sistema jurídico é pré-requisito para qualquer definição adequada de "lei", e todas as teorias existentes sobre os sistemas jurídicos são malsucedidas em parte porque não conseguem perceber esse fato.

Para defender essa tese, serão considerados certos aspectos da teoria geral das normas (nos Capítulos III e VI). A discussão

---

[2] *GT*, p. 3.

será, contudo, limitada ao mínimo necessário para provar a validade da posição geral.

O direito é normativo, institucionalizado e coercitivo, e essas são suas três características mais gerais e importantes. É normativo porque serve e deve servir como orientação para o comportamento humano. É institucionalizado porque sua aplicação e modificação são, em larga medida, executadas ou reguladas por instituições. E é coercitivo na medida em que a obediência a ele, e sua aplicação, são garantidas internamente, em última instância, pelo uso da força.

É certo que toda teoria dos sistemas jurídicos deve ser compatível com uma explicação dessas características. Por serem tão importantes, é de esperar ainda que toda teoria dos sistemas jurídicos as leve plenamente em conta e explique, ao menos parcialmente, a sua importância para o direito.

A ênfase nessas três características do direito é o fator mais significativo que compartilhamos com duas teorias analíticas contemporâneas dos sistemas jurídicos – a de Kelsen e a de Hart. As diferenças entre nossas posições podem ser reduzidas a uma diferença na interpretação das três características, suas inter-relações e sua relativa importância. Este denominador comum torna útil apresentar esta tentativa de resolução dos problemas no contexto de um exame crítico de outras tentativas semelhantes.

Há, contudo, uma grande diferença no uso feito aqui das duas teorias contemporâneas. A teoria de Kelsen é explicada e criticada em três capítulos sucessivos (III, IV e V) antes que qualquer contribuição positiva para a teoria dos sistemas jurídicos seja desenvolvida. O propósito disso é entender de modo mais detalhado os problemas da teoria dos sistemas jurídicos, explorar algumas dificuldades envolvidas ao atacá-los e aprender tanto com os acertos quanto com os erros daquele jurisconsulto. A teoria de Hart, que se parece muito mais com a abordagem aqui exposta, é discutida junto com a formulação de uma contribuição positiva para a teoria dos sistemas jurídicos (Capítulos VI a IX). Outros filósofos do direito que não produziram uma teoria completa dos sistemas jurídicos também sustentaram posições que têm relação com a construção de tal teoria, e algumas dessas posições serão retomadas e examinadas nos momentos adequados.

Embora Kelsen tenha sido o primeiro a lidar explícita e minuciosamente com o conceito de sistema jurídico, já está implícita na obra de Austin uma teoria completa dos sistemas jurídicos. Conquanto difira em aspectos importantes da teoria de Kelsen, a doutrina de Austin bem pode ser considerada uma variante do mesmo tipo de teoria. Proponho que suas teorias sejam encaradas como duas variações sobre o que chamarei de abordagem imperativa. Como a variante de Austin é a mais simples, começaremos a discussão por ela e a usaremos para descrever a natureza dessa abordagem (Capítulo I). No entanto, a teoria de Austin é extremamente deficiente. Muitos de seus defeitos podem ser remediados sem sair da estrutura da abordagem imperativa. Portanto, a crítica de suas posições (Capítulo II) não pode ser considerada como prova da insuficiência da abordagem imperativa enquanto tal, mas antes como introdução à teoria de Kelsen, que é muito menos vulnerável.

CAPÍTULO I

A TEORIA DE SISTEMA JURÍDICO DE AUSTIN

Austin define "uma lei" como "um comando geral de um soberano dirigido a seus súditos". Sua teoria dos sistemas jurídicos está implícita nessa definição. Para esclarecer isto, dividiremos a definição em três partes e cada uma delas fornecerá uma resposta aos nossos três problemas principais: uma lei é (1) um comando geral (2) emitido por alguém (a expressão usual de Austin é "posto" ou "dado")[1] (3) que é um soberano (ou seja, que é habitualmente obedecido por certa comunidade e não obedece habitualmente a ninguém).

A partir da segunda parte da definição, é possível extrair um critério de identidade e um critério de pertinência:

Critério de identidade de Austin: um sistema jurídico contém todas e somente as leis emitidas por uma pessoa (ou corpo de pessoas).

Critério de pertinência de Austin: determinada lei pertence ao sistema jurídico que contiver as leis emitidas pelo legislador daquela lei[2]. Esta é a resposta de Austin para o problema da identidade.

Um critério de existência pode ser extraído a partir da terceira parte da definição:

---

[1] Na opinião de Austin, a emissão de um comando geral pelo soberano é legislação.
[2] Cf. a síntese de Hart sobre a posição de Austin, *CL*, p. 66.

Critério de existência de Austin: (1) Um sistema jurídico existe se o legislador comum de suas leis é um soberano. Portanto: (2) Um sistema jurídico existe se ele é geralmente eficaz. A transição de (1) para (2) é garantida pelo fato de que um indivíduo só é soberano se é obedecido habitualmente, e só é obedecido habitualmente se os seus comandos forem geralmente obedecidos. No Capítulo II (Seção 2), modificaremos o critério para torná-lo mais exato.

O primeiro elemento da definição de lei é nossa única pista para a opinião de Austin sobre a estrutura da lei. Ele nunca atacou o problema diretamente, mas afirma o suficiente sobre o significado do termo "comando geral" para nos permitir reconstruir uma doutrina rudimentar da estrutura das leis. Uma de nossas principais afirmações neste capítulo será a de que esta doutrina exclui a possibilidade de que a relação interna entre as leis seja elemento necessário de um sistema jurídico. Por relação interna entre leis nos referimos à relação entre uma ou mais leis que ou se referem a outras leis ou pressupõem a existência destas. Deste modo, Austin exclui *a fortiori* qualquer estrutura específica interna (isto é, qualquer padrão de relações internas) que um sistema jurídico deve necessariamente conter.

Este breve resumo demonstra de que modo a teoria de Austin sobre os sistemas jurídicos é virtualmente um subproduto de sua definição de "lei". Tanto a teoria quanto a definição refletem e pressupõem a aplicabilidade de um conceito – o de soberania. Por esta razão, começaremos nosso exame minucioso da teoria de Austin considerando seu conceito de soberania, para depois passar a discutir seu critério de existência (1.2), seu critério de identidade (1.3), e sua teoria sobre a estrutura da lei, que prepara o terreno para sua teoria sobre a estrutura do sistema jurídico (1.4).

1.1. Soberania

A palavra "soberania" já fazia parte da terminologia filosófica e política muito tempo antes de Austin. No entanto, ela sofrera uma transformação recente nas mãos de Bentham, que escreveu: "Quando se supõe que um número de pessoas (a quem podemos chamar súditos) estão habituadas a prestar obediência a uma pessoa ou a uma assembleia de pessoas, de espécie determinada e conhecida (a quem podemos chamar de governante e governantes), afirma-se que tais pessoas conjuntamente (súditos e governantes) encontram-se no estado de sociedade política."[3] Basta comparar esta passagem com a seguinte de *The Province* [A província] para perceber como é grande a dívida de Austin para com seu mestre: "Se determinado ser humano que comanda não tem o hábito de obedecer a nenhum comandante semelhante e é obedecido habitualmente pela maioria de uma dada sociedade, ele é soberano nessa sociedade, e esta (incluindo o comandante) é uma sociedade política e independente."[4]

Duas grandes inovações foram introduzidas por Bentham e adotadas por Austin:

(1) A soberania não é nem derivada da moral ou de princípios morais nem explicada por eles. Baseia-se exclusivamente no fato social do hábito da obediência.

(2) O conceito de hábito e o de obediência pessoal, isto é, obediência a uma pessoa ou grupo específico, se tornam os conceitos fundamentais na análise da soberania.

Estes pontos constituem o fundamento da teoria da soberania de Austin, fundamento que fora construído por Bentham. Há, entretanto, duas diferenças entre as passagens de Bentham e Austin que não devem ser desconsideradas.

---

[3] *Fragment*, p. 38.
[4] *Province*, p. 194.

Bentham definiu "encontram-se no estado de sociedade política"; Austin falou em uma "sociedade política e independente". Isto explica por que a definição de Austin comporta duas condições, uma positiva (a maioria da população obedece habitualmente ao soberano) e uma negativa (o soberano não tem o hábito de obedecer a ninguém), enquanto a definição de Bentham menciona apenas a condição positiva. A condição negativa diz respeito à independência da sociedade política, e Bentham não estava preocupado com isso nessa passagem. Austin comenta essa omissão e diz que "o sr. Bentham esqueceu-se de notar" a necessidade de uma condição negativa[5]. Isto não é verdade com relação ao *Fragment* a que Austin se referiu, mas é verdade no que se refere às definições de soberano de Bentham em *Of Laws in General* [Das leis em geral], seu trabalho mais importante de teoria do direito, e em outras obras[6]. Mas a omissão não passa de um erro técnico. Não há dúvida de que Bentham teria aprovado a alteração de Austin. No *Fragment*, ele escreve:

> Mas suponha uma grande sociedade política incontestável já constituída. E suponha que um corpo menor se desgarre desta: por esta ruptura, o corpo menor deixa de estar em estado de união política com a maior. Desta forma, o corpo menor se coloca em estado de natureza em relação ao corpo maior [...] [e suponha que] os governantes subordinados, de quem o povo geralmente costumava receber comandos sob o antigo regime, são os mesmos que comandam a nova sociedade. *O hábito da obediência que estes governantes subordinados tinham com relação àquela única pessoa, diremos, que era o governante supremo*

---

[5] *Province*, p. 212.
[6] Austin (ibid.) afirma que cada sociedade política ou é uma sociedade política independente ou ao menos faz parte de uma. Em razão disso, a definição de uma sociedade política pressupõe a definição de uma sociedade independente, sendo portanto claramente falaciosa.

do todo, se rompe de forma imperceptível e gradual. Os velhos nomes pelos quais estes governantes subordinados eram conhecidos [...] permanecem os mesmos *agora que eles são supremos.*[7]

Implicitamente, a definição de um governante supremo inclui a condição negativa de Austin.

A segunda diferença entre as concepções de soberania de Austin e Bentham, embora nunca tenha sido notada pelo próprio Austin, é muito mais importante. O soberano de Austin tem quatro atributos, todos eles de importância vital para sua teoria do sistema jurídico. A soberania é:

(1) *não subordinada*, isto é, (a) o poder legislativo soberano não pode ser outorgado por uma lei; e (b) esse poder legislativo não pode ser revogado por lei;

(2) *ilimitável*, isto é, (a) o poder legislativo soberano é legalmente ilimitável, é o poder de produzir qualquer lei; e (b) o soberano não pode estar submetido a deveres legais no exercício de seu poder legislativo;

(3) *única*; para cada sistema jurídico há (a) um e (b) somente um poder legislativo não subordinado e ilimitável;

(4) *indivisível*: este poder legislativo está nas mãos de uma pessoa ou de um corpo de pessoas.[8]

A soberania de Bentham certamente é não subordinada e única, mas ele nunca afirmou que ela é ilimitável ou indivisível.

---

[7] *Fragment*, p. 44. Grifos meus.

[8] Supõe-se aqui que a soberania poderia ser dividida sem deixar de ser única. Se, por exemplo, de acordo com um sistema jurídico uma pessoa tem poder legislativo não subordinado em assuntos religiosos enquanto outra tem poder legislativo não subordinado em todos os outros assuntos, seus poderes são considerados como partes de um poder soberano dividido entre eles. Por outro lado, se de acordo com um sistema há duas pessoas dotadas de poder legislativo não subordinado e ilimitado, a soberania não é única, pois há dois poderes soberanos naquele sistema jurídico; mas é indivisível, pois cada poder soberano está nas mãos de uma só pessoa.

É interessante examinar o desenvolvimento de suas posições sobre este assunto: no *Fragment*, ele evita completamente o uso do termo "soberano" e usa em vez disso o termo "governante supremo". Silencia quanto ao problema da unicidade e, no que diz respeito à limitabilidade dos governantes supremos, diz: "A esfera [...] da autoridade suprema do governo, embora não seja infinita, deve inevitavelmente, segundo penso, ser indefinida, exceto onde for limitada por convenção expressa."[9] É impossível saber se esta convenção é lei ou não. Em seu segundo trabalho publicado sobre teoria do direito, os *Principles*, ele tende a admitir o conceito de soberania:

> Para o conjunto total de pessoas pelo qual as várias operações políticas acima mencionadas são executadas, estabelecemos a designação coletiva de governo. Entre estas pessoas há normalmente uma pessoa ou corpo de pessoas cuja função é designar e distribuir para o restante suas várias funções, determinar a conduta a ser observada por elas na execução do grupo particular de operações que lhes pertencem e até mesmo, vez por outra, exercer tais funções em lugar delas. Onde existe essa pessoa ou corpo de pessoas, ela/ele pode [...] ser denominada/o o soberano ou a soberania.[10]

De acordo com essa definição diluída de soberania, parece que o soberano pode ser limitado. Por outro lado, ele é tanto único quanto indivisível, mas há uma nota de rodapé junto a essa passagem que diz:

> Eu deveria hesitar antes de dizer que isso é necessário [isto é, que há necessariamente um soberano em cada país]. Nas Províncias Unidas, na Helvécia ou mesmo no corpo germânico, onde está aquela assembleia *única* na qual reside um poder absoluto so-

---

[9] *Fragment*, p. 94.
[10] *Principles*, p. 325.

bre o todo? Onde estava ela na República romana? Certamente eu não me comprometeria a encontrar uma resposta para todas estas questões.[11]

Se o poder soberano é indivisível, parece que nem todo Estado tem um soberano. Podemos deduzir que, se todo Estado tem um soberano, este não pode ser indivisível.

Em *Of Laws in General*, Bentham sustenta que todo Estado tem um soberano, mas mantém a posição de que a soberania não precisa ser indivisível ou ilimitada:

> A causa eficiente [...] do poder do soberano não é nada mais nada menos que a disposição para a obediência por parte do povo. No entanto, é óbvio que essa disposição pode admitir inumeráveis modificações – mesmo sendo constante... *O povo pode se dispor a obedecer aos comandos de um homem diante de todo o resto do mundo em relação a um tipo de ato, os comandos de outro homem em relação a outro tipo de ato;* caso contrário, como compreender as leis constitucionais do corpo germânico? [...] *Pode estar disposto a obedecer a um homem quando comanda um dado tipo de ato; mas pode não estar disposto a lhe obedecer se ele o proíbe, ou vice-versa.*[12]

A passagem está longe de ser clara. Parece que Bentham nunca se decidiu sobre a questão da distinção entre as limitações jurídicas e as limitações *de facto* da soberania. A passagem mostra como ele tenta explicar os fenômenos legais fazendo referência direta a fatos sociais, de uma forma que só podemos avaliar como confusa. Mas está claro que na primeira frase grifada acima, Bentham admite uma soberania divisível; e que, na frase seguinte, admite a possibilidade de uma soberania limitada.

---

[11] *Principles*, p. 325, grifos meus.
[12] *Limits*, p. 101n; *OLG*, pp. 18-9n; cf. também *Limits*, p. 153; *OLG*, p. 69.

É claro que devemos ter cuidado para não atribuir a Bentham mais do que ele escreveu de fato. Ele não explicou a soberania divisível e não indicou nenhum método para determinar se certo poder legal é parte de um poder soberano, e, se for, de qual. Não explicou ainda quais são as relações, se é que alguma existe, entre os vários poderes que constituem o poder soberano. Do mesmo modo, não explicou satisfatoriamente como a soberania pode ser legalmente limitada[13]. Conhecia certos fenômenos jurídicos que não podiam ser conciliados com a doutrina de que em todo sistema jurídico há uma soberania indivisa e ilimitada, e em consequência recusou-se a aderir àquela teoria.

Se desenvolvemos este assunto, não é somente porque nem todos percebem que Bentham admitia a possibilidade de uma soberania divisível, mas sobretudo porque o fato de ele ter pensado ser a soberania divisível e limitável nos impede de lhe atribuir as mesmas posições sobre os problemas da identidade e da existência que atribuímos a Austin. Como Bentham não declarou outras posições relativas a estes assuntos, é Austin e não Bentham, mesmo sem se aplicar diretamente ao tema, o primeiro jurista analítico a nos fornecer não só uma resposta sobre esses dois problemas como também uma teoria dos sistemas jurídicos. Se a soberania é divisível (ou se, contrário às teorias de Austin e de Bentham, ela não é necessariamente única), então podemos encontrar vários legisladores distintos na origem das leis de um mesmo sistema. Se as leis do sistema não têm todas o mesmo legislador, não há vínculo comum entre elas, a menos que esse vínculo seja encontrado em outro lugar. Do mesmo modo, se o soberano é legalmente limitável (ou se pode ser subordinado), a lei limitadora

---

[13] Ele tentou fornecer duas explicações: (1) convenção, (2) disposição limitada para obedecer; mas elas não são satisfatórias. Para uma discussão mais extensa do problema ver *Limits*, pp. 150-4; *OLG*, pp. 67-71.

deve ser feita por alguém diferente do soberano[14], e novamente não haverá um legislador comum para todas as leis do sistema. Além do mais, se nem todas as leis do sistema são feitas pelo soberano, a obediência ao soberano e a obediência às leis do sistema não são uma e a mesma coisa, e, consequentemente, o critério de existência de Austin, que pressupõe essa identidade, tem de ser modificado.

1.2. Critérios de existência

A lei é um comando geral de um soberano a seus súditos. Diversamente de Bentham (e Kelsen), Austin entende que apenas comandos gerais, isto é, aqueles que obrigam "atos ou omissões de uma classe", podem ser leis. Sua única razão para esta posição é a conformidade às "formas estabelecidas de discurso"[15]. É certo que devemos relutar muito em dar o nome de norma a um comando particular; mas se em todos os outros aspectos esses comandos são semelhantes às leis (ou seja, são estabelecidos pela autoridade competente no exercício de seus poderes legais), poderemos desconsiderar a posição de Austin e admitir que tais comandos são leis (particulares).

Para Austin, um comando é definido pelas seis condições seguintes: c é o comando de A se e somente se: (1) A quer que algumas outras pessoas se comportem de determinada maneira; (2) ele expressou essa vontade; (3) ele pretende prejudicar ou causar sofrimento a essas pessoas se sua vontade não for satisfeita; (4) ele tem algum poder para fazer isso; (5) ele expressou sua intenção de fazê-lo; e, finalmente, (6) c expressa o conteúdo de sua vontade (1) e sua intenção (3) e nada mais. Nas próprias palavras de Austin:

---

[14] Este ponto é abordado de forma completa no Capítulo II, Seção 1, adiante.
[15] Cf. *Province*, p. 19.

> O comando se distingue das outras significações de vontade [...] pelo poder e intenção da parte que comanda de infligir dano ou sofrimento caso sua vontade seja desrespeitada [...]. O comando, então, é uma significação da vontade. Mas se distingue de outras significações de vontade por esta peculiaridade: que a parte a quem se dirige é passível de sofrer dano infligido por aquele que comanda caso não obedeça à vontade deste.[16]

A quinta condição não é mencionada nem aqui nem em nenhum outro lugar do livro. Por outro lado, Austin considera deficientes as leis imperfeitas, ou seja, as leis sem sanções; entende-as como leis que não são comandos, e, discutindo-as, escreve: "Embora o autor de uma lei imperfeita exprima uma vontade, não manifesta a intenção de exigir a obediência a essa vontade."[17] Foi em virtude desta passagem que introduzi a quinta condição. A última condição é uma consequência do fato de que o comando é uma entidade abstrata, isto é, não é idêntica nem ao ato de emitir o comando nem às palavras usadas nesse ato, assim como uma proposição não é idêntica nem ao ato de afirmá-la nem às palavras usadas para afirmá-la.

Austin não esclarece se a vontade (1), a intenção (3) e o poder para executar aquela intenção (4) têm que existir apenas ao tempo da emissão do comando ou se têm que persistir enquanto este seja válido. Ambas as respostas seriam implausíveis. Não consideramos inválida uma lei simplesmente porque seu legislador perdeu o interesse nela. Mas ao mesmo tempo parece que de nada adianta insistir em que o poder de punir exista no momento da legislação, e não quando a violação seja possível ou provável. A solução mais razoável é que a vontade (1) seja uma condição

---

[16] *Province*, p. 14 e cf. ibid., p. 17.
[17] *Province*, p. 28.

necessária de *c* enquanto lei apenas quando da legislação, e que ao mesmo tempo seja provável que o poder e a intenção de usá-lo (3) existam durante o período de validade da lei[18].

Os seis componentes da definição de comando podem ser divididos em três grupos. O sexto diz respeito ao conteúdo e à estrutura do comando e será discutido adiante neste capítulo (Seção 4). As condições (1), (2), (3) e (5) dizem respeito ao ato de emitir o comando, o ato de legislação, e serão reexaminadas na próxima seção. A condição (4), o poder de causar sofrimento a qualquer um que desobedeça ao comando, também chamada[19] de superioridade do comandante, ou do legislador, é relativa ao súdito do comando-lei e diz respeito às circunstâncias nas quais o comando é produzido. Para extrair um critério de existência a partir da definição de lei, temos que nos concentrar primeiramente naquelas partes da definição que se referem às circunstâncias externas. Por conveniência, podemos tratar as condições restantes como se estivessem incluídas no significado de "um comando". Nesse caso, a definição de lei dada por Austin pode ser reformulada como segue: uma lei é (1) um comando (2) de um superior para seu(s) inferior(es) e ao mesmo tempo (3) de um soberano para seu(s) súdito(s). Veremos que é necessário distinguir, de um modo mais cuidadoso que o de Austin, entre as condições (2) e (3).

Vamos examinar mais de perto o elemento da superioridade. Ele inclui certamente o poder de causar dano ou sofrimento por meio de agentes. Qual o grau de superioridade exigido? Em um lugar, Austin diz que aquela superioridade é "o poder de infligir dano ou sofrimento aos outros e o de forçá-los, por meio do

---

[18] Provavelmente, uma solução diferente seria apropriada para comandos não jurídicos.

[19] *Province*, p. 24.

medo desse dano, a conformar sua conduta à vontade de quem comanda"[20]. É óbvio que não devemos entender essas palavras segundo seu significado aparente, do contrário poderíamos usar contra Austin os dois argumentos que ele usou para refutar Paley:

> Quanto maior o mal a que se fica exposto caso a vontade seja desobedecida e quanto maior a probabilidade de vir a sofrê-lo caso isso ocorra, sem dúvida maior é a probabilidade de que a vontade não seja desobedecida. Mas nenhum motivo concebível tornará a obediência inevitável. Se a proposição de Paley fosse verdadeira [...], os comandos [...] seriam simplesmente impossíveis. Ou, reduzindo sua proposição ao absurdo pela consequência manifestamente falsa, os comandos [...] seriam possíveis, mas nunca seriam desobedecidos ou violados.[21]

A superioridade não pode tampouco ser equiparada ao poder necessário para compelir o desobediente a se comportar como exigido depois de já ter falhado uma primeira vez. Isto nem sempre é possível lógica ou fisicamente, e mesmo que fosse não há razão em insistir no assunto. Somos obrigados, portanto, a concluir que o único requisito da superioridade é que ela seja suficiente para criar certa probabilidade de que a sanção especificada na lei seja executada.

Quanto à severidade da sanção, não se estipulam para ela limites mínimos ou máximos. Austin explica:

> A verdade é que a magnitude do mal eventual e a magnitude da probabilidade de sofrê-lo são estranhos ao assunto em questão [...]. Onde haja a menor chance de ficar sujeito ao menor mal, a expressão de uma vontade se transforma em um comando e, portanto, impõe um dever. A sanção pode ser fraca ou in-

---

[20] *Province*, p. 24.
[21] *Province*, p. 15.

suficiente; mas ainda existe uma sanção e, portanto, um dever e um comando.²²

Como as diferentes leis são endereçadas a pessoas diferentes e determinam sanções diferentes, os fatos que estabelecem a superioridade – a qual é um pré-requisito para a validade de cada uma delas – são diferentes em cada caso.

Tanto neste quanto em outros aspectos, a soberania de Austin é diferente da superioridade. A existência de fatos que constituam a soberania do legislador é um pré-requisito para a validade de toda lei no sistema, mas os fatos são os mesmos no caso de toda lei. Além disso, contrariamente à suposição tácita de Austin, da soberania do legislador não decorre que ele seja superior aos súditos de qualquer suposta lei particular no que se refere à sanção daquela lei. Um homem pode ser um soberano e ainda assim não ser superior a alguns de seus súditos no que se refere a certas leis supostas. Austin sabe, é claro, que a condição negativa da soberania – o fato de que o soberano não obedece habitualmente a ninguém – não acarreta que ele seja superior aos súditos de suas leis. Mas nem tampouco a condição positiva da soberania acarreta aquele fato. A maioria da população pode obedecer habitualmente ao soberano sem lhe ser inferior no que diz respeito a todas as leis.

Austin não consegue perceber a diferença entre ser o objeto da obediência habitual e ser superior àquele que obedece, e isso explica a sua posição de que as leis são necessariamente dirigidas aos membros da mesma sociedade a que o soberano pertence.

> A pessoa ou pessoas [...] [escreve ele] para quem a lei é posta ou dirigida são necessariamente membros da sociedade política

---

²² *Province*, p. 16.

independente na qual o autor da lei é soberano [...]. Pois a menos que a parte a quem incumbe o dever fosse sujeita ao autor da lei, esta parte não se submeteria à sanção política ou jurídica por meio da qual o dever e o direito são respectivamente exigidos e protegidos.[23]

É claro que Austin sabe que "em muitos casos o direito positivo de determinada comunidade independente impõe um dever a um estrangeiro"[24]. Ele explica a dificuldade introduzindo o conceito de cidadania parcial ou limitada em uma sociedade[25]. O estrangeiro é um membro parcial na medida em que está sujeito ao poder soberano. Em vez de dizer que apenas os comandos destinados aos súditos são leis, seria mais exato dizer que um comando só é lei se for destinado a pessoas que vão provavelmente sofrer a sanção prescrita caso isso se torne necessário. Mas é exatamente a isso que se resume a condição de superioridade. É possível, portanto, eliminar da definição de lei, por redundante, a cláusula "destinada aos seus súditos".

Vimos que a validade de cada lei pressupõe que seu legislador supremo (1) seja superior aos súditos daquela lei; (2) seja habitualmente obedecido pela maior parte da população; (3) não obedeça habitualmente a ninguém. O primeiro pressuposto envolve uma relação entre o legislador e os súditos da lei em questão. O segundo envolve uma relação entre ele e a sociedade como um todo. É desta condição que trataremos agora.

Para obedecer a um comando é preciso conhecê-lo, e para obedecer ao comandante é preciso saber quem ele é. Em certos contextos, obedecer ao comando implica também agir por causa

---

[23] *Province*, p. 283; ver também pp. 15, 350.
[24] Ibid., p. 351.
[25] Ibid., pp. 351 ss.

dele. Austin certamente não queria deixar implícita esta última condição. Mas como ele entenderia a conformidade à lei sem o conhecimento da existência desta? Está claro que essa conformidade, no todo, tende antes a sustentar a existência da autoridade do que a enfraquecê-la. Alguns podem até se perguntar se a conformidade unida ao conhecimento não seria uma base muito frágil para um soberano e um sistema jurídico. Indubitavelmente, isso depende muito da extensão exata do conhecimento necessário. Austin silencia sobre a questão, e acho impossível atribuir a ele uma posição definida.

Obedecer ao soberano significa obedecer aos seus comandos. A existência de uma lei pressupõe que o soberano seja habitualmente obedecido, e também, por consequência, que tenha emitido outros comandos[26], que haja outras leis pertencentes ao mesmo sistema. Portanto, de acordo com Austin, as leis existem necessariamente em sistemas, como partes de grupos de leis. Contudo, é possível que em algum momento da vida do sistema nenhuma lei exista. É teoricamente possível, embora absurdo na prática, que o soberano revogue todas as leis existentes e promulgue novas leis depois de um intervalo de, digamos, apenas alguns dias. Tampouco a teoria de Austin postula a necessidade lógica de o sistema incluir normas gerais, no sentido de se destinar antes a classes de pessoas que a indivíduos. A existência dessas normas é apenas conveniente e talvez praticamente inevitável: "Estruturar um sistema de deveres para cada indivíduo da comunidade seria simplesmente impossível; e se fosse possível, seria absolutamente

---

[26] Parece que Austin não pensou que a obediência a uma única lei pode constituir o hábito de obediência. Assim, ele não encontra dificuldade no conceito de um comando emitido por um soberano e dirigido a outro (cf. *Province*, p. 139). Então, presumivelmente, mesmo a obediência a tal comando não priva o soberano de sua soberania.

inútil. A maioria das leis estabelecidas pelos superiores políticos é, portanto, geral."[27]

A obediência habitual ao soberano pressupõe não apenas que as leis tenham sido produzidas, mas também que sejam obedecidas habitualmente. Uma lei existe apenas se (1) pertence a um sistema jurídico (2) que é eficaz em seu conjunto. Embora uma lei particular seja desconsiderada e constantemente violada, ela ainda existe na qualidade de lei enquanto o sistema jurídico de que ela faz parte é obedecido em seu conjunto.

O sistema existe se suas leis existem. Portanto, é possível deduzir do que foi dito até aqui sobre a existência da lei os seguintes *critérios para a existência de um sistema jurídico:* um sistema jurídico existe se e somente se (1) seu legislador supremo é habitualmente obedecido, ou seja, se as leis do sistema são em sua maioria eficazes; (2) seu legislador supremo não obedece habitualmente a ninguém; (3) seu legislador supremo é superior aos súditos em cada uma de suas leis no que concerne à sanção daquela lei.

A estas devemos acrescentar uma quarta condição, (4) que todas as leis do sistema sejam em última análise legisladas de fato por uma única pessoa ou por um único grupo. Esta condição difere das outras condições por referir-se ao exercício de poderes, não à satisfação de deveres. A existência de um sistema jurídico implica não apenas que os deveres sejam cumpridos, mas também que os poderes legislativos sejam exercidos. A quarta condição é, com efeito, a condição de criação das leis. Uma lei é criada, segundo Austin, se é emitida em última análise pelo soberano. A quarta condição afirma meramente o óbvio, isto é, que, para que um suposto sistema jurídico seja considerado como um sistema jurídico existente, suas leis devem satisfazer às condições de criação das leis.

---

[27] *Province*, p. 23.

Deixando de lado esta quarta condição, podemos dizer que um critério de existência manifesta o princípio de eficácia se a única condição para a existência de um sistema for a sua eficácia. O critério de existência de Austin não é baseado somente no princípio de eficácia, embora seja ele seu componente mais importante. Esse critério insiste também na superioridade e na independência do legislador supremo. Além disso, a eficácia do sistema é pertinente apenas na medida em que contribui para a obediência pessoal da população ao legislador supremo.

Antes de deixar o assunto, algumas palavras devem ser ditas sobre um conceito fundamental usado na análise – o de sociedade. Tudo o que Austin diz sobre seu significado é: "uma sociedade em estado de natureza [...] é composta de pessoas ligadas por relações mútuas, mas que não são membros [...] de nenhuma sociedade política"[28]. Em outro lugar, pergunta: "[...] quem são os membros de determinada sociedade? Por que características ou sinais distintivos seus membros são separados das pessoas que não o são?"[29]. E responde que "uma pessoa pode ser um membro de determinada sociedade [...] de inúmeros modos ou por inúmeras causas", e estas são diferentes em "comunidades diferentes". Continua a explicar: "estes modos são fixados diferentemente em sociedades diferentes, por seus sistemas particulares de direito positivo ou de moral"[30]. A passagem sugere a seguinte definição de sociedade: o conjunto de todos os súditos das leis de um legislador supremo (com o próprio legislador supremo). Os súditos da lei são as pessoas a quem ela se aplica. A definição é vulnerável a duas objeções. Disso se seguiria (a) que a população mundial como um conjunto pode em muitos casos constituir

---

[28] *Province*, p. 200; cf. Bentham, *Fragment*, p. 38.
[29] Ibid., p. 356.
[30] *Province*, p. 358.

uma única sociedade. Assim, de acordo com o sistema jurídico inglês, qualquer pessoa comete um delito se, por exemplo, cometer homicídio na Grã-Bretanha. (b) Suponha que *A* é uma pessoa que reivindica a soberania sobre dois povos, os Vermelhos e os Verdes, e os transforma em súditos de suas leis. Apenas os Vermelhos lhe obedecem de fato, enquanto os Verdes são governados na prática por *B*, que desobedece às leis de *A*. Gostaríamos de dizer que *A* é o soberano dos Vermelhos, que constituem uma sociedade independente. Mas de acordo com a definição sugerida, os Verdes e os Vermelhos constituem uma só sociedade – ambos estão sujeitos às leis de *A*. Portanto, ou a maioria habitualmente obedece a *A* (no caso de os Vermelhos serem muito mais numerosos que os Verdes), e então *A* é o soberano tanto dos Vermelhos quanto dos Verdes; ou a maioria não lhe obedece habitualmente, e neste caso ele não é soberano de nenhum povo. Ambos os resultados são inaceitáveis.

Proponho nem sequer usar o conceito de sociedade. Definiremos um conceito auxiliar – o núcleo de uma sociedade independente – como um número qualquer de pessoas que são todas aquelas que obedecem habitualmente a um soberano com a exclusão dos demais[31]. Uma sociedade independente compreende o núcleo e, por acréscimo, todas as outras pessoas que mantêm com ele alguma relação socialmente significativa (vivem no mesmo país ou falam a mesma língua, por exemplo), contanto que o seu número seja grande o bastante[32] e que a maioria da população obedeça habitualmente ao mesmo soberano que o núcleo.

Esta definição permite que a mesma pessoa seja membro de mais de uma sociedade independente.

---

[31] Cf. Bentham, *Limits*, p. 101; *OLG*, p. 18.
[32] Ver *Province*, pp. 198, 207-8.

1.3. Um critério de identidade

Quando dizemos, ao comentar Austin, que um sistema jurídico contém todas as leis produzidas por uma pessoa ou por um grupo, isto não significa que aquela pessoa ou grupo sejam pessoalmente responsáveis pela promulgação de tais leis. O soberano, de acordo com Austin, é o legislador direto ou indireto de todas as leis do sistema. O fato importante é que quando buscamos a fonte das leis do sistema, chegamos a uma única pessoa (ou grupo), que é a origem primeira de cada uma delas.

Os critérios de identidade e de pertinência de Austin são variantes do que se poderia chamar princípio de origem. O princípio diz que tanto a pertinência das leis a um sistema quanto a identidade do próprio sistema são completamente determinadas pela origem das leis; a origem da lei é o conjunto de fatos pelos quais ela é trazida à existência. A variante austiniana desse princípio tem três traços característicos:

> (1) A origem de toda lei inclui um ato de legislação; isto é, de acordo com Austin, um comportamento deliberado que expressa a vontade de que algumas outras pessoas se comportem de determinada maneira.
>
> (2) A origem fundamental de toda lei é um ato legislativo de uma pessoa ou corpo de pessoas. Todas as leis têm uma fonte primeira (um legislador).
>
> (3) A existência contínua da fonte primeira é condição necessária para a existência das leis do sistema.

Podemos dizer que o critério de identidade de Austin se baseia no princípio da origem legislativa e supõe que todas as leis do sistema têm uma fonte primeira constante.

Uma pessoa é a fonte primeira (o legislador) de uma lei se e somente se for capaz de ser a fonte primeira dessa lei e a tenha promulgado direta ou indiretamente. A pessoa é capaz de ser a fonte primeira da lei se for um soberano e for superior aos súditos daquela lei. Por outro lado, uma pessoa é o legislador não primeiro de uma lei se e somente se for competente para criar a lei e efetivamente a criar, direta ou indiretamente. A pessoa é competente para criar a lei na qualidade de legislador subordinado se e somente se houver uma lei que lhe confira poder para criá-la por meio de certos atos. Por fim, uma pessoa é o legislador indireto de uma lei somente se esta foi criada mediante o exercício de poderes conferidos direta ou indiretamente por outra lei da qual fora ele o legislador direto.

A legislação direta pelo soberano consiste (como vimos na Seção 2) em (1) ter a vontade de que algumas pessoas se comportem de determinada maneira e a intenção de causar-lhes dano ou sofrimento se não se comportarem da maneira pretendida; (2) expressar a vontade e a intenção. Austin nunca explica exatamente como uma legislação delegada acontece. É plausível supor que a autoridade delegada expresse a vontade e a intenção. Na medida em que o assunto dependa de seu arbítrio, claro está que ela nutre também a vontade de que os súditos de suas leis se comportem como prescrito, e que, caso não o façam, venham a sofrer dano nas mãos dos agentes do soberano. A principal diferença entre a legislação direta pelo soberano e a legislação de seus delegados é que estes devem exprimir sua vontade segundo a forma prescrita pelas leis que os habilitaram, isto é, as leis que lhes conferiram esse poder legislativo.

Será necessário que o soberano ou qualquer legislador indireto tenha a vontade de que os súditos das leis legisladas por seus subordinados se comportem da maneira prescrita por essas leis? A resposta está na natureza das leis que conferem poderes legislativos. A legislação delegada é feita com fundamento nos direitos conferidos ao legislador subordinado. Estes são às vezes acompanhados de deveres que ditam como eles devem ser usados, mas nem sempre isso acontece. Às vezes, a decisão sobre como usar o direito é confiada à discricionariedade absoluta do portador do direito. Assim, Austin distingue entre dois tipos de representantes: aqueles que são "sujeitos à confiança" e aqueles que não são[33]. Diz então: "Quando tal confiança é imposta por um soberano [...], ela é reforçada por sanção legal ou meramente moral. O corpo representativo é vinculado por uma ou mais leis positivas; ou é meramente vinculado pelo medo de ofender a maioria da comunidade."[34] Disso podemos inferir (a) que a confiança legal é um dever legal e (b) que nem todo poder de um representante vem de par com tal dever, de modo que o poder e o dever não são idênticos. Tampouco se pode afirmar que o poder de legislar é apenas mais um dever, ou mesmo uma liberdade. Austin diz explicitamente: "Várias leis positivas procedem diretamente dos súditos por meio de direitos conferidos a seus autores pelo superior político supremo."[35] O mesmo está implícito nas duas passagens seguintes:

> Se um membro [do corpo soberano] [...] for absolvido completa ou parcialmente das obrigações legais ou políticas, esse indivíduo legalmente irresponsável [...] estará sujeito a dois fatores que o obstarão ou impedirão de exercer inconstitucionalmente seu poder legalmente ilimitado: I. [obrigação moral] [...] 2. Caso se dispusesse a emitir um comando que não fosse autorizado a emitir [...], seu comando inconstitucional não seria legalmente vinculante, e, portanto, a desobediência ao comando não seria ilegal.[36]

---

[33] *Province*, p. 229.
[34] *Province*, p. 230.
[35] Ibid., p. 159.
[36] *Province*, p. 265.

A passagem deixa muito claro que:

(1) Austin distingue entre a ausência do direito de legislar e o dever de não pretender legislar além dos próprios poderes.

(2) Os direitos legislativos não são necessariamente associados a deveres quanto a como devem ser exercidos.

(3) Às vezes Austin usa a expressão "legalmente" ilimitado para significar "não sujeito a deveres", embora em outras ocasiões esta deva ser interpretada como referência também à ausência de direitos[37].

A segunda passagem prova essencialmente as mesmas teses e não precisa de outro comentário: O rei da Inglaterra não é um soberano porque

> embora esteja completamente desobrigado de qualquer dever político ou legal [...] caso chegasse a transgredir os limites que a Constituição fixou para sua autoridade, a desobediência a seus comandos inconstitucionais por parte dos governados não seria ilegal [...]. Mas os comandos emitidos pelo soberano não podem ser desobedecidos pelos seus súditos sem que *ipso facto* infrinjam o direito positivo.[38]

Em geral, os direitos são conferidos a uma classe de pessoas por meio de uma lei que impõe deveres sobre outra classe. Segue-se daí que o poder de legislar é conferido por leis que impõem deveres sobre pessoas diferentes dos legisladores delegados. Austin não especifica a natureza do dever e as pessoas a quem ele é imposto. A única interpretação razoável é que o dever é imposto àqueles que se pretende sejam súditos da legislação subordinada e que é seu dever obedecer ao legislador subordinado em assuntos nos quais ele é autorizado a legislar. O poder para legislar é conferido pelo que

---

[37] P. ex., ibid., p. 254.
[38] Ibid., pp. 266-7.

proponho chamar "leis de obediência", que são leis que impõem o dever de obedecer aos comandos de determinada pessoa.

Explicar a legislação delegada em razão das leis de obediência tem uma dupla vantagem do ponto de vista de Austin. Em primeiro lugar, tal explicação deixa claro que, obedecendo a uma autoridade delegada, você necessariamente obedece ao soberano que ordenou que se obedecesse àquela autoridade. Ela também responde nossa questão anterior sobre as vontades do soberano na legislação delegada. Suponhamos que o conselho municipal da cidade *A*, exercendo poderes a ele conferidos pelo soberano, ordene que cada chefe de família instale uma lâmpada acima da porta da frente de sua casa. O soberano quer que os chefes de famílias instalem a lâmpada etc.? Em nosso exemplo, os mesmos atos podem ser descritos tanto como a instalação de lâmpadas quanto como a obediência ao conselho municipal. O soberano quer que os chefes de famílias pratiquem o último ato descrito. O conselho municipal quer a prática do primeiro ato descrito. Suas vontades não são idênticas, mas na prática elas significam a mesma coisa.

É interessante notar que Bentham, que também usou o conceito de leis de obediência para explicar a legislação delegada[39], deu-lhe igualmente outra explicação. Define uma lei como "um conjunto de sinais que declaram a vontade concebida ou adotada pelo soberano [...]"[40]. E explica: "Quando o soberano esteja [...] disposto a adotar os mandatos emitidos por outrem, pode-se dizer que investiu aquela pessoa de certa espécie de poder, que pode ser denominado um poder de império."[41] Concebe-se que o soberano adota cada lei de seu subordinado separadamente mediante atos reiterados de legislação tácita, toda vez que o subordi-

---

[39] P. ex., *Limits*, p. 110; *OLG*, pp. 27-8.
[40] *Limits*, p. 88; *OLG*, p. 1.
[41] Ibid., p. 104; *OLG*, p. 21.

nado emite um novo comando. O soberano faz da vontade do subordinado a sua própria vontade[42]. Isto explica por que Bentham trata a legislação delegada como semelhante à legislação por referência (por exemplo, o que A escreveu há um mês em x é lei a partir de hoje). Sinais da mesma abordagem são encontrados em Austin. Ele escreve, por exemplo: "Quando costumes são transformados em normas jurídicas pelas decisões de juízes súditos, as normas jurídicas que nascem dos costumes são comandos tácitos do poder legislativo soberano."[43] Parece que Austin considera o soberano como se estivesse a legislar separadamente cada costume quando um juiz o declara como legalmente vinculante pela primeira vez. Aparentemente, ele não se deu conta de que estava apoiando duas teorias rivais sobre a legislação delegada. E como não resta dúvida em minha mente de que a explicação desse tipo de legislação em razão das regras de obediência é de longe a melhor das duas, daqui em diante vou discutir apenas esta teoria.

Em certo trecho, Austin escreve: "Às vezes, a sanção que acompanha a lei é a nulidade."[44] Se a nulidade* é sempre uma sanção, esta doutrina contradiz a passagem de *Province*, pp. 266-7, citada na página 28. Hart provou que é inaceitável a doutrina segundo a qual a nulidade é uma sanção[45]. Além disso, Austin não precisa dela em absoluto. Ela é introduzida para explicar poderes privados que podem ser completamente explicados pela doutrina da capacidade[46]. Pode-se, portanto, desconsiderar totalmente a doutrina.

---

[42] Ibid., pp. 103-4; *OLG*, p. 21.
[43] *Province*, p. 32.
[44] *Jurisprudence*, p. 505.
* De um ato contrário à lei. (N. do R. da T.)
[45] *CL*, pp. 33-5.
[46] *Jurisprudence*, p. 710.

1.4. A estrutura do sistema jurídico

Austin tem pouco a dizer sobre a estrutura do sistema jurídico. As posições aqui expostas são, em sua maioria, inferências feitas a partir do escasso material pertinente contido no livro. A pouca quantidade desse material revela a tendência de Austin nesses assuntos e não é suficiente para estabelecer nenhum detalhe. Estaremos inevitavelmente condenados a descrever posições gerais um tanto nebulosas.

Toda lei é um comando, isto é, expressão de uma vontade dirigida ao comportamento de alguém e da intenção de infligir dano a esse alguém se ele não se conformar a essa vontade. Na medida em que expressa uma vontade, toda lei especifica algumas pessoas, os sujeitos da lei, um ato que elas têm que executar e a ocasião em que ele tem que ser executado. As descrições de sujeito, ato e ocasião são combinadas por um operador imperativo que ordena que os sujeitos pratiquem os atos em ocasiões especificadas. Isto pode ser formulado como segue: Se x é a variável que representa as pessoas, "!" o operador imperativo, e A e C as variáveis que representam respectivamente os atos e as ocasiões, a parte da lei que estamos discutindo e que chamaremos de parte imperativa pode ser representada esquematicamente pela fórmula: $x!A$ em C.

Uma lei de obediência que confere poderes legislativos ilimitados a uma pessoa, digamos P, tem a mesma estrutura no que diz respeito à sua parte imperativa, mas uma especificação mais complexa da ocasião: $X!A$ em C_1, isto é, se P ordenou que A faça x em C_2 e se C_2 está acontecendo. Se os poderes legislativos de P são limitados, a fórmula é mais complicada, mas a estrutura básica é sempre preservada.

Parece razoável atribuir a Austin a tese de que a intenção de causar dano pode ser expressa quer diretamente, pelo que se pode chamar de declaração de uma política punitiva, quer indiretamente, mediante a ordem dada a alguns subordinados de aplicar sanções aos sujeitos da lei se eles a violarem.

Nos casos em que a intenção de causar dano é expressa diretamente, a lei contém uma segunda parte – uma declaração de política. Isto pode acontecer quando o legislador pretende ele mesmo aplicar a sanção ou lidar com as violações à medida que elas ocorrerem, comandando que seus agentes, em cada ocasião, ajam contra cada um dos violadores. Os casos em que a intenção de causar dano é expressa pela ordem a alguns subordinados de aplicar as sanções não afetam em absoluto o conteúdo da lei original. Esta intenção é expressa por uma segunda lei, que chamaremos de lei punitiva. Claro está que a própria lei punitiva é apoiada quer por outra lei punitiva, quer por uma política de sanções. A política de sanções, embora faça parte de uma lei, não é uma lei independente; não impõe um dever e, portanto, não precisa estar apoiada por uma lei punitiva. Por esta razão, se não por outra, a teoria de Austin não envolve uma série infinita de leis, cada qual prescrevendo uma sanção para a violação de outra[47].

Cada lei tem uma parte imperativa e algumas têm também uma parte político-punitiva. Aquelas que têm apenas a parte imperativa só serão leis se estiver prevista uma lei punitiva correspondente, isto é, outra lei que transforma a violação da primeira em uma ocasião para causar dano aos violadores. Chamaremos de relação punitiva aquela entre uma lei e sua lei punitiva correspondente; este é um exemplo de uma relação interna.

Há inúmeras relações possíveis entre leis, muitas delas interessantes. Em busca da estrutura dos sistemas jurídicos, estaremos preocupados com uma única espécie de relação, que chamaremos de relação interna. Uma relação interna existe entre duas leis

---

[47] Ver sobre este problema: Kelsen, *GT*, pp. 28-9; Hart, "Self-Referring Laws".

se, e somente se, uma delas é (parte de) uma condição para a existência da outra ou afeta seu significado ou aplicação. As outras serão chamadas relações externas. A estrutura interna de um sistema jurídico é seu padrão de relações internas. As leis de interpretação têm relação interna com as leis que ajudam a interpretar porque afetam o sentido destas. As relações entre leis de acordo com suas consequências sociais constituem um tipo muito importante de relações externas. Um estatuto local, que exige certas condições sanitárias nos bares, complementa, de formas diferentes, tanto o estatuto da mesma autoridade local que exige condições semelhantes nos restaurantes quanto o estatuto de uma autoridade vizinha que exige as mesmas condições nos bares. Uma lei que impõe um tributo sobre terrenos baldios em cidades intensifica os efeitos da lei que concede certas isenções para empresas de construção civil, e assim por diante.

As relações punitivas talvez sejam as relações internas mais importantes implicitamente reconhecidas por Austin. Uma lei que contém somente a parte imperativa não é de forma alguma uma lei independente, a menos que haja uma lei punitiva correspondente. No máximo é uma lei imperfeita a ser interpretada, talvez, como parte de outra lei, e que tem o efeito não de impor um dever, mas de permitir um ato.

Nossa discussão anterior sobre a legislação subordinada expôs outro tipo de relação interna implicitamente reconhecido por Austin: a relação entre uma lei subordinada e a lei de obediência que autorizou sua legislação. Chamaremos de relação genética tal tipo de relação, que é aquela entre uma lei e outra que faz parte de sua origem, ou seja, que é um dos fatos que contribuíram para a sua criação.

As relações genéticas representam um problema para Austin. Cada lei impõe um dever. Um dever só existe se a sua violação é ocasião para a aplicação de uma sanção de acordo com a política declarada ou com a lei punitiva. Há uma única sanção ligada à violação tanto da lei da autoridade subordinada quanto da lei de obediência que a autoriza. Poder-se-ia afirmar que isto significa que há apenas um dever, e, consequentemente, apenas uma lei que se refere a tal ato. Com certeza significa que as leis de obediência diferem das outras leis que impõem deveres em um aspecto muito importante.

Estas não são as únicas relações internas que podem existir entre as leis austinianas. Para dar um exemplo simples: obedecer a uma lei pode representar a ocasião, prevista por uma lei diferente, para dar ao súdito obediente algum benefício. Nossa meta é, contudo, encontrar as relações internas necessárias, e de acordo com Austin tais relações não existem. As leis punitivas podem ser evitadas se forem substituídas por políticas punitivas. As leis de obediência podem ser evitadas se o soberano decidir ser o único legislador. Relações genéticas e punitivas com certeza existirão na maioria dos sistemas jurídicos, mas não são logicamente necessárias. Nem há outras relações necessárias entre leis. Em "The Uses of Jurisprudence", Austin enumera cinco distinções que ele afirma estar universalmente presentes em todos os sistemas jurídicos maduros. São as distinções entre (1) lei escrita e não escrita; (2) direitos válidos universalmente e direitos válidos contra pessoas especificamente determinadas; (3) os direitos válidos universalmente classificam-se em direito de propriedade ou domínio e os direitos diversamente restritos que derivam daquele; (4) obrigações que surgem do contrato, de danos extracontratuais e de quase contrato; (5) os danos classificam-se em civis e criminais[48]. A primeira distinção estabelece uma relação externa, uma

---

[48] "The Uses of Jurisprudence", pp. 367-8.

relação entre as leis conforme seu gênero de origem. As demais são classificações de direitos e deveres que podem servir de base para relações externas, mas não indicam a existência de nenhum tipo de relação interna.

Uma teoria dos sistemas jurídicos se baseia no princípio de independência se de acordo com ela não há necessidade lógica de que o sistema jurídico tenha uma estrutura interna.

A teoria de Austin pode ser entendida como um exemplo de teoria baseada no princípio de independência. O fato de toda lei ser um comando exige que toda lei possa ser uma unidade independente, cuja existência, significado ou aplicação não são logicamente afetados por outras leis. Assim, as concepções de Austin sobre a natureza da lei determinam a sua solução negativa para o problema da estrutura.

CAPÍTULO II

A TEORIA DE AUSTIN: CRÍTICA

No primeiro capítulo, mostramos que a teoria de Austin sobre os sistemas jurídicos é fundada nos princípios de independência e de origem e também no princípio de eficácia. O presente capítulo é uma tentativa de mostrar algumas das dificuldades que essa teoria suscita. Como Austin diz muito pouco sobre a estrutura dos sistemas jurídicos, sua versão do princípio de independência só será examinada em um capítulo posterior.

A maior parte deste capítulo trata da característica mais importante da teoria de Austin – o papel atribuído ao soberano. Sua teoria da soberania será criticada de forma ampla e minuciosa. Não tentarei aqui tratar exaustivamente de todas as objeções levantadas contra ela, mas sim relacionar algumas das objeções que mais têm relação com os problemas da teoria dos sistemas jurídicos, procurando, assim, lançar luz sobre o significado desses problemas. Dedicarei uma atenção maior que a habitual às dificuldades reveladas por um desenvolvimento cuidadoso da própria teoria de Austin, embora, é claro, o juiz máximo de seu valor seja o seu grau de aplicabilidade ao direito tal como o conhecemos.

A primeira seção explica como e por que a tese da ilimitabilidade impede a teoria de Austin de explicar uma parte importante do direito constitucional. O modo pelo qual a transformação da obediência pessoal a um soberano em condição para a existência do sistema jurídico produz uma imagem distorcida da duração dos sistemas jurídicos será examinado na Seção 2. Outra desvantagem desse critério de existência será discutida na última seção (II.5), ao passo que as duas seções restantes tratam das deficiências do critério de identidade.

II.1. A ilimitabilidade da soberania

Em uma passagem bem conhecida, Austin diz: "A limitação do poder supremo pelo direito positivo é claramente uma contradição em termos."[1] A partir disso, ele sustenta tanto que o soberano não pode ser sujeito de direitos e deveres como também que seu poder legislativo não pode ser legalmente restringido. A última afirmação é normalmente interpretada como um resultado direto da tese de Austin de que o soberano não pode estar sujeito a deveres. Ainda segundo o mesmo argumento, Austin não usou o conceito de poder de Hohfeld e pensava que um poder só pode ser limitado mediante a imposição do dever de não usá-lo. Consequentemente, identificava a falta de poder com a existência de um dever. Sua doutrina de que a soberania não pode estar sujeita a deveres significava também para ele que os poderes legislativos do soberano são ilimitáveis.

É assim que Hart afirma: "O argumento de Austin contra a possibilidade de uma limitação jurídica ao poder do soberano se baseia na suposição de que estar sujeito a tal limitação é estar sujeito a um dever."[2] De forma semelhante, Salmond escreveu:

> Considera-se que limitar pela lei o exercício da função legislativa do Estado é [...] impossível [...]. De hábito, este princípio não

---

[1] *Province*, p. 254.
[2] Hart, *CL*, p. 242.

é distinguido de uma doutrina muito diferente, segundo a qual o Estado não pode estar sujeito a deveres legais; as duas ideias são tratadas conjuntamente e apoiadas pelos mesmos argumentos. E de fato não há espaço para nenhuma distinção entre elas em um sistema que define a lei como o comando do Estado e considera que toda norma cria um dever legal e a ele corresponde. Sob esta concepção da natureza do direito, estar sujeito a uma norma jurídica é a mesma coisa que ser sujeito de um dever legal, e desaparece a distinção entre a possibilidade de responsabilização legal do Estado e a limitação jurídica de seus poderes legislativos.[3]

É verdade que, discutindo a ilimitabilidade do soberano, Austin dá a impressão de considerar que a restrição dos poderes legislativos se opera pela imposição de deveres ao legislador. Mas, como foi visto (1.3), pelo menos alguns legisladores podem ser limitados de duas maneiras: negando-se-lhes certos poderes legislativos, ou seja, certos direitos, ou impondo-se-lhes deveres que os dirigem no exercício dos poderes que possuem. Aparentemente, Austin considerava a segunda via a mais importante[4], mas este fato, e a confusão que às vezes se insinuava em seus escritos, não devem nos impedir de perceber que a ilimitabilidade dos poderes legislativos do soberano é e só pode ser provada em duas etapas:

(1) A limitação do poder legislativo do soberano entendida como a ausência de certos direitos é impossível porque, *grosso modo*, ele não pode ter direitos.

(2) Ele é completamente livre no exercício de seus poderes porque não pode estar sujeito a deveres legais.

É fácil ver a razão da segunda metade da prova. Austin explica: "[...] a rigor, não podemos conceber uma lei posta por um

---

[3] *Principles*, p. 137.
[4] Cf. seu argumento em *Province*, p. 254.

homem a si mesmo, embora um homem possa adotar um princípio como guia de sua conduta e possa observá-lo como se estivesse obrigado a observá-lo sob pena de sofrer uma sanção"[5]. Podemos acrescentar a explicação de Markby: "Exceto por uma forte figura de linguagem, não se pode afirmar que um homem emite comandos para si próprio."[6] De fato, se admitirmos leis postas pelo soberano para ele mesmo, teremos de rejeitar a teoria do comando em favor de alguma outra explicação das leis, com todas as consequências que daí podem advir para o problema da estrutura, que era fundada na teoria do comando.

Voltemos para a primeira metade do argumento. Se o soberano não pode ter direitos, a ausência de direitos não é uma limitação de seus poderes. Ele simplesmente não é uma pessoa a quem se possa conferir poder mediante a concessão de direitos, nem pode ser privado do poder mediante a privação de direitos. Este método de regulação do poder não se aplica a ele. Não se segue daí que o poder de legislar do soberano não seja um poder legal. Por poder legal queremos dizer a capacidade de mudar a situação jurídica por um ato, e o soberano pode mudar as leis pela legislação. Mas seu poder legal não é um direito legal porque não é conferido pela lei. Para conhecer os poderes legislativos de um subordinado, procuram-se as leis que lhe conferem direitos. Para estabelecer a existência de um poder soberano procuram-se determinados fatos sociais, o hábito de obediência da população etc. E Austin estruturou seus conceitos de tal modo que o poder legislativo soberano não pode ser limitado, pois a desobediência geral a uma lei particular não significa que o soberano não teve poder para produzi-la. Se a desobediência se dissemina e se torna

---

[5] *Province*, p. 255.
[6] Markby, *Elements*, p. 93.

desobediência às leis em geral, o soberano perderá não apenas o seu poder para legislar sobre certos assuntos, mas seu poder soberano como um todo.

Em resumo, o argumento é o seguinte: há duas maneiras de adquirir poder legislativo: (a) pelos fatos e (b) pelo direito. A primeira não pode conduzir senão ao poder ilimitado. A segunda não se aplica ao soberano. Como a primeira maneira se aplica apenas ao soberano, isto significa que as duas são incompatíveis. Ninguém pode ter poderes adquiridos pelas duas vias de uma vez. Por que seriam elas incompatíveis? Por que o soberano não pode ter direitos? O argumento de Austin, tal como ele o apresenta, não é nada convincente:

> Assim como um homem não é capaz de impor um dever ou uma lei a si mesmo, também não é capaz de conferir um direito a si mesmo. Cada parte que detém um direito [...] necessariamente adquiriu o direito por meio da potência ou poder de outrem; [...] consequentemente, se um governo soberano tinha direitos legais contra seus próprios súditos, aqueles direitos eram criados por leis positivas postas para seus próprios súditos por uma terceira pessoa ou órgão.[7]

Austin obviamente pensava que sua lógica era tão clara que não precisaria de mais explicações.

Willoughby, apoiando a mesma tese, sugere uma linha de pensamento promissora: "No que concerne aos direitos, a atribuição deles ao Estado nada significa, dado que sua permanência, assim como a sua criação, o seu caráter e o seu conteúdo, são completamente sujeitos à vontade do Estado."[8] Há sinais de que

---

[7] *Province*, p. 284.
[8] Willoughby, *The Fundamental Concepts of Public Law*, p. 76; ver também Hobbes, *Leviathan*, p. 173.

Austin pensava de forma semelhante[9]. Quem melhor explica a força de seu argumento é Markby:

> [...] parece-me haver diferenças essenciais entre os chamados direitos de um soberano a impor um tributo ou uma multa e o direito de um cidadão a receber uma dívida de outro cidadão. O cidadão tem o direito a cobrar sua dívida, mas só pode exercer esse direito e usufruir dele pela vontade e desejo de outrem, isto é, do soberano que lhe conferiu esse direito. Por outro lado, o poder soberano que impõe o tributo ou a multa é também o poder que os torna obrigatórios. Além disso, o direito ao pagamento da dívida, que é do cidadão, não é apenas dependente da vontade de outrem para o seu exercício e gozo, mas é limitado por esta vontade; e nada senão o poder soberano externo pode mudar a natureza da relação jurídica entre o devedor e o credor. Ao passo que no caso do tributo ou da multa, ainda que o soberano tenha expressado em termos específicos, e portanto limitados transitoriamente, o dever a ser executado em relação a ele mesmo, segue-se da natureza da soberania que pela vontade soberana o dever possa ser mudado a qualquer momento [...]. É impossível conceber um direito de caráter tão flutuante [...] porque nós não podemos conceber um direito que mude ao arbítrio de seu possuidor.[10]

Em outras palavras: *uma pessoa não pode ter um direito sobre o qual tenha controle completo e exclusivo*. O controle de alguém é exclusivo se ninguém mais pode afetar pela lei a existência ou o objeto de um direito. O controle de alguém é completo se for possível criar, abolir ou mudar o direito à vontade.

Não há sentido em atribuir direitos a uma pessoa que tenha controle completo e exclusivo sobre eles. Os direitos servem para

---

[9] Cf. *Province*, pp. 291, 254-5.
[10] Markby, *Elements*, pp. 93-4.

distinguir o comportamento legalmente permitido ou eficaz do comportamento que não tem esses atributos. Não há sentido em traçar tal distinção a menos que ela sirva como um padrão relativamente constante pelo qual seja possível avaliar a conduta da pessoa em questão. Portanto, a distinção não tem sentido se a pessoa pode, quando quiser, ultrapassar os limites daquilo que é legalmente permitido ou eficaz e ninguém pode interferir.

O argumento de Markby inclui a seguinte dedução: se o soberano pode transformar seus direitos à vontade, ele não pode ter direitos. Ele pode mudar seus direitos à vontade; portanto, não pode ter direitos. A segunda premissa se segue da definição de lei. Todo comando do soberano é lei; assim, cada comando seu que mande desprezar um comando anterior também é lei.

O princípio que está por trás do argumento de Markby é sólido. Um homem só é um possuidor potencial de direitos (direitos de certo tipo) se seus direitos (deste tipo), quando ele os tem, são *relativamente imunes* à sua própria interferência. De outro modo, os direitos não podem nem limitá-lo nem guiá-lo, determinando quais dos cursos de ação possíveis para ele são permitidos ou dotados de eficácia jurídica. Contudo, Markby pensa que, para satisfazer a condição da imunidade relativa, o possuidor potencial de direitos deve poder ter direitos (do tipo em questão) sem ter controle legal completo e exclusivo sobre eles. Esta condição é desnecessariamente rigorosa. Faz sentido e se conforma aos propósitos gerais e pressuposições da instituição dos direitos considerar um homem como um possuidor potencial de direitos (de certo tipo) mesmo que a condição de Markby não seja satisfeita – contanto que outra condição seja preenchida: isto é, contanto que, na prática, não seja provável que, diante de uma limitação de seu direito com a qual outras pessoas estejam contando, a pessoa mude seus direitos para evitar esta limitação. Em outras palavras, a imunidade *de facto* dos direitos de uma pessoa com relação a ela mesma é tudo o que é necessário para alcançar a imunidade relativa necessária de seus direitos. Tal imunidade *de facto* pode existir tanto porque o custo de mudar um direito quando quer que seja necessário é proibitivo (por exemplo, ocupando o tempo e o mecanismo do Parlamento a grande custo e causando atraso nos outros negócios), quanto por causa de alguma pressão que impede o possuidor de direitos de fazer uso frequente de seu poder legal (por exemplo, a da opinião pública).

Estas considerações mostram que pode ser rejeitada a tese de Austin de que o soberano não pode ter direitos, e explicam o caráter dos direitos que podem ser atribuídos ao soberano sem contradizer o resto de sua teoria. Mas ainda que o soberano possa ter direitos em geral, não pode ter direitos legislativos; não pode, *a fortiori*, ter direitos legislativos limitados. Para conferir direitos legislativos, o soberano tem que comandar seus súditos a obedecer a ele em determinados assuntos. Suponha que vá além e comande (1) seus cidadãos a desobedecer a ele na matéria *p*. Suponha ainda que mais tarde emita um comando (2) a respeito dessa matéria. O segundo comando contradiz parcialmente o primeiro, e portanto o revoga. Uma lei (ou comando) mandando que x faça A na ocasião C contradiz parcialmente uma lei (ou comando) mandando que x não faça A na ocasião C, no sentido de que em nenhuma ocasião é possível obedecer ao primeiro sem violar o segundo. Se o primeiro foi legislado depois do segundo, ele o revoga na medida em que é incompatível com ele. Porque (2) revoga (1), o comando (2) é ele mesmo uma lei. Assim, o soberano não pode limitar seu próprio poder legislativo. A lei que pretende limitá-lo não é lei de maneira alguma, pois não pode haver ocasião em que seja possível obedecer a ela. As condições que criam essa ocasião revogam a própria lei na medida em que esta se aplica àquela ocasião. Se não há ocasião em que se possa confiar nas limitações dos direitos do soberano, não há sentido em atribuir-lhe direitos legislativos. A posse de poderes legislativos adquiridos pelos fatos exclui a possibilidade de se ter direitos legislativos.

Segue-se também que (1) é inaceitável e não é uma lei; portanto, o comando (3) que o contradiz, qual seja, uma lei do soberano que ordene a população a obedecer a ele no futuro, ou é necessário (isto é, existe necessariamente em todo sistema) ou é igualmente inaceitável. Se é necessário, faz parte do direito mesmo que o soberano não o promulgue. Qualquer um que não queira admitir a possibilidade de leis não legisladas haverá de considerá-la inaceitável. Deve-se chamar a atenção para o fato de que este argumento depende das teses de Austin de que as leis são comandos e o soberano não pode ser subordinado.

Estas considerações explicam as razões da doutrina da ilimitabilidade. As consequências da doutrina eram conhecidas pelo próprio Austin[11]. Isto significa que, segundo sua teoria, certas leis constitucionais, ou seja, supostas leis que ou atribuem direitos e deveres legislativos ao soberano ou determinam sua capacidade de ter direitos e deveres legislativos, não são leis de modo algum. Ou, por outra, poder-se-ia dizer que a teoria não consegue explicar por que as consideramos leis em pé de igualdade com as outras leis.

II.2. Sobre a obediência pessoal

Austin se afasta do princípio de eficácia quando afirma que a eficácia das leis só tem relação com a existência de um sistema na medida em que constitui o hábito geral de obediência ao legislador supremo. A obediência que pode determinar a existência do sistema é a obediência pessoal. As leis podem ser obedecidas

---

[11] *Province*, pp. 257-60.

mesmo quando seu legislador está morto ou quando o corpo legislativo deixa de existir, mas nesse caso a obediência às leis não se identifica com a obediência ao legislador. É certo que este fato é reconhecido por Austin, embora ele provavelmente insistiria em que a obediência a uma lei enquanto seu legislador vive implica necessariamente a obediência ao próprio legislador. De modo geral, é verdade que uma pessoa (ou corpo de pessoas) não pode ser obedecida depois que está morta (ou de alguma forma deixa de existir)[12].

Por consequência, quando um soberano deixa de existir, o sistema jurídico direta ou indiretamente legislado por ele também deixa de existir. Isto ocorre certamente a partir do momento em que um novo soberano assume o lugar desocupado pelo anterior. A partir desse momento se cria um novo sistema jurídico, que consiste somente nas leis feitas direta ou indiretamente pelo novo soberano. Mas mesmo que nenhum novo soberano se estabeleça no lugar vago, e mesmo que a população continue a obedecer às leis antigas, estas passam a ser normas de moral positiva, e não normas jurídicas. Pois, nessa situação, não há nenhuma pessoa ou corpo de pessoas que esteja sendo obedecido; a obediência não é pessoal, e o sistema jurídico só existe onde existe tal obediência pessoal.

Assim, o requisito de obediência pessoal significa que o período de vida do legislador supremo de um sistema jurídico determina o período da existência das leis do sistema e, portanto, o período de vigência do próprio sistema. Austin sabia que é comum que leis antigas continuem existindo mesmo depois de um novo soberano ter se estabelecido, e explica que em tais casos o

---

[12] De acordo com o princípio de eficácia, a existência de um sistema jurídico depende unicamente de sua eficácia. Ver Capítulo I, Seção 2, *supra*.

novo soberano as legisla novamente de forma tácita para que elas se tornem leis suas. Na Seção 5, adiante, será examinado este uso do conceito de comando tácito. Mas mesmo que este artifício seja aceito, o problema não está resolvido. Pois os juristas distinguem – e por boas razões – entre uma mudança constitucional de soberania, de um lado, e o que se poderia chamar uma mudança de soberania que implica um novo começo (para usar termos austinianos), de outro; neste último caso, dizem que o antigo sistema jurídico deixou de existir. Quando um novo sistema é criado, ele frequentemente inclui muitas leis de conteúdo idêntico ao das leis do antigo sistema, e aquelas são normalmente promulgadas em massa, mediante referência às leis antigas. Por outro lado, quando ocorre uma mudança constitucional da soberania, é o mesmo sistema jurídico que continua a existir. As leis vigentes sob o novo soberano não são meramente idênticas em conteúdo às leis legisladas pelo soberano anterior; são concretamente as mesmas leis.

As referências de Austin[13] à diferença entre uma sucessão constitucional e uma sucessão inconstitucional de soberania não afetam a consequência crucial, qual seja, a de que toda mudança de soberania envolve uma mudança de sistema jurídico. Uma vez que a obediência pessoal se torne o componente principal do critério de existência, essa consequência é inevitável. A teoria dos sistemas jurídicos extraída das doutrinas de Austin no capítulo anterior não consegue, deste aspecto, explicar nosso atual conceito de sistema jurídico. Ao mesmo tempo, não fornece nenhuma razão premente que nos obrigue a modificar nosso conceito.

A esta altura, pode ser útil introduzir uma distinção importante: aquela entre um sistema jurídico (*legal system*) e um siste-

---

[13] *Province*, pp. 152 e ss.

ma jurídico *vigente em determinado momento* (*momentary legal system*). O sistema jurídico vigente em determinado momento contém todas as leis de um sistema que são válidas em determinado ponto do tempo. Uma lei inglesa promulgada em 1906 e revogada em 1927 e outra promulgada em 1948 pertencem ao mesmo sistema. Ainda assim, não há sistema jurídico vigente em determinado momento ao qual ambas pertençam, pois elas nunca foram válidas em um mesmo instante.

A frase "O sistema jurídico inglês no início do reinado de Elizabeth II" é ambígua. Ela pode se referir ao sistema vigente naquele momento em particular ou ao sistema jurídico ao qual pertence esse sistema vigente naquele momento. Com frequência, tais frases não se referem a nenhum deles, mas ao sistema do período: isto é, às leis válidas em um momento ou outro durante um espaço de tempo maior que um mero instante e menor que a duração total do sistema jurídico.

O sistema jurídico vigente em determinado momento é uma subclasse de sistema jurídico: para cada sistema jurídico vigente em determinado momento há um sistema jurídico que contém todas as leis do sistema vigente naquele momento. Dois sistemas vigentes em determinado momento que são subclasses de um mesmo sistema jurídico podem ter áreas de sobreposição ou mesmo ser idênticos quanto a suas leis, ou podem não ter nenhuma lei em comum.

O argumento proposto nesta seção mostra que a teoria de sistema jurídico de Austin contém na melhor das hipóteses uma explicação suficiente de um sistema jurídico vigente em determinado momento; sua explicação do sistema jurídico *tout court* tem deficiências fundamentais. De acordo com a sua teoria, dois sistemas jurídicos vigentes em determinados momentos e pertencentes de fato a um único sistema poderiam pertencer a sistemas diferentes.

Enquanto discutimos o conceito de sistema jurídico vigente em determinado momento, mais uma falha da teoria de Austin pode ser mencionada. Toda teoria dos sistemas jurídicos tem que satisfazer o seguinte pré-requisito: é logicamente impossível que um sistema jurídico contenha, em qualquer instante, um sistema vigente naquele momento que seja um conjunto vazio. Em outras palavras, não é possível que um sistema jurídico exista mas não tenha leis válidas naquele instante. A necessidade deste pré-requisito é intuitivamente evidente. A teoria de Austin, contudo, não o satisfaz, como foi mencionado no Capítulo I, Seção 2, *supra*.

II.3. A unidade da soberania

Quando Austin diz que "em toda sociedade política e independente o soberano é *um* indivíduo ou *um* corpo de indivíduos"[14], ele quer dizer que o poder soberano é único e indivisível. O seguinte argumento tem o propósito de mostrar que sua teoria não garante a unidade da soberania, e que, consequentemente, seu critério de identidade deve ser no mínimo modificado.

A soberania é indivisível quando todos os poderes soberanos estão nas mãos de uma pessoa ou de um grupo de pessoas. É divisível se várias pessoas ou grupos de pessoas detêm cada uma ou cada um separadamente uma parte do poder soberano. Portanto, a definição do que é um corpo de pessoas é de importância crucial. Austin explica:

> Se um corpo de pessoas é determinado, todas as pessoas que o compõem são determinadas e determináveis, ou toda pessoa que pertence a ele é determinada e pode ser indicada. Mas há duas espécies de corpos determinados. Um corpo determinado

---

[14] *Province*, p. 246.

da primeira espécie se distingue pelas seguintes características: 1. O corpo é composto de pessoas determinadas específica ou individualmente, ou determinadas por características ou descrições adequadas a cada uma delas. 2. [...] Cada membro individual é membro do corpo determinado, não em razão de sua correspondência com uma descrição genérica qualquer, mas em razão de suas características específicas ou adequadas. Um corpo determinado da segunda espécie se distingue pelas seguintes características: 1. Compreende todas as pessoas pertencentes a determinada classe ou pertencentes respectivamente a duas ou mais de tais classes. Em outras palavras, cada pessoa que corresponde a uma descrição genérica determinada, ou a qualquer de duas ou mais descrições genéricas determinadas, é também um membro de um corpo determinado. 2. [...] Cada membro individual é membro de um corpo determinado, não em razão de suas características específicas ou adequadas, mas em razão da sua correspondência à descrição dada.[15]

Ser determinado especificamente, ou individualmente, significa ser determinado por uma descrição definida. Ser determinado por uma descrição genérica significa ser determinado por uma descrição indefinida. Conforme esta interpretação, a primeira espécie de corpo determinado abrange apenas aqueles corpos definidos pelo uso de descrições definidas. Os corpos cuja participação é determinada apenas por descrições indefinidas são da segunda espécie. Não há dúvida de que, de acordo com Austin, um corpo determinado pode também ser um corpo misto, que compreende algumas pessoas que pertencem a ele em virtude de uma propriedade genérica e outras que pertencem a ele porque satisfazem a uma descrição definida. Portanto, entendida essa longa citação como uma definição de corpo, qualquer número de pessoas pode

---

[15] *Province*, p. 145.

ser considerado um corpo, e o requisito da indivisibilidade da soberania nunca será verdadeiramente satisfeito.

Este com certeza não é o conceito comum de corpo de pessoas. Normalmente, várias pessoas são consideradas como constitutivas de um corpo somente se participam de uma série de atos coordenados durante um período prolongado, ou se mantêm algum outro relacionamento especial umas com as outras. A discussão seguinte mostra que Austin não vislumbrou tal restrição no uso do termo.

O único outro caminho para dar sentido à ideia de indivisibilidade da soberania é dizer que a soberania é indivisível somente se todos os membros presentes do corpo soberano participam de modo geral de cada ato legislativo. Eles não precisam participar de todos os estágios do processo legislativo, mas devem participar, de modo geral, de um estágio ou outro do processo. Se regularmente alguns membros do corpo soberano participam da produção de um gênero de leis (isto é, leis que se aplicam em um âmbito determinado) e outros participam somente da produção de outro gênero de leis, a soberania é dividida.

Conforme esta definição, Austin na verdade rejeita a tese da indivisibilidade. Quando diz que na Baviera o corpo soberano é ao mesmo tempo o governo local e a corte de apelação imperial[16], sendo ambos um só corpo, ele deve ter consciência de que eles sempre agem separadamente e nunca se reúnem para produzir nem mesmo uma única lei. Do mesmo modo, quando afirma que o soberano em um Estado federal são "os vários governos unidos na medida em que formam um corpo agregado"[17], ele sabe que em regra eles não cooperam na produção das mesmas leis. Se as-

---

[16] *Province*, pp. 240-1.
[17] Ibid., p. 249.

sim é, Austin só pode saber que vários legisladores supremos constituem as partes de um único soberano porque pressupôs anteriormente, a partir de outros fundamentos, que as leis desses legisladores fazem parte de um único sistema jurídico.

Abandonada a unidade da soberania, não basta encontrar o legislador supremo de uma lei para estabelecer a qual sistema jurídico ela pertence. É bem verdade que todas as leis de um legislador supremo pertencem ao mesmo sistema jurídico, mas elas podem não representar o conjunto desse sistema. Pode haver outras leis de outro legislador supremo que pertençam ao mesmo sistema, havendo dois legisladores supremos que constituem um único soberano. Mas como saber? Austin provavelmente responderia que se e somente se o legislador supremo fosse legalmente ilimitável ele seria um soberano; do contrário, seria apenas parte de um soberano. Mas, então, como saber se as normas que pretendem limitar a atuação do legislador supremo são normas jurídicas ou meramente partes de uma moral positiva? O único critério dado por Austin é que isso depende de o legislador ser, ou não, um soberano. Assim, seu argumento é circular[18].

Não há como fugir da conclusão de que Austin não provou a unidade da soberania e, consequentemente, seu critério de identidade fundado no princípio de origem não pode ser aceito. O princípio de origem pressupõe a unidade da origem primeira.

II.4. Sobre a legislação

A versão austiniana do princípio de origem padece de deficiências ainda mais fundamentais que as reveladas na última seção. A explicação que Austin oferece para o próprio conceito de

---

[18] Este argumento é independente daquele formulado no Capítulo I, Seção 1, p. 10, *supra*, embora os dois provem a mesma coisa: a saber, que o critério de identidade de Austin depende da unidade (unicidade e indivisibilidade) da soberania.

legislação é de validade um tanto dúbia. Por um lado, geralmente acontece que, mesmo em Estados onde a soberania está nas mãos de uma única pessoa, as leis só são criadas quando o soberano segue certo procedimento legislativo aceito. Mas, de acordo com Austin, é lei toda expressão da vontade do soberano que tome a forma de um comando. Ou seja, ele não leva em consideração a possibilidade de o soberano comandar de maneira diferente do procedimento aceito, caso em que o seu comando não será lei. Quando o soberano é um corpo de pessoas, a observância do procedimento aceito pode ser a característica que define o corpo soberano. Quando isto ocorre, os membros do corpo soberano somente constituem o corpo e agem na qualidade de soberano quando obedecem ao procedimento aceito. Entretanto, esta solução não se aplica a um único indivíduo que seja soberano, pois Austin não distingue entre a atuação soberana de um indivíduo singular e sua atuação enquanto cidadão particular. E não há, de fato, uma forma satisfatória de traçar essa distinção dentro da estrutura de sua teoria.

O direito é caracterizado por uma definição rígida e relativamente clara de quais são os materiais jurídicos dotados de autoridade (*authoritative legal materials*)[19], e também por certa indeterminação quanto ao significado e o propósito desse material oficial. A explicação de Austin sobre o processo legislativo introduz grandes incertezas na identificação do próprio material em que podem ser encontradas as normas jurídicas.

A explicação de Austin sobre a legislação é abalada de forma ainda mais grave pelo modo como ele trata a noção de comando tácito. Não que o conceito em si seja condenável, mas Austin não

---

[19] Esta expressão inclui a legislação. Será explicada de maneira mais completa no Capítulo IV, Seção 1, *infra*.

estabeleceu claramente qual o propósito exato a que ele deve servir; e, de qualquer forma, usou-o de modo impróprio[20].

Ele se refere ao conceito de comando tácito para explicar como o soberano, agindo por meio de seus agentes, os tribunais, adota costumes e leis legisladas por soberanos anteriores. A dificuldade está em explicar a existência de leis que aparentemente não foram feitas pelo soberano. A solução consiste em mostrar que, embora não as tenha criado diretamente, ele o fez indiretamente, e em explicar como acontece essa legislação indireta. Ela ocorre quando uma pessoa emite uma ordem e o soberano, que pode revogá-la, não faz isso. Aqui, o conceito de comando tácito cumpre o papel de explicar o fenômeno da legislação indireta. Este conceito de comando tácito tem sido corretamente criticado por ser inaceitável e fictício; e, no Capítulo I, Seção 3, *supra*, demonstramos, além disso, que é desnecessário. Um indivíduo não pode comandar tacitamente a menos que tenha ciência do comando já emitido e tenha a possibilidade de aboli-lo. O primeiro elemento está quase sempre ausente no caso de um soberano e às vezes é inaplicável para corpos de pessoas. Além disso, em sua doutrina sobre as leis que conferem poderes legislativos subordinados, Austin apresenta uma explicação alternativa da legislação indireta.

Mas os costumes e leis de soberanos anteriores representam ainda outro problema, já que seu aparente legislador direto não pode ser considerado um agente do soberano. O costume não é criado pela legislação de modo algum, nem é um comando no sentido de Austin ou em qualquer outro sentido conhecido; e os soberanos anteriores não podem ser subordinados do soberano atual. Pode-se tentar modificar a explicação de Austin sobre a

---

[20] Sobre este assunto, ver *Province*, pp. 30-2; Hart, *CL*, pp. 45-7, 63.

criação dessas leis para rebater as objeções mencionadas. O argumento diria o seguinte: os costumes não fazem parte do direito até que haja uma legislação neste sentido feita pelos tribunais, e as leis dos soberanos anteriores são legisladas uma segunda vez pelos tribunais do soberano atual, tornando-se, assim, suas leis. Contudo, os tribunais não as legislam de maneira comum, isto é, expressando a vontade de que algumas pessoas se conduzam segundo o costume etc. Assim, diz-se que eles as legislam tacitamente, ou seja, (1) impõem-nas embora (2) tivessem a liberdade de não impô-las. Aqui o conceito de comando tácito desempenha um segundo papel, mais plausível que o anterior.

O primeiro papel era uma explicação da legislação indireta – como atribuir ao soberano os atos praticados pelos tribunais. O segundo é explicar certo modo irregular de legislação direta – como os tribunais criam certas categorias de normas. No primeiro papel, o comando tácito consiste em não revogar uma lei embora se tenha a liberdade de fazê-lo. No segundo, consiste em impor uma lei embora se tenha a liberdade de não fazê-lo.

Pode-se pensar que, se os tribunais não têm o dever de impor uma lei, ninguém mais tem o dever de obedecer a ela, quanto mais não seja porque as sanções já não existem – na medida em que, por assim dizer, não são respaldadas pela ordem de que os tribunais punam os transgressores (nem, presumivelmente, por uma política punitiva). Mas isto não é bem assim. O fato de os tribunais terem liberdade para não impor uma lei não significa que sejam os legisladores dessa lei, mas apenas que podem revogá-la ao torná-la não executável. Também não quer dizer que essa lei careça de sanção. Ela pode ser respaldada por uma sanção como qualquer outra lei, embora os tribunais possam tornar inoperantes as suas sanções.

Este meu argumento é meramente negativo. Propõe-se mostrar que o argumento de Austin não nos obriga a considerar os tribunais como legisladores das leis de que ora tratamos. Portanto, este argumento não pode ser usado para provar que os tribunais nunca legislam ou que sempre aplicam leis que já existiam previamente, as quais às vezes são livres para revogar. Outros argumentos são necessários para estabelecer quais as categorias de leis legisladas pelos tribunais e quais as simplesmente impostas por eles. O destino dos dois gêneros de leis considerados por Austin deve ser decidido pelo seguinte critério: se os tribunais impõem uma suposta lei (1) feita com a intenção de criar uma lei, ou que seja geralmente reconhecida como lei; e (2) a razão de sua imposição é que ela satisfaz a condição (1), então os tribunais estão impondo uma lei que já tinha existência, e não uma lei legislada por eles[21].

De acordo com este critério, as leis de legisladores anteriores não são legisladas pelos tribunais do soberano atual; e o problema do costume é mais complicado do que Austin imaginava. Mas se isso é verdade, e como os soberanos anteriores não podem ser considerados agentes do soberano atual, a definição de Austin de lei não se mantém. Estas considerações podem tentar alguns a reformulá-la, definindo a lei como um comando *imposto* pelo soberano. Nesse caso, o critério de identidade será: um sistema consiste no conjunto de todas as leis impostas por um soberano. Holland faz mais ou menos isto quando diz que a lei é "uma norma geral de ação externa imposta por um soberano"[22].

II.5. Sobre a independência

A maioria dos críticos de Austin concorda que sua estipulação da independência do soberano não basta para explicar a independência do sistema jurídico. Alguns, pressupondo a transitivi-

---

[21] Sobre este assunto, ver o Capítulo VIII, *infra*.
[22] Holland, *The Elements of Jurisprudence*, p. 40.

dade[23] da obediência habitual, expressaram suas objeções dizendo que o legislador supremo não é necessariamente o único que é definitivamente obedecido pela maioria da população. Mesmo descartando o pressuposto dúbio de que a obediência habitual seja transitiva em geral, ainda é forçoso aceitar substancialmente a mesma conclusão: um homem (ou grupo) pode ser o legislador supremo de um sistema ainda que obedeça habitualmente a alguma outra pessoa (ou grupo) que dite regularmente as leis que o legislador supremo emite, mas cujos ditames não são leis, mesmo quando são comandos.

Quase todos os críticos chegaram a essa conclusão ao distinguirem entre dois conceitos de soberania. Bryce, por exemplo, escreveu: "A autoridade soberana é [...] a pessoa (ou corpo) a cujos ditames a lei atribui força jurídica, a pessoa em quem reside de direito o poder supremo quer de estabelecer normas gerais, quer de promulgar normas ou comandos isolados revestidos da autoridade do próprio direito."[24] E em outro lugar: "[...] o soberano prático [é] a pessoa (ou corpo de pessoas) que pode fazer a sua (ou as suas) vontade(s) prevalecer pelo direito ou contra o direito. Ele (ou eles) é (são) o governante *de facto*, a pessoa a quem a obediência é prestada realmente"[25].

Dicey acompanhou Bryce quando escreveu: "Contudo, é preciso ter o escrúpulo de assinalar que o termo 'soberania', desde que seja empregado exatamente no sentido às vezes usado por Austin, é uma concepção meramente jurídica e significa simplesmente o poder legislativo não restrito por nenhum limite jurídico [...]. Mas a palavra soberania às vezes é empregada em um sentido

---

[23] Isto é, se A obedece habitualmente a B e B obedece habitualmente a C, então A obedece habitualmente a C.
[24] Bryce, *Studies in History and Jurisprudence*, vol. ii, p. 51.
[25] Ibid., ii, pp. 59-60.

político, não estritamente jurídico. É 'politicamente' soberano ou supremo em um Estado aquele órgão cuja vontade é obedecida em última instância pelos cidadãos do Estado [...] em algumas partes de sua obra, Austin aparentemente confundiu um sentido com o outro."[26]

Austin tinha consciência de que o soberano não é onipotente politicamente, mas a distinção que ele traça entre poder jurídico e meramente político é insatisfatória:

> Em toda monarquia, o monarca habitualmente demonstra consideração para com as opiniões e sentimentos de seus súditos. Mas em quase toda monarquia considera especialmente as opiniões e sentimentos, ou consulta especialmente os interesses e preconceitos, de uma porção da comunidade especialmente influente, embora reduzida [...]. Alguns concluíram daí que a monarquia propriamente dita não existe: que todo governo supremo é o governo de certo número de pessoas [...]. Isto é um erro, embora seja plausível. Se ele obedecesse habitualmente aos comandos de determinada porção da comunidade, a soberania residiria no suposto monarca em conjunto com aquele corpo determinado de seus supostos súditos; ou residiria exclusivamente naquele corpo determinado [...]. Mas a consideração habitual para com as opiniões da comunidade, ou a consideração habitual e especial para com as opiniões de uma porção da comunidade, são compatíveis com aquela independência que é um dos elementos indispensáveis da soberania.[27]

---

[26] Dicey, *Introduction to the Study of the Law of the Constitution*, pp. 72-4; quanto a outros teóricos que adotaram posições semelhantes, ver: Brown, *The Austinian Theory of Law*, p. 276; Buckland, *Some Reflections on Jurisprudence*, p. 82; os governantes reais de Gray são uma variação sobre o tema do soberano político (ver Gray, *The Nature and Sources of the Law*, p. 79); Salmond, *The First Principles of Jurisprudence*, pp. 131 ss.

[27] *Province*, pp. 218-20.

A suposição de que a influência exercida por meio de comandos é necessariamente uma influência jurídica é completamente infundada. Um sindicato poderoso, um arcebispo influente, interesses industriais ou financeiros de monta, outro soberano – cada um deles pode impor sua vontade sobre o soberano, exercendo o hábito de determinar (por meio de comandos) como ele deve se conduzir e respaldando tais comandos com ameaças de consequências prejudiciais que se se seguiriam à desobediência. Nem por isso eles se tornariam o legislador supremo.

Portanto, os críticos de Austin têm razão de insistir que a independência, no sentido da ausência de obediência habitual, não é uma característica necessária do legislador supremo. Mas provavelmente não perceberam todas as consequências da distinção entre a soberania política e a jurídica. Com isso, deixaram de lado uma das contribuições mais importantes para a teoria do direito feitas por Bentham e Austin. Pois não foi por confusão, como pensava Dicey, mas sim como um passo crucial na explicação da natureza do direito, que Austin procurou definir o legislador supremo mediante referência direta ao fato social dos hábitos de obediência. A tentativa de Austin não foi bem-sucedida, e esse fracasso arruinou sua solução dos problemas da identidade e da existência dos sistemas jurídicos. Mas os problemas continuam sem solução, e nenhum dos críticos de Austin mencionados nesta seção (com a possível exceção de Salmond) fez sequer uma tentativa séria de resolvê-los. Depois disso, somente Kelsen fez uma nova e abrangente tentativa de resolver os problemas da teoria dos sistemas jurídicos.

CAPÍTULO III

ELEMENTOS DE UMA TEORIA DAS NORMAS

O ideal seria que a teoria dos sistemas jurídicos fosse tratada como parte de uma teoria geral das normas. Contudo, dada a confusão que agora caracteriza a teoria geral, é muito conveniente que se ataquem isoladamente os problemas da teoria dos sistemas jurídicos. Esse isolamento, porém, não pode ser total. E o fato é que os maiores filósofos do direito, entre os quais aqueles aqui discutidos, desenvolveram suas próprias teorias das normas como fundamento de suas teorias jurídicas.

Neste capítulo e no próximo, serão examinadas criticamente certas partes da teoria geral das normas que pode ser extraída das obras de Bentham e Kelsen e que têm relação direta com as suas teorias dos sistemas jurídicos. Isto envolverá a consideração de quatro tópicos principais. Neste capítulo examinaremos (1) a doutrina de Kelsen a respeito de certas classes de enunciados, aqui chamados enunciados normativos; (2) as explicações de Bentham sobre a estrutura das leis em razão de atos e "aspectos da vontade"; (3) a explicação de Kelsen sobre a existência das normas jurídicas. No próximo capítulo examinaremos (4) a teoria da individuação das leis, explícita ou implícita nesses dois autores.

Espera-se que esteja claro quanto esses quatro tópicos são pertinentes para a teoria dos sistemas jurídicos, tendo em vista o que foi dito nos Capítulos I e II e a discussão que se seguirá. Mas como os tópicos são complexos e sua investigação envolve necessariamente um exame detalhado de assuntos aparentemente distantes do tema principal, oferece-se a seguinte breve discussão sobre a relação entre estes quatro tópicos e a teoria dos sistemas jurídicos.

Como os sistemas jurídicos são sistemas de leis, deve-se aqui dizer algo sobre a natureza das leis. O significado de "uma lei" é tema por demais polêmico para ser entendido como incontroverso e tem importância grande demais para a teoria dos sistemas das leis, o que nos obsta de evitá-lo completamente. As explicações sobre a existência, os elementos e a individuação das leis fazem parte da análise do conceito de lei. Os enunciados normativos são enunciados que falam sobre leis, e é necessária alguma indicação sobre a sua relação com as leis para evitar confusão. Além disso, a existência de um sistema de leis implica a existência das leis pertencentes a ele, daí a relação particular das condições de existência das leis com a compreensão da existência dos sistemas jurídicos. Defenderemos ainda a ideia de que o problema da estrutura dos sistemas jurídicos e o da individuação das leis são intimamente interligados e que a estrutura de um sistema jurídico é determinada (1) pela escolha teórica dos princípios de individuação das leis e (2) pelo dado factual da riqueza e da complexidade do sistema sob análise. Daí a relação entre o problema da individuação e a teoria dos sistemas jurídicos.

Na discussão destes tópicos, alguns aspectos das teorias de Kelsen e Bentham serão criticados. Vez por outra, certas partes de suas teorias serão reconstruídas e combinadas a fim de servir como pano de fundo para o exame dos problemas de uma teoria dos sistemas jurídicos nos capítulos seguintes.

III.1. Enunciados normativos

Em seu livro *The Pure Theory of Law* [*Teoria pura do direito**] Kelsen investiga os fundamentos das ciências das normas sociais, ou seja, o que ele denomina ética e ciência jurídica. Esta investigação tem por objeto parcial a linguagem com que essas ciências formulam suas conclusões. A característica particular dessa linguagem é o fato de ser uma linguagem normativa, pois inclui sentenças usadas para criar enunciados de certa espécie, aqui chamados de enunciados normativos.

"As normas jurídicas decretadas pelas autoridades que criam o direito são prescritivas."[1] A linguagem usada no ato de decretá-las é performativa[2]. A ciência jurídica, por outro lado, é descritiva: "[...] o jurista, enquanto expoente teórico do direito, apresenta as normas em proposições que têm sentido puramente descritivo"[3]. Estes comentários um tanto enigmáticos são explicados mais detalhadamente na nova edição do livro *Teoria pura do direito*: "as *normas* jurídicas não são juízos, isto é, não são declarações sobre um objeto de cognição. De acordo com seu significado, são comandos, mas também podem ser permissões e autorizações"[4]. Uma vez que as normas não transmitem informação, mas são ordens, permissões ou autorizações, não podem ser qualificadas como verdadeiras ou falsas: "[...] as normas estabelecidas pela autoridade legal, que impõem obrigações e conferem direitos aos sujeitos de direito, não são nem verdadeiras nem falsas, mas ape-

---

* Trad. bras. São Paulo: WMF Martins Fontes, 2009.
[1] *GT*, p. 45.
[2] Prefiro o termo "performativa" ao termo "prescritiva" para caracterizar o uso da linguagem no ato de criação das normas. Ambos os termos são temas de muita controvérsia, mas não podemos discutir este assunto aqui.
[3] *WJ*, p. 268.
[4] *PTL*, p. 71.

nas válidas ou inválidas"⁵. Dizer que uma norma é vinculante e que é válida são uma única e mesma coisa, e as duas coisas significam que ela *existe*: "por 'validade' entendemos a existência específica das normas. Dizer que uma norma é válida é dizer que admitimos a sua existência ou – o que significa a mesma coisa – que admitimos que ela tem 'força vinculante' para aqueles cuja conduta ela regula"⁶. As normas, portanto, são entidades, embora, é claro, sejam entidades abstratas e não coisas materiais: "A lei, enquanto norma, é um ideal e não uma realidade natural."⁷ As observações de Kelsen sobre a relação entre as normas e a linguagem usada em sua criação são, em geral, confusas, e não precisam nos preocupar aqui. O restante desta seção trata da relação entre normas e enunciados normativos.

Os enunciados normativos transmitem informação e, consequentemente, podem ser verdadeiros ou falsos: "Os enunciados formulados pela ciência do direito [...] não impõem obrigações nem conferem direitos a ninguém; podem ser verdadeiros ou falsos."⁸ A estrutura básica e a importância dos enunciados normativos são explicados brevemente na seguinte passagem:

> Poder-se-ia também dizer: alguma coisa – especificamente, certa conduta – pode ter a qualidade de "ser" ou de "dever ser". Por exemplo: nas afirmações "a porta está fechada" e "a porta deveria estar fechada", o fechamento da porta na primeira afirmação é pronunciado como algo que é, e na segunda, como algo que deveria ser.⁹

---

⁵ *PTL*, p. 73.
⁶ *GT*, p. 30.
⁷ "The Pure Theory of Law", 50 *L.Q.R.*, 481.
⁸ *PTL*, p. 73.
⁹ *PTL*, p. 6.

Esta observação tem afinidades com várias ideias sugeridas por outros filósofos[10]. Mas como Kelsen não prossegue no assunto e se contenta com esta passagem tão vaga, e ainda como não faremos aqui a tentativa de desenvolver uma lógica dos enunciados normativos, podemos encerrar aí a questão.

Na passagem seguinte, Kelsen faz uma declaração que, no fundo, é uma explicação dos critérios de veracidade dos enunciados normativos: "As regras jurídicas, em um sentido descritivo [...] são juízos hipotéticos que declaram que, *de acordo com uma ordem jurídica nacional ou internacional,* sob as condições determinadas por essa ordem, certas consequências determinadas pela ordem devem ocorrer."[11] E de forma análoga: "L'éthique décrit les normes d'une morale déterminée, elle nous enseigne comment nous devons nous conduire *selon cette morale.*"[12] Pode-se dizer que todo enunciado normativo tem a forma geral "*p* deve ocorrer", e é verdadeiro se e somente se houver, em determinado sistema normativo, uma norma no sentido de que *p* deva ocorrer.

Ao discutir esta doutrina, deve-se ter em mente os seguintes pontos:

(1) O termo "dever", como outros termos semelhantes, pode ser usado, segundo Kelsen, tanto performativa – para criar uma norma – quanto descritivamente – para afirmar a existência da norma. Na ciência jurídica, é usado apenas no último sentido: "[...] o 'dever' da regra jurídica não tem caráter prescritivo semelhante ao do 'dever' da norma jurídica – seu sentido é descritivo. Essa ambiguidade da palavra 'dever' é esquecida quando todos

---

[10] Ver por exemplo a distinção de Hare entre *frástico* e *nêustico* em *The Language of Morals*; os modos semânticos de Stenius, p. ex., no *Wittgenstein's "Tratactus"*, pp. 167 ss.; e a lógica dos enunciados normativos de Von Wright em *Norm and Action*.
[11] *PTL*, p. 71.
[12] *TP*, p. 99 n. Grifo meu.

os enunciados de 'dever' são identificados como enunciados imperativos".[13]

(2) Além disso, Kelsen usa o termo "dever" em um sentido técnico muito mais amplo que o de uso comum: "A palavra 'dever' é usada aqui em um sentido mais amplo que o sentido usual. De acordo com o uso costumeiro, 'dever' corresponde apenas a um comando, enquanto 'ter a faculdade de' corresponde a uma permissão e 'poder' a uma autorização. Mas no presente trabalho, a palavra 'dever' [...] inclui 'ter a faculdade de' e 'poder'."[14] De fato, Kelsen usa "dever" como uma espécie de variável que representa todas as modalidades normativas. A forma geral de um enunciado normativo pode, portanto, ser representada como Mp, em que M significa qualquer modalidade normativa.

(3) Os trechos grifados nas citações acima deixam claro que os enunciados normativos discutidos por Kelsen sempre se referem a um sistema normativo particular (é claro que podem se referir a mais de um sistema). A referência pode ser mais ou menos explícita, como em "na Inglaterra deve-se..." ou "De acordo com o direito inglês, deve-se...". Pode, por outro lado, ser uma referência implícita, que ocorre quando o sistema referido não é mencionado de maneira alguma na elocução do enunciado.

A existência do sistema referido não é afirmada no enunciado referente. É pressuposta por ele. Se o sistema não existe, o enunciado não é falso, mas também não é verdadeiro. Não tem valor de verdade.

Os enunciados normativos discutidos por Kelsen também se referem implicitamente a um momento particular durante a vida do

---

[13] PTL, p. 75. Deve-se lembrar que, neste contexto kelseniano, "regras jurídicas" ou "regras de direito" significam "enunciados normativos a respeito do direito", e que por "enunciados imperativos" Kelsen se refere aos imperativos.
[14] PTL, p. 5.

sistema. Referem-se, portanto, a um sistema vigente em determinado momento particular. Mais uma vez, a referência pode ser explícita e pode ter por objeto períodos de tempo mais longos. Mas, seguindo aqui Kelsen, a referência temporal dos enunciados será desconsiderada, e por enquanto admitiremos que todo enunciado se refere a um sistema jurídico vigente em um momento particular.

(4) Kelsen supõe que os enunciados normativos de forma Mp têm significado idêntico ao de enunciados segundo os quais a norma Mp existe: "[...] l'assertion qu'une certaine norme juridique est en vigueur [...] signifie la même chose que l'affirmation qu'une norme juridique donnée est en vigueur, laquelle affirmation signifie à son tour – et rien de plus ni de moins – que l'on doit se conduire comme la norme juridique le prescrit".[15]

Esta é a explicação de Kelsen sobre a sua noção de enunciado normativo. Sua explicação é gravemente equivocada na medida em que propõe aplicar-se aos enunciados de "dever" do discurso não jurídico. Pode ser aceita, porém, como base para uma explicação de determinada classe de enunciados a respeito do direito, que podem ser chamados de enunciados normativos (contanto que se entenda que se aplica apenas a uma classe de enunciados normativos). Kelsen considera que os enunciados normativos têm a forma Mp e descrevem normas. Mas um enunciado como "a porta deveria estar aberta" não descreve uma norma, porque toda norma, de acordo com Kelsen, prescreve uma conduta humana, e tal enunciado não menciona em absoluto esse fato. Além disso, enunciados como "o sistema jurídico inglês passou por uma mudança radical nos últimos cem anos" ou "a lei de homicídio israelense não muda desde 1936" não apenas não descrevem o conteúdo de nenhuma norma como também nem mesmo exi-

---

[15] *TP*, p. 109 n.

bem a estrutura *Mp*. Todavia, todos esses enunciados são normalmente considerados normativos.

O conceito kelseniano de enunciado normativo deve, portanto, ser generalizado da seguinte forma: um enunciado é normativo (jurídico) se e somente se a existência de uma norma (jurídica) for uma condição necessária para sua veracidade. A existência da norma pode estar entre as condições de veracidade do enunciado ou pode ser uma condição para que sua veracidade possa pelo menos ser avaliada, ou seja, para que ele tenha algum valor de verdade.

Os enunciados normativos são ditos diretos quando incluem apenas enunciados que tenham um operador normativo (como "deve-se..." ou "permite-se...") ou um predicado normativo (por exemplo, "tem o dever de", "tem o direito de"). De outro modo, serão chamados de enunciados normativos indiretos. Assim, enunciados como "em 1948 um novo sistema jurídico foi estabelecido em Israel" são indiretos.

Os enunciados normativos verdadeiros podem ser puros, aplicados ou ambos. Um enunciado normativo é puro se a existência de certas normas é suficiente para torná-lo verdadeiro. É aplicado se houver uma norma e um fato que juntos sejam suficientes para torná-lo verdadeiro, enquanto nenhum dos dois separadamente é capaz de torná-lo verdadeiro. É ao mesmo tempo puro e aplicado se houver dois grupos independentes de condições, cada qual suficiente para estabelecer sua veracidade, e se um for puro e o outro for aplicado. É o conteúdo do sistema jurídico que determina se um enunciado é puro ou aplicado. Um enunciado do tipo "os habitantes de Oxford devem praticar *A*" é puro se houver uma lei cujo sentido seja o de que os habitantes de Oxford devam praticar *A*. É aplicado se houver uma lei que prescreva que os habitantes de todas as cidades com mais de 100 mil habitantes devam praticar *A* e Oxford tiver uma população superior a 100 mil habitantes.

O conjunto de todos os enunciados puros referentes a um sistema jurídico descreve aquele sistema inteiramente. Este conjunto será chamado de "conjunto total" daquele sistema. Cada conjunto de enunciados puros que implique logicamente o conjunto total de um sistema é uma descrição (completa) daquele sistema.

Uma descrição completa de um sistema será adequada se e somente se todo enunciado nela contido descrever completa e exatamente uma lei do sistema, desde que não haja dois enunciados que descrevam a mesma lei.

A terminologia aqui adotada torna possível formular de maneira nova alguns problemas relacionados com a teoria dos sistemas jurídicos: o critério de identidade fornece o método para determinar se um conjunto qualquer de enunciados normativos diretos é (se forem verdadeiros) uma descrição completa de um sistema jurídico. Os critérios de existência de um sistema jurídico e de uma lei são ambos necessários para fornecer um método para determinar se a descrição é verdadeira, ou seja, para determinar se o sistema existe. As doutrinas da estrutura e da individuação das leis e da estrutura dos sistemas jurídicos proporcionam um método para determinar qual das descrições de um sistema jurídico é adequada.

Esta maneira de formular estes problemas da teoria do direito pode parecer estranha no início. Sua correção e suas vantagens serão explicadas no Capítulo IV.

III.2. Os elementos de uma norma

A. A explicação de Bentham sobre a estrutura da norma

"Os ingredientes essenciais na ideia de uma lei única ou simples são [...] o ato e o aspecto", explica Bentham[16]. Para começar, deve-se dizer algo sobre a elaborada teoria dos atos de Bentham.

---

[16] Bentham, *Limits*, p. 178; *OLG*, p. 94.

Bentham distingue entre atos da mente, atos do discurso e atos externos[17]; dentre estes, serão discutidos aqui apenas os atos e omissões externos. Os atos podem ser complexos ou simples. Os atos complexos, explica Bentham, consistem "[...] cada qual em um grande número de atos simples, que, embora inúmeros e heterogêneos, produzem uma espécie de unidade na relação que mantêm com algum propósito ou fim comuns; como o ato de oferecer um jantar, o ato de cuidar de uma criança, o ato de comemorar uma vitória, o ato de usar uma arma, o ato de realizar uma sessão em tribunal, e assim por diante"[18].

Os atos complexos são atos (genéricos) que podem ser analisados como a prática de vários atos simples em determinadas circunstâncias. As categorias de atos simples e complexos não são mutuamente excludentes. Muitos atos que podem ser analisados da perspectiva da prática de vários atos simples também podem ser analisados da perspectiva usual em que são analisados os atos simples enquanto tais. Uma das características fundamentais mais importantes da teoria dos atos de Bentham é o fato de ela permitir que diferentes métodos descrevam uma mesma situação de atos. Não pretendemos lidar com os atos complexos aqui.

Os atos de todos os gêneros mencionados podem ser individuais ou genéricos (a expressão de Bentham é "classes de atos")[19]. Distingo ainda entre atos eminentemente genéricos e atos parcialmente genéricos[20]. Um ato é eminentemente genérico se pode ser descrito sem fazer referência a qualquer indivíduo. Os atos genéricos que não são eminentemente genéricos são parcialmente genéricos. Beijar é um ato eminentemente genérico, enquanto

---

[17] *Principles*, p. 191.
[18] Ibid., p. 194.
[19] *Limits*, p. 126. A passagem conexa não foi incluída em *OLG*.
[20] Cf. Von Wright, *NA*, p. 24, que faz uma distinção análoga entre as proposições.

beijar César é um ato parcialmente genérico, e beijar César agora ou matar César são atos individuais. Os atos individuais são casos particulares de atos genéricos.

Os atos positivos, segundo Bentham, "consistem em movimento ou dispêndio de esforço"[21]. "Cada ato individual que confira movimento necessariamente tem um sujeito no qual se inicia, sujeitos através dos quais se desenvolve e um sujeito no qual termina."[22] O sujeito no qual o movimento se inicia é chamado de agente e é sempre um ser humano. Em cada ato positivo os três sujeitos podem ser distinguidos, embora possam ser idênticos: por exemplo, quando uma pessoa se coça. Em determinados atos individuais, mas não em todos, existe um quarto sujeito – em que são produzidos os efeitos patológicos do ato (isto é, sensações de dor ou prazer)[23]. Bentham admite nesta quarta categoria apenas seres humanos. Este método de descrição de atos deveria ser modificado, acrescentando-se o pressuposto geral de que o agente deve ter um controle mínimo sobre seus atos.

Bentham distingue entre dois gêneros de omissões[24]: abstenção de um ato, que consiste simplesmente em não praticá-lo; e abstenção deliberada. Seguindo Bentham, usaremos o termo em seu primeiro sentido, acrescentando a seguinte condição: um homem se omite de praticar A no momento t somente se há em t a oportunidade de praticar A. Assim, se a porta está fechada, não posso me abster de fechá-la porque não tenho a oportunidade de fazê-lo[25]. O caráter negativo das omissões é uma propriedade dos atos em si, não das suas descrições. Portanto, as omissões podem

---

[21] *Principles*, p. 190.
[22] *Limits*, p. 126.
[23] Ibid., p. 121; *OLG*, p. 35.
[24] *Principles*, p. 191 n.
[25] Sobre o conceito de oportunidade, ver Von Wright, *NA*, p. 37.

ser descritas em termos positivos e os atos externos podem ser descritos em termos negativos[26]. Uma pessoa pode ao mesmo tempo praticar vários atos separados, como também pode praticar um ato e abster-se da prática de outro[27].

Em seu livro *Human Acts* [Ações humanas], E. D'Arcy escreve: "À pergunta 'o que você estava fazendo às duas horas desta tarde?', poderia ser adequada qualquer uma das seguintes respostas: 'tirando uma soneca', 'descansando na poltrona', 'tomando banho de sol', 'posando para uma foto', 'esperando que o semáforo ficasse verde em Carfax', 'tirando um raio X', 'cortando o cabelo', 'sentado diante de Whitehall, cometendo desobediência civil', 'fazendo greve de fome'. Cada uma dessas respostas satisfaria a definição de Bentham de omissão como um não movimento físico, 'permanecer em repouso'; mas não devemos qualificar como omissão qualquer uma delas."[28] Entendo que a greve de fome seria o melhor exemplo de omissão, ou seja, não comer embora haja a oportunidade de comer (para um propósito de certa espécie). Pode ser que a greve de fome dificilmente seja considerada uma omissão. Mas isto se deve provavelmente à dificuldade de discutir este assunto nesses termos. De qualquer maneira, Bentham não estava interessado nos hábitos usuais do discurso, mas sim em categorias e classificações filosóficas úteis.

Cito a passagem de D'Arcy para apontar uma armadilha a ser evitada ao se interpretar Bentham. Contrariamente à suposição de D'Arcy, o fato de uma pessoa não mover o corpo não descreve uma omissão sua de acordo com Bentham. A omissão não é simplesmente um não movimento físico. Ela "implica a negação da

---

[26] *Principles*, p. 191.
[27] Isto decorre das observações de Bentham em *Principles*, p. 191.
[28] *Human Acts*, p. 41.

[...] atividade positiva"²⁹. Portanto, dos exemplos de D'Arcy, apenas "greve de fome" é uma omissão de acordo com o critério de Bentham. "Tirar raio X" e "cortar o cabelo" não são atos, são estados nos quais a pessoa se encontra, coisas que lhe acontecem. Os outros exemplos descrevem atos positivos de um gênero especial, isto é, atos contínuos, como deitar-se, ter a posse de algo³⁰ etc.

Ao usar os termos "circunstâncias" e "situação de ato" como termos técnicos, podemos dizer que uma situação de ato, por definição, é um número qualquer de fatos dos quais pelo menos um é um ato; e que, em relação a qualquer ato em qualquer situação de ato, os outros fatos da situação são circunstâncias. Tomando a totalidade dos fatos como uma situação de ato, podemos dizer com Bentham: "O campo das circunstâncias pertencente a um ato qualquer pode ser definido como um círculo cuja circunferência não está em parte alguma, mas do qual o ato em questão é o centro. Ora, para fins de discurso qualquer ato pode ser considerado como um centro; nessa mesma medida, qualquer outro ato ou objeto pode ser contado como um daqueles que estão ao redor dele."³¹

A relação de um ato com suas circunstâncias é, segundo Bentham, análoga à relação de uma substância com suas propriedades. Isto significa, entre outras coisas, que uma situação de ato pode ser descrita de várias maneiras, quer como um ato e suas circunstâncias, quer como um ato e mais nada: por exemplo, matar por envenenamento, por um lado, ou envenenar, por outro; ou, ainda, puxar o gatilho de uma arma de fogo carregada com o efeito de dispará-la, por um lado, ou disparar uma arma de fogo, por outro. Como Bentham expõe: "Aqui também ocorre com um ato e suas circunstâncias o que ocorre com uma substância e suas

---

²⁹ *Principles*, p. 191.
³⁰ Ibid., p. 193.
³¹ *Principles*, p. 195 n.

propriedades: é possível retirar da substância as suas propriedades uma por uma até que ela seja reduzida a nada; assim também é possível fazer o mesmo com um ato retirando-lhe as suas circunstâncias."[32] E mais adiante:

> Poderemos dar azo a grande perplexidade se não tivermos o cuidado de observar que a questão de saber se este ou aquele ato, tal como é considerado pelo direito, deve ser tomado em conjunto com suas circunstâncias ou tomado isoladamente de suas circunstâncias depende tão somente das palavras com que o mesmo é referido: isso porque o mesmíssimo ato, de acordo com certa maneira de expressá-lo, será tomado em conjunto com suas circunstâncias; de acordo com outra maneira, não o será.[33]

A teoria dos atos de Bentham tem três características principais:

(1) A grande flexibilidade das descrições dos atos e a parcial permutabilidade dos vários métodos de descrição dos atos.

(2) Os atos externos simples constituem a base para a explicação de outros gêneros de atos, particularmente as omissões e os atos complexos.

(3) A explicação dos atos externos simples dá ênfase ao movimento gerado pelo agente. Para os fins de uma teoria jurídica, os atos que têm primeira importância são os genéricos, não os individuais.

A teoria dos atos de Bentham pode ser reconstruída se fizermos dos atos elementares (em vez dos atos externos) o fundamento de um método amplo de descrição dos atos. Um ato elementar genérico é aquele que assegura certo resultado por meio de algum movimento, de algum modo e com certa intenção. Cada ato elementar genérico é um ato positivo, isto é, envolve algum

---

[32] *Limits*, p. 129; *OLG*, p. 44.
[33] Ibid., *OLG*, pp. 43-4.

movimento do agente, mas a espécie de movimento envolvido não é especificada na descrição de um ato elementar. De forma semelhante, todo ato elementar é praticado de certo modo – rápida ou lentamente, talvez usando certos instrumentos etc. –, o qual não é especificado em sua descrição. O ato genérico é definido parcialmente por seus resultados, isto é, produz um estado de coisas ou impede a mudança de um estado de coisas. Outro elemento da definição é certa intenção definida: o resultado é assegurado com a intenção de assegurar certo estado de coisas. No ato ordinário, o estado de coisas pretendido é o estado de coisas assegurado, mas nem sempre isso acontece.

Os atos elementares servem como base para a definição de outros atos genéricos. Estes podem ser definidos como um ato elementar praticado de um modo específico (por exemplo, envenenar) ou por meio de um movimento específico (por exemplo, chutar ou atirar uma bola), ou como um ato elementar que tem uma consequência determinada etc. Outros atos genéricos são espécies de atos dos gêneros descritos (por exemplo, matar e dirigir podem ser analisados como espécies de atos genéricos, ambos contendo atos genéricos elementares – matar e dirigir intencionalmente –, e não elementares), ou como omissões ou complexos de outros atos.

A espécie de ato elementar que acaba de ser descrita é assim um instrumento poderoso para explicar a maioria dos atos que interessam para o direito[34]. No restante deste estudo, embora atos

---

[34] Parece-me que todos os atos intencionais podem ser analisados sob a perspectiva dos atos elementares (embora para certos fins outras espécies de análise talvez sejam mais úteis). As ações intencionais, entretanto, "parecem ser uma subclasse das ações voluntárias conscientes. As ações que, embora conscientes, podem ser impedidas pelo esforço e não são praticadas de propósito parecem ser voluntárias sem ser intencionais: seriam exemplos estremecer de dor, movimentos nervosos do corpo, espirrar, sorrir, usar um tom de voz irritado, remoer uma injúria" (Kenny, "Intention and Purpose", 63 *Journal of Philosophy*, p. 644).

de todos os gêneros possam ser apresentados como exemplos, a análise foi feita de modo a aplicar-se diretamente a esta espécie de ato elementar.

O restante desta seção é essencialmente uma interpretação das páginas 93 a 97 de *Of Laws in General*, onde Bentham expõe suas concepções sobre a estrutura da lei. Para Bentham, uma lei é "um conjunto de signos que declaram uma volição"[35]. É na prática uma sentença ou um conjunto de sentenças, embora na maior parte do tempo Bentham discuta a lei como se fosse uma proposição que diz que o soberano quer isto e aquilo.

"Há duas coisas essenciais em toda lei", explica Bentham, "um ato de um tipo ou outro, que é o objeto de um desejo ou de uma volição [...] e um desejo ou volição do qual tal ato é o objeto."[36] O aspecto corresponde, consequentemente, ao desejo ou à volição. Assim como a descrição do ato descreve o ato, também provavelmente a descrição do aspecto descreve a volição.

Muitas objeções que poderiam ser opostas à teoria de Bentham podem ser evitadas caso adotemos as seguintes modificações, que, embora simples, têm amplas consequências: em vez de identificar os aspectos com as volições ou fases de volições do legislador, podemos tratá-los como elementos dos enunciados normativos, ou seja, as supramencionadas modalidades normativas. Mas ainda que grande parte da base filosófica da doutrina benthamiana sobre a estrutura do direito seja assim rejeitada, isto não significa que a própria doutrina não tenha valor. Ao contrário, é a melhor análise sobre a estrutura do direito feita por um jusfilósofo da escola imperativa.

As leis continuarão sendo consideradas entidades abstratas não linguísticas. Postular-se-á que cada lei terá uma estrutura

---

[35] *Limits*, p. 88; *OLG*, p. 1.
[36] Ibid., p. 178; *OLG*, p. 93.

correspondente à de um enunciado normativo que descreve ela e só ela. É diante desse pano de fundo que a teoria benthamiana da estrutura das normas será explicada.

Uma lei, segundo Bentham, consiste em um aspecto e um ato, ou, levando em conta as modificações acima introduzidas na teoria dos atos, em uma situação de ato (incluindo a especificação de um agente). Algumas leis têm partes que também consistem em um aspecto e em uma situação de ato. Tais partes serão chamadas "dispositivos" (*provisions*). As partes de uma lei que não são dispositivos serão chamadas "cláusulas" (*clauses*).

De acordo com Bentham, existem quatro aspectos: (1) um positivo diretivo, (2) um negativo diretivo, (3) um positivo não diretivo e (4) um negativo não diretivo. Os quatro aspectos serão representados aqui respectivamente como C, P, NC e NP. Se representarmos as situações de ato positivas por a e as situações de ato em que o ato é uma omissão por $\bar{a}$, poderemos distinguir entre quatro gêneros de dispositivos: Ca ou um comando, Pa ou uma proibição, NCa ou um não comando e NPa ou uma permissão (uma não proibição). Os quatro são interdefiníveis: "Um aspecto negativo em relação a um ato positivo é equipolente a um aspecto afirmativo em relação ao ato negativo correspondente."[37] Isto é:

(1) NPa é logicamente equivalente a $NC\bar{a}$.
(2) Pa é logicamente equivalente a $C\bar{a}$. Além disso:
(3) Ca é lei quando quer que NCa não seja lei e vice-versa.

A última definição é estabelecida por Bentham ao falar de outras relações entre dispositivos:

> É tal a relação que subsiste entre estas determinações que algumas são necessariamente inconciliáveis e exclusivas entre si;

---

[37] *Limits*, p. 180; *OLG*, pp. 95-6.

outras são necessariamente simultâneas [...]. Um comando [...] inclui uma permissão; exclui tanto uma proibição quanto um não comando. Uma proibição inclui um não comando e exclui tanto um comando quanto uma permissão.[38]

Isto significa que, toda vez que *Ca* seja lei, *NPa* também o será, mas nunca *Pa* ou *NCa*; e toda vez que *Pa* seja lei, *NCa* também o será, mas nunca *Ca* ou *NPa*. Das relações entre dispositivos que podem ser expressas nestes termos, as seguintes podem ser tomadas como fundamentais:

(1) O direito será sempre *NCa*, ou *NPa*, ou ambos.
(2) O direito nunca será *CA* ou *Pa* conjuntamente.

A partir destes termos e das definições podem ser deduzidas todas as outras relações entre dispositivos. Portanto, os aspectos formam um quadrado de oposições[39]. Uma consequência interessante dos princípios acima é que, para qualquer situação de ato determinada, o direito que versa sobre ela sempre será *NCA* e *Pa*, ou *NPa* e *Ca*, ou por fim *NPa* e *NCa*.

Até aqui a e $\bar{a}$ representam as situações de ato. A partir de agora pretendo distinguir entre o ato e a especificação do agente, de um lado, representados como a ou $\bar{a}$, e a especificação da circunstância, de outro, representada como c e $\bar{c}$ ($\bar{c}$ sendo o contrário de c). $a\backslash c$ significa a execução de algum ato positivo por algum agente nas circunstâncias c. A parte de uma lei que especifica as circunstâncias nas quais um ato deve ou não ser praticado é chamada de "cláusula limitativa". Usando *T* como representação de qualquer um dos quatro aspectos, o termo de Bentham "cláusula de exceção" (representada como /c) pode ser definido como se segue[40]:

---

[38] Ibid., p. 181; *OLG*, p. 97.
[39] Cf. Prior, *Formal Logic*, p. 220.
[40] Cf. *Limits*, pp. 208-9; *OLG*, pp. 114-5.

Ta\c é logicamente equivalente a *Ta/c̄*.

Uma cláusula que é ou limitativa ou de exceção é chamada por Bentham de "qualificativa".

Em "é proibido tomar a propriedade de alguém sem seu consentimento" as três últimas palavras descrevem uma cláusula limitativa – quando *x* não concorda, o ato é proibido. A mesma regra pode, contudo, ser formulada como "é proibido tomar a propriedade de alguém a menos que ele concorde com isso". Aqui a regra é formulada com a ajuda de uma cláusula de exceção: é sempre proibido praticar o ato, exceto nas circunstâncias especificadas. A cláusula limitativa especifica as circunstâncias nas quais o direito se aplica. A cláusula de exceção especifica as circunstâncias nas quais ele não se aplica, que são a exceção da regra, o que implica logicamente que ele se aplica em todas as outras circunstâncias.

Bentham acrescenta mais quatro relações fundamentais entre dispositivos: "Uma permissão com uma exceção é equipolente a uma proibição com uma limitação [...]. Um não comando com uma exceção é equipolente a um comando com uma limitação [...] um comando com uma exceção é equipolente a um não comando com uma limitação [...] uma proibição com uma exceção é equipolente a uma permissão com uma limitação."[41] Em outras palavras:

Pa\c é logicamente equivalente a *NPa/c*;
Pa/c é logicamente equivalente a *NPa\c*;
Ca\c é logicamente equivalente a *NCa/c*;
Ca/c é logicamente equivalente a *NCa\c*.

Estes princípios não têm contrapartida óbvia no discurso jurídico usual, pois nem sempre se supõe que quando certa exceção

---

[41] Ibid., pp. 209-10; *OLG*, p. 116.

é mencionada explicitamente, nenhuma outra exceção existe, ou que quando uma condição é especificada, nenhuma outra condição existe. Portanto, no discurso usual as cláusulas de exceção normalmente não podem substituir as cláusulas limitativas.

Analisando-se as cláusulas qualificativas, elas podem ser subdivididas em uma cláusula principal que qualifica a especificação do ato e subcláusulas que qualificam a cláusula principal. As próprias subcláusulas são ou limitativas ou de exceção[42]. Quando se afirma que "estacionar em frente aos órgãos do governo é proibido no verão durante o horário de expediente, exceto mediante permissão especial", a cláusula (limitativa) "no verão" é a principal. "Durante o horário de expediente" é uma subcláusula limitativa que qualifica a cláusula principal, e "exceto mediante permissão especial" é uma subcláusula de exceção que qualifica a primeira subcláusula. Não é necessário explorar mais este assunto aqui.

Até o momento, foram analisados os dispositivos jurídicos. Toda lei contém um dispositivo principal que é ou um comando ou uma proibição (caso em que a lei é obrigadora), ou é um não comando ou uma permissão (caso em que a lei é desobrigadora). As leis obrigadoras podem conter permissões ou não comandos como dispositivos subsidiários que têm o efeito de dispositivos de exceção, como, por exemplo, em "O usuário não pode emprestar um livro da biblioteca por mais de quinze dias, mas o empréstimo pode ser mais longo durante as férias."

A aceitação da possibilidade das leis desobrigadoras suscita vários problemas tanto teóricos como interpretativos. As leis desobrigadoras pressupõem leis obrigadoras, que elas ou revogam

---

[42] *Limits*, pp. 213-4; *OLG*, p. 120.

ou qualificam[43]. É duvidoso se há muito sentido em considerar uma lei revogadora (isto é, uma lei cujo único efeito é revogar uma ou várias outras leis) como existente depois que as leis que ela revogou deixaram de existir. Isto, com outras considerações, dá a entender que é melhor considerar que as leis são revogadas por atos, e não por outras leis. De acordo com esta concepção, os atos legislativos dotados unicamente da função de revogar outras leis não são expressões de leis; são meros elementos e produtos de atos revogadores.

As leis desobrigadoras que se limitam a qualificar leis obrigadoras serão discutidas mais detalhadamente no Capítulo VII, Seção 2, *infra*. Contudo, é preciso mencionar aqui que a admissão dessa possibilidade envolve sérias dificuldades na interpretação da teoria de Bentham. Às vezes, parece que Bentham nega explicitamente a possibilidade de existência de leis desobrigadoras. Assim, sobre o dispositivo "qualquer homem pode exportar trigo quando o preço não é maior que 44 *shillings* o quarto", ele afirma: "[...] este dispositivo não é do tipo imperativo e por isso não pode, pela natureza das coisas, constituir uma lei independente"[44]. Isto significa que as leis desobrigadoras não são leis independentes? Elas com certeza têm efeito idêntico ao dos dispositivos de exceção nas leis obrigadoras. A única diferença, aparentemente, é que um dispositivo subsidiário de exceção é promulgado ao mesmo tempo que o dispositivo principal, enquanto a lei desobrigadora é promulgada depois do dispositivo que ela qualifica. Mas, como se tornará claro no próximo capítulo, de acordo com a própria teoria de Bentham esta razão é muito fraca para justificar tamanha distinção. Além do mais, a aceitação da possibilidade de

---

[43] Cf. *Limits*, p. 259; *OLG*, pp. 168-9; *Principles*, p. 430.
[44] *Limits*, p. 248; *OLG*, p. 157.

leis desobrigadoras é incompatível com a definição de Bentham da lei como a expressão de "uma volição [...] relacionada à conduta a ser observada por certa pessoa em determinado caso [...]"[45], o que parece indicar que toda lei é obrigadora. Por estas razões, vou considerar que Bentham admite somente leis obrigadoras.

Uma lei também pode conter cláusulas independentes de três gêneros:

(1) Cláusulas expositivas[46], que explicam conceitos usados na lei.

(2) Cláusulas satisfativas, que são declarações de planos de ação que têm a finalidade de reparar os danos que possam ser causados por causa da desobediência à lei[47].

(3) Cláusulas incitativas, isto é, declarações de planos de ação que preveem recompensas para a obediência ou sanções para a desobediência à lei[48].

As leis com mais de um dispositivo, ou com cláusulas independentes, são chamadas de "leis complexas".

B. *A estrutura da norma segundo Kelsen*

As ideias de Kelsen sobre a estrutura da norma não são completamente diferentes das de Bentham. "A norma", diz ele, "é a expressão da ideia de que alguma coisa deve ocorrer, particularmente que um indivíduo deve se conduzir de determinada maneira."[49] O "dever" sempre presente em Kelsen corresponde ao "aspecto" de Bentham, e o indivíduo e seu conduzir-se de maneira determinada correspondem ao agente e ao ato que se distin-

---

[45] *Limits*, p. 88; *OLG*, p. 1.
[46] Ibid., pp. 203, 221; *OLG*, pp. 302-3, 127.
[47] Ibid., p. 242; *OLG*, p. 151.
[48] Ibid., p. 225; *OLG*, p. 134.
[49] *GT*, p. 36.

guiam na teoria benthamiana. Além disso, de acordo com Kelsen, as normas têm a característica de serem condicionais. Suas "condições" não são outras senão as "circunstâncias" de Bentham: ou seja, aquela parte da norma que determina o momento no qual o agente tem que agir da maneira especificada. Doravante chamaremos esses quatro elementos de "caráter da norma" (isto é, o "aspecto" de Bentham e o "dever" de Kelsen), "sujeito da norma, "ato da norma" e "condição executiva"[50].

Uma norma é incondicional se, de acordo com sua condição executiva, a próxima oportunidade para executar o ato da norma depois que a norma é promulgada é a única ocasião em que a norma se aplica. Também é incondicional se toda oportunidade de execução do ato da norma é ocasião para a aplicação da norma[51].

Aproveitando a grande flexibilidade nos métodos de descrição dos atos, adotarei a convenção de sempre julgar eminentemente genérico o ato da norma. Quaisquer características individualizadoras serão consideradas partes da descrição do sujeito ou da condição executiva.

Tudo isto se pode afirmar sobre a semelhança básica entre as ideias de Bentham e de Kelsen sobre a estrutura de um dispositivo jurídico e de uma norma. Mas aqui as semelhanças terminam, pois Kelsen não admite nada semelhante às leis complexas de Bentham. Cada norma compreende, por assim dizer, apenas um dispositivo jurídico. Muito mais importante é o fato de que, de acordo com a teoria de Kelsen, todas as leis são normas que concedem liberdades, isto é, permissões seja para praticar, seja para não praticar um ato. As suas razões para esta doutrina surpreendente serão explicadas no Capítulo IV, Seção 2, *infra*.

---

[50] Cf. Von Wright, *NA*, pp. 70 ss.
[51] Sobre a posição um pouco diferente de Kelsen, ver *PTL*, pp. 100-1.

III.3. A existência das normas

"Uma norma é uma norma jurídica válida se (a) foi criada da maneira prevista pela ordem jurídica à qual pertence e (b) não foi anulada quer pela via estabelecida pela ordem jurídica, quer pela via de *desuetudo**, ou pelo fato de que a ordem jurídica como um todo tenha perdido a sua eficácia."[52] Este é o critério de Kelsen sobre a existência das normas, ou, para ser preciso, das normas derivadas. Pode ser reformulado e incorporado em um critério completo de existência da seguinte maneira:

Uma norma existe seja desde o momento em que se configura um conjunto adequado de condições derivadas de criação até o momento em que se configura um conjunto adequado de condições derivadas de extinção, seja desde o momento em que se configura um conjunto adequado de condições originais de criação até o momento em que se configura uma condição original adequada de extinção, contanto que exista o sistema jurídico ao qual ela pertence.

As normas jurídicas são de dois gêneros, originais e derivadas, distintas por seu modo de criação e extinção[53]. O critério de existência se refere às condições de criação e extinção, que juntas formam as condições de existência de uma norma. Daremos uma explicação breve sobre elas. No restante do presente capítulo, o objetivo é simplesmente esclarecer os princípios sobre os quais a teoria se baseia; detalhes e complicações particulares serão evitados sempre que possível.

---

* *Desuetudo* é o desuso ou o costume negativo. Segundo Kelsen, "a *desuetudo* é como que um costume negativo cuja função consiste em anular a validade de uma norma existente". Kelsen, Hans. *Teoria pura do direito*. Trad. João Batista Machado. São Paulo: Martins Fontes, 2003. (N. da T.)

[52] *GT*, p. 120.

[53] *Grosso modo*, normas originais são aquelas cujas condições de criação não incluem a existência de outras normas. Toda norma que não seja uma norma original é uma norma derivada.

A. *Condições derivadas de criação*

Uma norma derivada passa a existir no momento em que pelo menos um conjunto adequado de condições de criação seja satisfeito. Todo conjunto de condições derivadas de criação contém condições de dois gêneros: (a) a existência de certa norma (a chamada "norma criadora de norma"); e (b) a ocorrência de certos eventos (eventos criadores de norma).

Uma norma criadora de norma estipula que se certos eventos ocorrerem, uma norma de certo gênero virá à existência. Um evento é criador de norma se existir uma norma que o transforme em condição para a criação de outra norma.

Apenas eventos que satisfaçam as quatro condições seguintes podem se tornar eventos criadores de normas. Devem ser (1) atos humanos (2) voluntários (3) e realizados com uma intenção especial (4) expressa de maneira convencional no próprio ato. O item (1) é o significado da doutrina fundamental de Kelsen, segundo a qual as normas são o significado objetivo de certos atos humanos. O item (2) é expresso pela doutrina segundo a qual os atos criadores de normas são atos de vontade. Os dois últimos, (3) e (4), são expressos pela doutrina kelseniana de que os atos criadores de normas têm a significação subjetiva de "dever". O seguinte exemplo deixa claro que por "significação subjetiva" ele se refere a uma intenção manifesta: "Sans doute, l'homme que fait l'acte, et qui agit de façon rationnelle, associe à son acte une certaine signification, qui s'exprime ou traduit d'une façon ou d'une autre, et qui est comprise par d'autres hommes: c'est ce que nous appellerons la 'signification subjective' des actes."[54] A natureza da intenção que Kelsen chama de significação subjetiva do "dever" é explicada a seguir: "'Sollen' est la signification subjective de tout acte de volonté d'un

---

[54] *TP*, p. 3.

homme qui, dans son esprit, tend à obtenir une conduite d'autrui."[55]
A intenção é afetar a conduta de outras pessoas.

É importante entender que é a intenção manifesta que determina o conteúdo da norma. Se o ato é executado com a intenção de fazer com que determinadas pessoas, x, se comportem de determinada maneira, a, então a norma é que x deve fazer a.

Esta doutrina lembra muito as de Bentham e Austin e é vulnerável à mesma crítica que o próprio Kelsen dirige à doutrina de Austin em *General Theory of Law and State* [Teoria geral de direito e Estado][56]. Um dos argumentos mais importantes elaborados por Kelsen é que frequentemente os legisladores assinam ou votam uma lei sem conhecer o seu conteúdo, e, portanto, também sem pretender que o sujeito da norma se conduza da maneira prescrita. Na *Teoria pura do direito*, Kelsen afirma esta tese ao escrever: "Lorsqu'un membre du parlement vote pour l'adoption d'un projet de loi dont il ne connaît pas le contenu, le contenu de sa volonté est une manière d'habilitation. Ce votant veut que devienne loi quoi que ce soit que contient le projet de loi pour lequel il vote."[57] Assim, a intenção de afetar a conduta de alguém é substituída pela intenção de criar uma norma. Kelsen parece não ter consciência das implicações desta mudança. Ela constitui a maior divergência de Kelsen no que se refere à concepção austiniana, pois já pressupõe a existência de normas e atividades convencionalizadas e não pode, portanto, constituir a explicação última destas[58]. A doutrina de Austin sobre a legislação foi formulada para

---

[55] *TP*, p. 10.
[56] *GT*, pp. 33-5.
[57] *TP*, p. 10 n.
[58] A abordagem modificada de Kelsen é semelhante àquela parte da doutrina geral dos atos do discurso exposta por Strawson em "Intention and Convention in Speech Acts", *Philosophical Review* (1964), pp. 456-7, no qual ele se refere à intenção "de promover ou afetar o curso da prática em questão".

explicar, sobretudo, a legislação independente, isto é, a legislação que não pressupõe a existência de normas e que não é necessariamente realizada dentro da estrutura dos sistemas de normas, ao passo que a doutrina de Kelsen se aplica apenas à legislação interna à estrutura dos sistemas normativos.

B. *Condições derivadas de extinção*

Uma norma deixa de existir quando se promulga outra norma com a finalidade de revogá-la expressa ou tacitamente. Às vezes uma norma revogadora condiciona a extinção de uma norma à ocorrência de certo evento ou ao transcorrer de determinado lapso de tempo. Estas são as vias comuns de extinção das normas. A estas, Kelsen acrescenta (além do colapso total do sistema jurídico como um todo) a via especial do costume negativo (isto é, um costume que revoga normas).

Ao afirmar que o costume negativo é sempre e necessariamente um modo de extinção das leis, Kelsen abandona a posição austiniana segundo a qual a eficácia de uma lei relaciona-se com a sua validade apenas na medida em que afeta a eficácia do sistema jurídico como um todo. A superioridade da abordagem de Austin será demonstrada em um próximo capítulo. As considerações seguintes pretendem apenas mostrar que mesmo que a posição de Kelsen fosse admitida, não se pode considerar que o costume negativo cria normas da mesma maneira que o costume positivo. Além disso, o costume negativo não é costume no mesmo sentido que o costume positivo.

Kelsen introduz sua doutrina da seguinte maneira:

> Uma norma jurídica geral é considerada válida apenas se a conduta humana por ela regulada realmente se conforma à norma, pelo menos em alguma medida. Uma norma que não é obedecida por ninguém em lugar nenhum, em outras palavras, uma

norma que não tem pelo menos certo grau de eficácia, não é considerada uma norma jurídica válida. Um mínimo de eficácia é uma condição de validade.[59]

Fica claro que esta é uma condição de extinção, e não uma condição de criação, quando Kelsen mostra que a norma não é necessariamente eficaz no momento de sua criação. Portanto, há duas maneiras pelas quais uma norma pode ser extinta por ineficácia: ou ela nunca se torna eficaz ou ela é eficaz em um momento e deixa de sê-lo depois. As duas maneiras, de acordo com Kelsen, constituem o costume negativo[60].

Se um costume negativo cria normas revogadoras, essas normas são originais ou derivadas. Mas não são originais, pois de acordo com Kelsen a norma fundamental é a única norma original. Também não são derivadas, pois estas pressupõem uma norma criadora de normas. E o ponto fundamental da doutrina de Kelsen é que o costume negativo extingue leis mesmo que não haja nenhuma norma no sistema que o autorize a funcionar como processo criador de normas[61]. Nisto ele difere do costume positivo, que só cria normas se a norma fundamental ou alguma outra norma o transforma em um processo criador de normas[62]. Não é logicamente necessário, segundo Kelsen, que o costume positivo seja considerado um processo criador de normas em todo sistema jurídico. Portanto, o costume negativo ou dá término à existência das normas sem criar normas revogadoras ou cria estas últimas de uma forma que Kelsen não conseguiu explicar[63].

---

[59] *PTL*, p. 11.
[60] Ibid., p. 213.
[61] Ibid., p. 213.
[62] *PTL*, pp. 225-6.
[63] Há bons fundamentos para se sustentar que, em todo caso, as normas não são revogadas por normas revogadoras, mas por atos revogadores. Não sustentarei aqui

Um costume negativo é de fato um costume? Para que um costume se constitua, certa regularidade de conduta deve ser acompanhada por uma "pressão normativa": exortações à conformidade, críticas à desobediência e uma justificação da conformidade. A explicação de Kelsen não implica que tal pressão normativa seja necessária no caso da extinção devida à ineficácia. A impressão geral é que, nesse caso, a norma simplesmente cai em desuso, e não é necessário que se exerça nenhuma pressão positiva no sentido da desobediência. Além disso, se o desvio em relação a um costume é um delito, uma decisão judicial de aplicar a norma revogada por costume negativo também é um delito? Isto dá a entender que o costume negativo não é um costume de modo algum.

Outra forma de extinção das normas deve ser mencionada: uma norma deixa de existir se não é mais possível surgir uma ocasião em que ela se aplique. Assim, a norma que prescreve que John deve visitar Rex uma vez por ano se extingue automaticamente com a morte de Rex. Uma norma que prescreve que a entrada em determinada área é proibida neste verão não existe depois que o verão passou. As transgressões cometidas enquanto a norma existia podem, é claro, ser punidas depois. Nenhuma extinção de norma legaliza as ofensas cometidas enquanto esta estava em vigor.

c. *Condições originais de existência*

De acordo com Kelsen, a norma fundamental é a única original. Falaremos muito sobre isso nos próximos dois capítulos. Contudo, alguns esclarecimentos são oportunos aqui.

---

esta proposição, mas, como a maioria dos filósofos discutidos neste estudo, não incluirei as normas revogadoras em minha representação sistemática do conteúdo dos sistemas jurídicos.

A norma fundamental existe, ou seja, é válida: "A norma fundamental é pressuposta como uma norma *válida*."[64] Ela é parte do sistema jurídico porque "tem funções juridicamente relevantes"[65]. Contudo, essa norma ocupa uma posição única dentro do sistema jurídico, porque é a única que "não é uma norma de direito positivo, isto é, não é uma norma criada por um ato real de vontade de um órgão jurídico"[66].

Às vezes Kelsen se expressa de tal forma que ficamos com a impressão de que a norma fundamental é criada pelo simples fato de ser pressuposta. Diz, por exemplo, que ela "existe na consciência jurídica" e que "não é [...] válida porque é criada de determinada forma por um ato jurídico, mas sim porque sua validade é pressuposta"[67]. Mas essa impressão é equivocada. Kelsen nega especificamente que as normas fundamentais sejam criadas pelo simples fato de serem pressupostas[68]. Dois pontos devem ser mencionados brevemente aqui: primeiro, pressupor a norma fundamental de um sistema jurídico não é uma condição para a existência desse sistema. É simplesmente uma condição do reconhecimento e do entendimento dele enquanto sistema jurídico. Teoricamente, um sistema jurídico pode existir sem que ninguém pressuponha sua norma fundamental. Mas não pode existir sem a própria norma fundamental, pois nesse caso careceria de unidade e de validade, isto é, de existência. Em segundo lugar, mesmo que o reconhecimento de uma norma enquanto tal por um indivíduo implique, segundo Kelsen, a pressuposição de alguma norma fundamental, este fato

---

[64] "Prof. Stone and the Pure Theory of Law", 17 *Stanford Law Review* (1965), p. 1143.
[65] Ibid., p. 1141.
[66] Ibid., p. 1141.
[67] *GT*, p. 116.
[68] Ver *PTL*, p. 204, especialmente a nota de rodapé. Kelsen rejeita também a ideia de que a norma fundamental seja criada quer por atos criativos, quer por atos que apliquem outras normas do sistema e obedeçam a elas (*TP*, p. 271), ou ainda que seja criada pelo reconhecimento, por parte da população, da obrigação de obedecer à lei (*PTL*, p. 218 n.).

por si só não é suficiente para determinar o conteúdo da norma pressuposta. De acordo com Kelsen, para conhecer esse conteúdo é preciso conhecer todas as outras normas reconhecidas por aquele indivíduo. A norma fundamental que ele pressupõe é a que autoriza todas essas normas e nenhuma outra[69]. Tendo em vista estas duas explicações, a pressuposição de uma norma fundamental não a cria nem mesmo determina seu conteúdo. É melhor considerar as normas fundamentais como normas necessárias, ou seja, considerar que em todo sistema jurídico há necessariamente uma e apenas uma norma fundamental. As normas fundamentais, portanto, existem sem ser criadas. O conteúdo de uma norma fundamental em uma ordem jurídica específica "é determinado pelos fatos por meio dos quais um ordenamento é criado e implementado"[70]. Seu conteúdo varia de acordo com o sistema. "A norma fundamental de qualquer ordem jurídica positiva confere autoridade legal apenas sobre os fatos pelos quais é criado e aplicado um ordenamento que, de modo geral, é eficaz."[71] A norma fundamental "qualifica certo evento como o evento inicial na criação das várias normas jurídicas. É o ponto de partida do processo de criação de normas"[72]. A norma fundamental é, assim, uma norma criadora de normas. É a única norma criadora de normas cuja condição de existência não inclui a existência de outra norma criadora de normas. Assim, o conceito de norma fundamental tem a finalidade de impedir que a teoria de Kelsen sobre a criação de normas fique presa em um círculo vicioso ou em uma regressão infinita.

---

[69] Portanto, quase sempre a norma fundamental de um sistema jurídico particular é "pressuposta" apenas pela ciência daquele sistema, que a pressupõe em um sentido diferente. Esta conclusão surpreendente resulta da doutrina de Kelsen sobre o conflito de normas, que não pode ser explicada neste estudo. Cf. sobre este assunto Capítulo VI, Seção 2, *infra*.
[70] *GT*, p. 120.
[71] Ibid., p. 120.
[72] Ibid., p. 114.

O fato de a norma fundamental ser pressuposta "na maioria das vezes de modo inconsciente" pelos juristas é apenas uma ilustração da verdadeira questão, qual seja, que "somente esta pressuposição, contida na norma fundamental, permite que a cognição jurídica forneça uma interpretação significativa da matéria do direito"[73]. A norma fundamental existe porque é necessária para a compreensão do direito. Sua função e seu conteúdo exatos serão discutidos depois.

As ideias de Kelsen sobre a criação das normas constituem grande aprimoramento em relação às ideias de Bentham e Austin. Sua distinção entre o que chamei de normas "originais" e "derivadas", o pressuposto de que a imensa maioria das normas é derivada e de que a criação de normas derivadas depende da ocorrência de eventos "autorizados" pela norma criadora de normas têm de ser os fundamentos de toda explicação adequada da criação de normas. No entanto, ele errou em sua interpretação da natureza das normas originais e em sua explicação da estrutura das normas criadoras de normas. Estes pontos serão discutidos nos próximos capítulos. Kelsen também se equivocou ao limitar a classe de atos que podem se tornar atos criadores de normas.

Na opinião de Kelsen, os atos legislativos (isto é, atos praticados com a intenção de criar normas) são os únicos eventos criadores de normas. Ele tenta até explicar o costume como um processo de legislação:

> Inicialmente, o significado subjetivo dos atos que constituem o costume não é um *dever*. Mas depois, quando estes atos existiram por algum tempo, surge no indivíduo a ideia de que deve se conduzir da mesma maneira com que os outros membros costumeiramente se conduzem, e, ao mesmo tempo, surge a vontade de que outros membros se conduzam daquela maneira. Se um

---

[73] Ibid., p. 406.

membro do grupo não se conduz da mesma maneira com que os outros membros costumeiramente se conduzem, esta conduta será desaprovada pelos outros como contrária à vontade deles. Desta forma, o costume se torna a expressão de uma vontade coletiva cujo significado subjetivo é um *dever*.[74]

Kelsen provavelmente pensou que os atos que consolidam a regularidade da conduta são importantes para a criação do direito consuetudinário, assim como são importantes os atos de crítica dirigidos às pessoas que não se conformam a esta regularidade. Os atos do primeiro tipo, nos quais as pessoas se conduzem de determinada maneira, não são realizados com a intenção de criar uma norma de qualquer gênero. Mas mesmo os atos de crítica não são realizados com a intenção de criar uma nova norma. Antes, eles declaram o reconhecimento de que determinada norma já existe, embora esta não seja necessariamente uma norma jurídica. Mesmo que renunciemos a esta objeção e consideremos que esses atos são praticados com a intenção de criar uma nova norma, esta norma decerto estipularia que a pessoa criticada deve se conduzir de determinada maneira; não seria idêntica a uma norma muito mais geral que prescrevesse que toda pessoa de certa classe deve se conduzir de determinada forma. Neste sentido, o fato de muitas pessoas criticarem muitas outras significa no máximo que muitas normas particulares são criadas desta maneira.

Por causa de suas posições sobre o tipo de eventos que podem ser criadores de normas, Kelsen não consegue explicar a criação do direito pelo costume e tampouco consegue explicar o direito criado por via judicial. Refiro-me às normas gerais criadas pelos precedentes, não às normas particulares que dirimem as disputas particulares perante os tribunais em cada caso. Não há

---

[74] *PTL*, p. 9; ver também *PTL*, pp. 225-6.

razão para supor que os juízes só criam normas por precedente quando pretendem fazê-lo. Podem criar normas mesmo sem perceber que estão fazendo isso, e mesmo que considerem que estão apenas declarando o conteúdo de normas já existentes.

Rejeitadas as condições que Kelsen postula para os eventos criadores de normas, surge a questão de saber se elas devem ser substituídas por condições diferentes. Parece-me que o problema deve ser dividido em duas partes: uma que envolva as normas que não fazem parte de nenhum sistema normativo e outra que envolva aquelas pertencentes a sistemas normativos. O problema da criação de normas isoladas difere fundamentalmente do da criação de normas que pertencem a sistemas normativos existentes[75]. Seria ainda melhor evitar falar sobre a criação de normas isoladas, e, em vez disso, falar sobre suas condições de existência. Pois, diferentemente das leis, regulamentos de clubes etc., as normas isoladas não são criadas em um momento definido e em consequência de um pequeno número de atos facilmente identificáveis. Como os sistemas jurídicos, elas nascem em decorrência de padrões complexos de conduta seguidos por muitas pessoas por um período de tempo muito longo. (Por motivos óbvios, uma vez estabelecida, a existência de um sistema jurídico é datada retroativamente a partir de um momento definido do tempo. Isto raramente é necessário no caso de normas isoladas.) Além disso, a existência de normas isoladas não pressupõe a existência de nenhuma outra norma. As normas isoladas são normas originais. A maioria das normas jurídicas, como a maioria das outras normas que pertencem a sistemas normativos, são normas derivadas[76].

---

[75] Aqui nos interessam apenas os sistemas normativos institucionalizados. O sentido segundo qual deve-se entender que um sistema jurídico é institucionalizado será examinado no Capítulo VIII.

[76] Veremos no Capítulo VIII, *infra*, que algumas normas jurídicas podem ser originais, mas elas são a exceção, e não a regra.

O problema da existência de normas isoladas representa, de certo modo, uma combinação dos problemas de existência dos sistemas normativos e das normas que pertencem a tais sistemas, embora, é claro, seja diferente de ambas as questões. Somente certos tipos de atos podem fazer parte das condições de existência de tais normas. A melhor explicação de tais atos é a teoria de Hart sobre as normas costumeiras[77].

Nenhuma limitação semelhante se impõe aos tipos de eventos que podem ser considerados criadores das normas pertencentes a sistemas normativos. Somente atos podem ter a qualidade de eventos criadores de normas, mas todo ato pode criar uma norma se uma norma criadora de normas o autorizar a tanto[78]. Um ato criador de norma deve, evidentemente, determinar pelo menos em parte o conteúdo da norma criada por ele. Mas cada ato pode determinar o conteúdo de uma norma, quanto mais não seja por apresentar-se como um exemplo a ser imitado, sendo a norma necessária para a prática do ato nestas circunstâncias. A norma que investe um ato com o caráter de ato criador de normas indicará a maneira exata pela qual deve ser interpretada a norma criada por aquele ato. A "imitação" é provavelmente a forma mais primitiva de uma norma criadora de normas.

Estas considerações pretendem mostrar que nenhuma limitação geral se impõe ao tipo de atos que podem ser atos criadores de normas derivadas. Sem dúvida há espaço para investigações mais aprofundadas que classifiquem e analisem as várias maneiras pelas quais as leis são elaboradas na prática. Contudo, essas investigações estão fora do âmbito deste estudo.

---

[77] Cf. *The Concept of Law*, pp. 54 ss.
[78] A criação de normas jurídicas originais envolve problemas especiais.

CAPÍTULO IV

SOBRE A INDIVIDUAÇÃO DAS LEIS

O problema da individuação das leis é o elo entre a análise da lei e a do sistema jurídico, e como tal tem imensa importância para a filosofia do direito. Aqui defenderemos a ideia de que os anteriores filósofos do direito, com exceção de Bentham, não fizeram justiça à importância deste assunto. Afirmaremos que todos eles consideravam seus princípios de individuação, quando tinham algum, como determinados exclusivamente por suas explicações do que é uma norma, e que negligenciaram o vínculo entre tais princípios e a teoria dos sistemas jurídicos. Defenderemos ainda a ideia de que a adequada explicação da estrutura dos sistemas jurídicos depende de uma abordagem correta do problema da individuação. Estes temas terão, contudo, de aguardar até um próximo capítulo. Este capítulo traz apenas uma discussão preliminar sobre o problema da individuação das leis.

IV.1. O problema da individuação

A seção precedente pode induzir o leitor a erro. Ela certamente dá a entender que a criação de normas é semelhante à promulgação de leis pelo Parlamento, a elaboração de regulamentos pelos ministros etc. Em certo sentido, essa impressão está correta, pois toda vez que uma lei é promulgada, um regulamento é elaborado, uma decisão judicial é proferida etc., uma norma é inevitavelmente criada. Mas a criação de normas (particularmente de acordo com a explicação de Bentham e Kelsen) difere fundamentalmente da criação de leis, regulamentos etc. em dois aspectos:

(1) Ao promulgar uma lei, decretar um regulamento etc., as autoridades criam apenas parte de uma norma. As outras partes podem ter sido criadas em outro momento, talvez até cem anos antes e muitas vezes por outros órgãos. De acordo com Bentham e Kelsen, partes de uma norma podem ter sido criadas por decretos ministeriais, enquanto outras partes da mesma norma podem ter sido criadas por autoridades locais, outras ainda por juízes, e assim por diante: por exemplo, uma lei municipal que impõe multa sobre quem viola regulamentos de estacionamento, de um lado, e uma lei parlamentar que estabelece os tribunais e os procedimentos que regem a investigação e a punição desses casos, de outro, são ambas parte da mesma norma.

(2) Ao promulgar uma Constituição, elaborar uma lei ou um regulamento etc., o legislador não cria apenas parte de uma norma, mas parte de muitas normas, comumente de um vastíssimo número de normas. Assim, por exemplo, Kelsen pensa que uma norma constitucional faz parte de toda norma criada com fundamento nela.

Esta seção investiga a natureza e o significado destas duas características.

De certo modo, é típico de Kelsen que, embora tenha notado a existência destas duas características, não tenha conseguido perceber seu significado total e suas implicações. Kelsen sabia que "os diferentes elementos de uma norma podem estar contidos em diferentes produtos do procedimento legislativo"[1], mas este co-

---

[1] *GT*, p. 45.

nhecimento não afetou seu pensamento do mesmo modo que afetou o de Bentham quando ele percebeu esse fato.

A descoberta de que uma "lei"* não é idêntica a uma peça específica de legislação, ou a uma seção de tal peça etc., e de que muitas peças de legislação de todos os ramos do direito, não só o penal como o civil, contribuem para o conteúdo de cada "lei", foi o mais importante ponto crítico do pensamento jusfilosófico de Bentham[2]. Esta descoberta e os problemas que ela cria cristalizaram-se em uma questão central: "Em que consiste a identidade e a totalidade de uma lei?"[3] E novamente: "O que é uma lei? Quais são as partes de uma lei? O tema das questões, deve-se observar, é o todo *lógico, ideal, intelectual*, não o todo *físico*: trata-se da *lei (law)*, e não da *peça legislativa escrita (statute)*."[4]

Não é nem um pouco surpreendente que a divisão jusfilosófica de um sistema jurídico em "leis" seja diferente da divisão usual dela em peças legislativas, seções, subseções, regulamentos, estatutos etc. Estes se distinguem de acordo com a autoridade que os promulgou ou decretou, o momento em que foram promulgados ou decretados, a matéria tratada e as mais diversas considerações estilísticas. Até mesmo os juristas e o público em geral, quando querem aprender o que diz o direito sobre uma matéria específica, normalmente preferem consultar livros (por exemplo, o *Laws of England*, de Halsbury, o *Chitty on Contracts* etc.) que dividem

---

* Nesta parte do livro, este termo (*a law*) deve ser entendido no sentido geral de "uma norma jurídica". (N. do R. da T.)

[2] Não é este o lugar adequado para tecer comentários sobre o desenvolvimento do pensamento de Bentham. Basta dizer que esta descoberta o levou a deixar os *Principles* inacabados (cf. parágrafo 32 em seu prefácio àquele livro); ela o moveu a escrever *Of Laws in General* e determinou os problemas e a abordagem desse livro, sua obra magna de teoria do direito.

[3] *Principles*, p. 122.

[4] Idem, p. 429.

o direito de maneira diferente e apresentam o conjunto de todo o material jurídico que trata de certo assunto, independentemente da autoridade que emitiu as normas ou do momento de sua emissão. É muito natural que a divisão jusfilosófica do direito se assemelhe mais à divisão feita pelos juristas que à feita pelos legisladores.

A questão crucial é quais são exatamente os princípios que fundamentam a divisão jusfilosófica do direito. A isto chamarei de problema da individuação. Ele será discutido mais detalhadamente nos capítulos seguintes. No atual, a título de introdução, a discussão está centrada nas posições de Bentham e Kelsen sobre o assunto e nas consequências, para a teoria dos sistemas jurídicos, do simples fato de se colocar o problema da individuação.

Em primeiro lugar, cabe aos filósofos do direito determinar os princípios de individuação das leis. É só usando esses princípios para representar a matéria jurídica em uma forma muito diferente de sua forma original que é possível representá-la como se consistisse em leis distintas. Portanto, é possível conhecer o conteúdo de um sistema jurídico sem conhecer a identidade de nenhuma de suas leis. Isto é pressuposto por Kelsen quando diz: "É tarefa da ciência jurídica representar o direito de uma comunidade, isto é, o material produzido pela autoridade jurídica no procedimento de criação das leis, na forma de enunciados" que tenham certa estrutura[5]. É possível identificar e entender esse material jurídico sem saber como dividi-lo em leis.

A filosofia do direito tem uma dupla tarefa. Primeiro, tem de formular critérios para determinar a identidade do material jurídico oficial de que falou Kelsen. Em segundo lugar, tem de formular princípios de individuação das leis para determinar qual fração do material contido em todo o sistema basta para constituir uma lei.

---

[5] *GT*, p. 45.

Por consequência, é tentador dizer que na seção anterior foram explicadas as condições de criação do material jurídico. Quando estas condições são satisfeitas, é criado algum material jurídico dotado de autoridade, embora este não constitua necessariamente uma única norma completa. Contudo, é preciso lembrar que o material jurídico, no sentido kelseniano do termo, só vem à existência quando a criação de leis envolve uma conduta linguística, e provavelmente apenas quando o conteúdo de uma lei (ou de uma referência a ela) é expresso por escrito como parte do processo pelo qual ela é criada. Por consequência, nenhum material jurídico se cria quando uma norma costumeira passa a existir. Por isso é melhor considerar a seção anterior como uma explicação da criação de leis ou *partes de leis*.

As páginas anteriores explicam a maneira estranha pela qual alguns problemas da teoria dos sistemas jurídicos foram formulados no fim do Capítulo III, Seção I, *supra*. Afirmou-se que o critério de identidade fornece o método para estabelecer se qualquer conjunto determinado de enunciados normativos diretos, desde que verdadeiros, é uma descrição completa de um sistema jurídico; e que as doutrinas da estrutura e da individuação das leis e da estrutura dos sistemas jurídicos fornecem um método para determinar quais descrições de um sistema jurídico são adequadas, isto é, quais delas são descrições em que cada enunciado descreva uma e somente uma lei completa.

Esta formulação pressupõe que seja possível identificar um sistema jurídico sem saber se ele existe ou não. O sistema existe apenas se a descrição é verdadeira, mas é possível determinar qual é a descrição sem saber se ela é verdadeira ou não. Em 1967 era possível saber qual era o sistema jurídico preconizado por Smith para a Rodésia e qual era o sistema jurídico preconizado pelo Reino Unido para a Rodésia, mesmo que surgissem dúvidas acerca de qual dos dois era o sistema jurídico realmente existente na Rodésia.

Esta formulação das tarefas de uma teoria jurídica pressupõe ainda que seja possível conhecer o que é uma descrição completa de um sistema jurídico sem conhecer qual de suas descrições é uma descrição adequada. É possível identificar um sistema sem identificar suas leis. Este é um modo mais preciso de dizer, como foi dito nesta seção, que é possível conhecer o conteúdo de um sistema jurídico sem conhecer a identidade de nenhuma de suas leis.

O problema da estrutura de uma lei pode ser considerado parte do problema de individuação. Contudo, é importante perceber que os dois não são idênticos. Suponha que os seguintes enunciados são todos verdadeiros:

(1) Todos os homens adultos devem notificar ao Ministério do Interior qualquer mudança de endereço em um prazo de quinze dias a contar da data da mudança de endereço.

(2) Todas as mulheres adultas devem notificar ao Ministério do Interior qualquer mudança de endereço em um prazo de quinze dias a contar da data da mudança de endereço.

(3) Toda pessoa jurídica deve notificar ao Ministério do Interior qualquer mudança de endereço de sua sede em um prazo de quinze dias a contar da data da mudança de endereço.

(4) Toda pessoa deve dar ciência ao Ministério do Interior de qual é seu endereço em um prazo de quinze dias a contar da data de aprovação desta lei, e a partir daí, em um prazo de quinze dias a contar da data em que mudar de endereço.

Os quatro enunciados têm a mesma estrutura, que é a estrutura dos enunciados que descrevem leis completas. Mas isto por si só não significa que cada um deles descreva uma norma completa. Pode ser que (1) e (2), e talvez até (3), descrevam partes do conteúdo de uma norma. Talvez essa norma seja completamente descrita por (4). Talvez não seja descrita completamente por nenhum dos quatro enunciados. Como decidir? Será que o momento ou a ocasião da criação do material jurídico em que estes enunciados estão fundados são pertinentes para a decisão? A formulação dos enunciados é pertinente? Ou tudo depende das relações lógicas entre estes enunciados? Uma coisa está clara: nenhuma dessas perguntas pode ser respondida simplesmente com base na doutrina da estrutura das leis[6].

Bentham talvez seja o único filósofo do direito que compreendeu a necessidade e a importância dos princípios de individuação tomados independentemente da doutrina da estrutura das leis. Em consequência disso, depois de expor sua concepção acerca da estrutura das leis, encetou uma investigação sistemática sobre os outros princípios de individuação[7]. Sem entrar em detalhes sobre a concepção de Bentham acerca do assunto, podemos fazer algumas considerações sobre alguns de seus princípios.

Ele estava quase exclusivamente preocupado com o arranjo do material jurídico revestido de autoridade, e na prática suas ideias só dizem respeito à representação do material legislativo. Não elucidam o direito criado por via judicial. Para ele, "determi-

---

[6] É suposto desde o princípio que, se há mais de uma descrição adequada de um sistema, todas as descrições adequadas têm igual direito a ser entendidas como conjuntos de enunciados que individualizam as leis e representam sua estrutura. Isto, como é evidente, significa que se pode considerar que toda lei tem várias estruturas alternativas (pois, como já demonstramos, um enunciado normativo puro que descreva uma e apenas uma lei completa representa a sua estrutura). Se por alguma razão for considerado desejável considerar que cada lei tem apenas uma estrutura, será necessário lançar mão de uma doutrina mais rigorosa da estrutura das leis, uma doutrina que vá além dos princípios de individuação. Ao passo que estes princípios determinam somente qual descrição completa é também uma descrição adequada, a doutrina da estrutura determinará quais descrições adequadas representam a estrutura das leis.

[7] Ver especialmente *Limits*, pp. 247-9, 256-61; *OLG*, pp. 156-8, 165-71.

nar a individualidade de uma lei [...] é verificar qual deve ser a proporção exata de *material legislativo* que não contenha nem menos nem mais que uma lei completa"[8]. Bentham considerou a criação do direito pelos tribunais como "um tipo de legislação"[9], mas nunca conseguiu apresentar uma teoria razoável sobre a elaboração do direito por via judicial. Podemos afirmar que sua abordagem ao problema da individuação é baseada em cinco princípios fundamentais:

(1) Toda lei é uma norma que prescreve certa conduta obrigatória em determinadas circunstâncias, pois toda lei é uma expressão da vontade de um legislador de que determinados atos sejam praticados por determinadas pessoas em determinadas circunstâncias. O próprio Bentham afirma a certa altura: "Quaisquer que sejam os negócios dos quais a lei trate, eles podem ser reduzidos a uma única espécie de operação, qual seja, a de criar deveres."[10]

Até aqui os termos "norma jurídica" e "lei" foram usados como se tivessem o mesmo significado. A partir de agora, serão diferenciados: o termo "lei" será usado para designar as unidades básicas em que o sistema jurídico está dividido, e o termo "norma jurídica" será usado para designar uma lei que dirige a conduta dos seres humanos na medida em que impõe deveres ou confere poderes[11]. O princípio de individuação mais importante de Bentham é o de que toda lei é uma norma. Ela é, além disso, uma norma da espécie aqui denominada "prescrição", isto é, uma norma que impõe um dever. Este princípio é declarado em sua dou-

---

[8] *Limits*, p. 247; *OLG*, p. 156.
[9] Cf. sua análise sobre a legislação em *Limits*, pp. 90 s.; *OLG*, pp. 3 s.
[10] *Limits*, p. 55; *OLG*, p. 249. Aqui, como também em outros lugares, Bentham desconsidera a possibilidade de "convites legislativos", isto é, leis amparadas por recompensas (Cf. *Limits*, pp. 224-7; *OLG*, pp. 133-6).
[11] O tema das normas será desenvolvido no Capítulo VI.

trina sobre a estrutura das leis quando ele afirma que toda lei deve conter um dispositivo que seja um comando ou uma proibição. Isto significa que todos os outros dispositivos e seções no sistema jurídico devem ser dispostos em torno destes dispositivos principais e estar relacionados com eles na qualidade de explicações, qualificações, avisos etc.

(2) Uma expressão da vontade do legislador, uma prescrição para que as pessoas se conduzam de determinada maneira, *só* se reduz à imposição de um dever, e assim à criação de uma lei, *se* for amparada por uma sanção, quer por meio de cláusulas incitativas ou satisfativas, quer por meio de leis punitivas que estipulem sanções para a violação da prescrição[12].

(3) Sem prejuízo do segundo princípio, cada situação de ato ordenada ou proibida pelo legislador é o núcleo de uma lei independente. O fato de uma lei que ordena aos juízes que punam os homicidas implicar a proibição do homicídio não significa que haja apenas uma lei nesse sentido (aquela dirigida aos juízes); há duas leis, embora uma delas implique a outra[13].

(4) Os conflitos de leis são resolvidos antes da representação do direito na sua forma própria. A descrição adequada de um sistema jurídico não descreve nenhum conflito de leis, tampouco fornece os meios para resolver tais conflitos. As regras pelas quais são resolvidos os conflitos entre duas leis se referem, entre outras coisas, à importância relativa dos legisladores e às datas em que as leis foram elaboradas – fatos que, de acordo com a teoria de Bentham, não são expressos em uma descrição adequada do sistema.

---

[12] A sanção não precisa ser sempre uma sanção jurídica. Uma lei pode impor um dever mesmo que a única sanção atrelada à sua transgressão for uma sanção moral ou religiosa. Cf. *Limits*, p. 151; *OLG*, pp. 68-70, 248.

[13] Cf. *Limits*, pp. 234-5; *OLG*, pp. 143-4; "A General View of a Complete Code of Laws", Bowring (org.), *The Works of J. Bentham*, vol. 3, p. 159.

(5) A individuação das leis depende parcialmente da maneira com que o legislador formulou o material jurídico: se, por exemplo, em certo momento foi elaborada uma peça legislativa que prescreve:

(i) "Todo homem" fará A nas condições C; e se, vários anos depois, for feita outra peça legislativa dizendo que

(ii) "Toda mulher" fará A nas condições C,

então, de acordo com Bentham, o sistema jurídico inclui duas leis independentes, uma que corresponde a (i) e outra que corresponde a (ii). Se a segunda peça legislativa tivesse sido formulada como se segue:

(ii') "Toda pessoa" fará A nas condições C,

então, de acordo com Bentham, o sistema jurídico conteria apenas uma lei correspondente tanto a (i) quanto a (ii').

Na análise precedente, desconsideramos as leis desobrigadoras. Que toda lei é uma norma é um princípio fundamental para Bentham. As leis desobrigadoras não são normas, mas Bentham parece não ter percebido este conflito entre suas concepções. Pelas razões explicadas no Capítulo III, Seção 2, *supra*, preferi continuar atribuindo-lhe a tese de que todas as leis são normas e desconsiderar a possibilidade das leis desobrigadoras. Vale notar, porém, que a aceitação da possibilidade destas leis envolverá outras modificações na explicação dada acima sobre os princípios de individuação de Bentham: nem todos os conflitos entre leis se resolveriam antes de sua representação na forma adequada. Os conflitos entre as leis desobrigadoras e as leis obrigadoras que aquelas qualificam permaneceriam sem solução. É óbvio que nem toda lei seria amparada por uma sanção, e parece que o momento em que fosse decretada uma isenção a um dever geral determinaria se ela seria parte da lei obrigadora que impõe o dever ou se seria uma lei desobrigadora independente; isto aumentaria a importância das circunstâncias concretas da legislação para o problema da individuação.

IV.2. A abordagem de Kelsen sobre a individuação das leis

As ideias de Kelsen sobre a natureza e a estrutura das normas são suficientemente semelhantes às de Bentham para fazer com que sua teoria se confronte com os mesmos problemas e dificuldades a respeito dos princípios de individuação. Kelsen, infelizmente, não tinha aquele entendimento claro sobre a natureza dessas dificuldades que caracteriza o pensamento de Bentham sobre o assunto. Não reconhecia a necessidade da formulação de princípios de individuação e, por isso, sua teoria não fornece uma solução completa para o problema. Ela contém, contudo, material suficiente para esclarecer de modo considerável alguns aspectos de sua abordagem implícita do problema.

Kelsen, como Bentham, provavelmente consideraria que as diferenças no momento da criação e na autoridade legislativa não têm relação alguma com a questão da individuação das leis. Ele não vê dificuldade no fato de uma lei conter partes promulgadas em momentos diferentes e por diferentes autoridades. Observa, por exemplo, que a legislação constitucional faz parte de todas as outras leis[14]. Além disso, novamente como em Bentham, a maneira pela qual se recomenda que a ciência jurídica represente o direito não deixa espaço para a representação dos conflitos entre leis. A descrição adequada do direito, de acordo com Kelsen, não descreve leis conflitantes. É isto que está implícito na seguinte passagem: "[...] o princípio de não contradição deve estar pressuposto na ideia de lei, já que sem ele a noção de legalidade seria destruída. Somente esta pressuposição, que está contida na norma

---

[14] *GT*, p. 143.

fundamental, permite que a ciência jurídica produza uma interpretação significativa do material jurídico."[15]

O primeiro e maior princípio de individuação de Bentham, qual seja, o de que toda lei é uma norma e uma prescrição, é rejeitado por Kelsen em favor de um princípio diferente: o de que toda lei é uma norma e uma permissão, ou seja, toda lei concede uma permissão. Mas antes de examinar este princípio, teremos de discutir os outros princípios de individuação de Kelsen.

Os demais princípios de Bentham, mencionados acima, são substituídos em Kelsen por outro princípio, incompatível com eles: "Todas as normas de uma ordem jurídica são normas coercitivas, isto é, normas que preveem sanções."[16] A explicação deste princípio deve começar com alguns comentários sobre o conceito de sanção para Kelsen.

As sanções são implementadas por atos. Os atos que as implementam serão chamados às vezes de "atos aplicadores de sanção", e às vezes simplesmente de "sanções". Um ato é aplicador de sanção somente se causa alguma vantagem ou prejuízo para uma pessoa[17]. Kelsen, na verdade, não discute pormenorizadamente as leis baseadas em recompensas. Um prejuízo "consiste em uma privação de algum bem – vida, saúde, liberdades ou propriedade"[18]. Kelsen diz que o prejuízo ou o dano é *aplicado* ao transgressor da lei, expressão que indica que a sanção é um ato praticado por outra pessoa que não o próprio transgressor. Mas isso não ocorre sempre, de forma alguma. A privação da propriedade, por exemplo, pode ser efetivada pela ordem ao violador para que entregue

---

[15] *GT*, p. 406. O assunto é discutido detalhadamente em *PTL*, pp. 205 ss.
[16] *GT*, p. 29.
[17] *GT*, p. 15.
[18] *GT*, p. 18. A boa reputação deve ser acrescentada à lista, bem como o dano ao sentimento alheio (p. ex., por matando-se ou ferindo-se os parentes de alguém). Desta maneira podem ser solucionadas algumas das dificuldades de Kelsen em *GT*, p. 55.

alguma propriedade sua, e não apenas quando se ordena a outra pessoa que retire a sua propriedade.

A sanção "tem o caráter de uma medida de coerção. Isto não significa que, ao executar a sanção, a força física seja necessariamente usada. Isto é preciso apenas se houver resistência à sua aplicação"[19]. Deve-se notar que é o ato de aplicação da sanção em si que é denominado coercitivo, e não simplesmente o uso da força. Contrariamente à implicação da passagem da qual a citação foi retirada, nem toda sanção legal pode ser imposta pela força. A destituição da propriedade pode ser implementada, às vezes, pela anulação ou retirada de certos direitos por meios que não são passíveis de obstrução física[20]. Algumas sanções, por outro lado, por sua própria natureza devem ser aplicadas pela força, como o açoitamento e a execução. É claro que é possível ordenar a autoflagelação ou o suicídio, mas estas sanções são diferentes.

À luz dos comentários precedentes, o procedimento será o seguinte: as sanções legais serão consideradas como dois atos ligados desta maneira: um, que é o ato aplicador de sanção, é praticado pelo violador da lei em seu próprio prejuízo, no sentido explicado acima[21]. O outro ato é praticado por outra pessoa caso o violador não execute o primeiro ato, e pretende causar ao violador um prejuízo igual ou diferente. A sanção que não pode ser aplicada pelo próprio violador da lei consiste apenas em um ato do segundo tipo.

Uma sanção é coercitiva se admite o uso da força. Contrariamente à opinião de Kelsen, nem todas as sanções legais são coercitivas.

---

[19] *GT*, p. 18.
[20] Cf. "A privação de outros direitos também pode ser estipulada como punição". *PTL*, p. 109.
[21] Em geral os atos do primeiro tipo acarretam dano para as pessoas incluídas nesta categoria. Não é uma condição necessária que o ato sempre cause dano ao violador.

Um ato não é a aplicação de uma sanção, mesmo que acarrete dano para uma pessoa, a menos que esteja estabelecido por uma norma como consequência de determinado ato cometido por aquela pessoa[22]. "Em todos os estados civilizados", Kelsen explica,

> os órgãos administrativos estão [...] autorizados a evacuar pela força os moradores de casas que ameaçam desmoronar, a demolir prédios para evitar a propagação do fogo, a abater o gado atingido por certas doenças, a internar indivíduos cuja condição física ou mental seja um perigo para a saúde ou a vida de seus concidadãos [...]. Estes atos coercitivos – para a execução dos quais os órgãos administrativos, especialmente os da polícia, estão autorizados – são diferentes das sanções [...] na medida em que não estão condicionados por certa conduta humana contra a qual o ato coercitivo, na qualidade de sanção, é dirigido.[23]

Os atos coercitivos deste tipo não são sanções: não porque beneficiem aqueles que são afetados por eles (pois Kelsen pressupõe que eles causem dano a algumas pessoas)[24], mas porque a lei que autoriza a sua execução não a torna dependente de qualquer conduta das pessoas que sofrem os efeitos desses atos.

O conceito kelseniano de sanção é baseado nas noções de um ato praticado em prejuízo de uma pessoa e da violação de uma lei (violação esta que, se é condição para a aplicação de uma sanção,

---

[22] *PTL*, p. 34.
[23] *GT*, pp. 278-9.
[24] Kelsen não discute os problemas especiais do "paternalismo legal": quer dizer, impor à pessoa algo que é bom para ela. Os atos deste tipo são por ele considerados atos em prejuízo da pessoa a quem são impostos. Esta concepção resulta do fato de que ele considera prejudiciais aqueles atos que o são na maioria das vezes em que são executados em prejuízo de alguns seres humanos. Seria mais razoável considerar simplesmente se a execução do ato nas ocasiões especificadas pelo direito acarretaria, de maneira geral, prejuízo para aqueles que estão sujeitos ao direito.

é chamada delito)²⁵. É também intimamente ligado com o conceito de responsabilidade. A pessoa pode sofrer uma sanção se é responsável pelo seu delito. Às vezes, como Kelsen reconhece²⁶, uma pessoa é tida como responsável por atos de outras pessoas. Um ato em detrimento de uma pessoa é uma sanção contra ela se a lei condiciona sua execução a um delito cometido por outra pessoa sobre quem a primeira é responsável. Kelsen, todavia, não explica a natureza da responsabilidade²⁷, e este não é o lugar para entrar em um assunto tão complicado.

Esta explicação da sanção legal baseia-se sobretudo no *General Theory of Law and State*. Na *Teoria pura do direito*, Kelsen reitera suas explicações sobre o dano e a coerção, bem como a distinção, por ele mesmo traçada, entre as sanções e a coerção administrativa²⁸. Nesse último livro, porém, as sanções legais perdem a sua importância em relação à individuação das leis. Kelsen diz em determinada passagem: "O direito enquanto ordem coercitiva é distinto de outras ordens sociais. O critério decisivo é o elemento da força – o que significa que o ato prescrito pela ordem como uma consequência de fatos socialmente nocivos deve ser executado mesmo contra a vontade do indivíduo e, se ele resistir, mediante o uso de força física."²⁹

Não são as sanções coercitivas, mas os atos coercitivos enquanto tais que aqui consubstanciam as características distintivas do direito (*le droit*). Isto produz uma mudança significativa nos princípios de individuação, pois Kelsen, tacitamente, sempre par-

---

²⁵ *GT*, p. 54.
²⁶ *GT*, p. 55.
²⁷ Tudo o que ele diz é que há alguma relação entre a pessoa que cometeu o delito e aquela que é tida como responsável.
²⁸ *PTL*, pp. 33-4, 108.
²⁹ *PTL*, p. 34.

tiu do princípio de que a característica distintiva do direito em geral é também a característica distintiva de cada norma jurídica. Portanto, a mudança em suas posições sobre a distinção entre o direito e outras ordens sociais causa uma mudança em seus princípios de individuação das leis:

> Si l'on conçoit le droit comme un ordre de contrainte, c'est-à-dire comme un ordre que institue des actes de contrainte, alors les propositions de droit qui en décrivent les normes apparaissent comme des assertions aux termes desquelles, quand les conditions, determinées, c'est-à-dire fixées par l'ordre jurdique, sont données, um certain acte de contrainte également defini par l'ordre juridique doit être accompli.[30]

A forma geral de uma lei, de acordo com Kelsen, é: *A* deve ser praticado quando as condições *C* existirem. Seu princípio original de individuação significa que *A* deve ser um ato (ou um conjunto de atos, como explicado acima) que aplica uma sanção. No material jurídico de um sistema, todas as suas partes que não estipulam sanções podem ser uma de duas coisas: ou ajudam a especificar condições para a aplicação de sanções ou absolutamente não fazem parte do direito (é o caso dos considerandos ou preâmbulos de peças legislativas, constituições etc., bem como de certas leis imperfeitas)[31]. Os atos coercitivos que não são eles mesmos a aplicação de uma sanção – ou seja, os atos de coerção administrativa – sempre contam-se entre as condições para a aplicação de sanções. Às vezes são deveres impostos à administração, e, quando não são executados, os funcionários responsáveis podem sofrer sanções. São sempre uma exceção às normas que proíbem o uso da força.

---

[30] *TP*, p. 149.
[31] Cf. *PTL*, pp. 52 ss.

A nova doutrina proposta na *Teoria pura do direito* postula que, além de integrarem (como antes) as condições para a aplicação de sanções ou de serem normas que prescrevem sanções, os atos administrativos coercitivos são especificamente permitidos por normas independentes que não estipulam sanções.

As razões para esta mudança da doutrina já foram esboçadas. Ela é baseada primeiramente na concepção de Kelsen de que as propriedades características do direito em geral estão presentes em cada lei individual; e, em segundo lugar, na crença de que o direito é distinto de todos os outros sistemas normativos sociais por ser o único que prescreve atos coercitivos.

Os erros do primeiro passo serão expostos mais tarde. Quanto à segunda crença, não há razão para supor que ela seja verdadeira. O linchamento ou a vingança podem ser prescritos por certos sistemas morais positivos sem que com isso sejam ordens jurídicas. De forma semelhante, ordens sociais não jurídicas podem prescrever o castigo corporal da criança por seus pais, de alunos por seus professores etc. A coerção pode também ser autorizada ou mesmo prescrita por uma ordem social não jurídica em casos de perigo para a comunidade ou para parte dela.

Mais importante ainda é o fato de que a definição kelseniana do direito como ordem coercitiva, na *Teoria pura do direito*, conflita com o princípio condutor da definição das ordens sociais normativas que ele mesmo adotou. "É função de toda ordem social", explica ele,

> [...] causar determinada conduta recíproca nos seres humanos. [...] Segundo a maneira pela qual a conduta socialmente desejada vem a realizar-se, vários tipos de ordens sociais podem ser distinguidos. Estes tipos [...] são caracterizados pela motivação específica a que cada ordem social recorre para induzir os indivíduos a conduzir-se da maneira desejada [...] [em determinado

tipo,] a conduta que se conforma à ordem estabelecida é alcançada por uma sanção fornecida pela própria ordem.[32]

De acordo com este princípio de classificação das ordens sociais, Kelsen distingue o direito das outras ordens sociais pelo fato de recorrer a sanções coercitivas como motivos convencionais para a obediência. Na *Teoria pura do direito*, Kelsen reitera o mesmo princípio de classificação das ordens normativas, usando praticamente as mesmas palavras:

> [...] la fonction de tout ordre social est de provoquer une certaine conduite des hommes qui lui sont soumis, [...]. Cette fonction de motivation est remplie par les représentations des normes qui ordonnent ou interdisent certains actes humains. Les façons différentes dont ils prescrivent ou prohibent permettent de distinguer parmi les ordres sociaux plusieurs types [...]. Certains ordres sociaux prescrivent une certaine conduite humaine sans attacher aucune conséquence à l'obéissance ou à la désobéissance de leur commandement. D'autres, en même temps qu'ils ordonnent une certaine conduite, y attachent l'octroi d'un avantage, une récompense, ou bien attachent à la conduite contraire un désavantage, une peine, au sens le plus large de ce dernier terme.[33]

Se for adotado este princípio de classificação, o direito se define como a única ordem social que usa sanções coercitivas socialmente organizadas como motivo convencional para a obediência. O princípio de individuação derivado dessa definição é claro: toda lei é uma norma que estipula uma sanção.

Quaisquer que sejam as deficiências desta definição de direito, deve-se admitir que ela é baseada em fatos muito mais significativos (supondo que sejam fatos) do que a nova definição kelseniana

---

[32] *GT*, p. 15.
[33] *TP*, p. 34.

do direito, baseada simplesmente na suposição de que nenhuma outra ordem social prescreve medidas coercitivas, o que não esclarece muito a mecânica ou "a técnica social" do direito.

Ao preferir a antiga definição de direito de Kelsen, estou obrigado, pela lógica traçada por ele, a preferir também seu antigo princípio de individuação. O restante da discussão é fundado neste princípio, isto é, que toda lei é uma norma que estipula uma sanção[34].

Esse princípio de individuação mais antigo pede, contudo, uma investigação mais atenta. Mas como esta investigação se relaciona com a teoria de Kelsen sobre a estrutura de um sistema jurídico, ela será adiada até que o assunto seja tratado no próximo capítulo.

O princípio de individuação de Kelsen que estamos discutindo explica qual é o tipo de ato que toda lei estipula. A forma geral de uma lei é que um ato seja executado por determinadas pessoas sob determinadas condições. Mostrou-se que o ato é sempre um ato aplicador de sanção, o que implica que as condições de sua execução incluam algum ato da pessoa que vai sofrer a aplicação da sanção[35]. Qual é o sentido do "dever" nesta formulação? O que significa dizer que toda lei *estipula* ou *prevê* uma sanção?

É razoável supor que signifique que a lei *exige* que a sanção seja aplicada quando as condições especificadas sejam satisfeitas,

---

[34] O novo princípio de individuação de Kelsen não é corroborado por uma análise das normas que prescrevem a coerção administrativa, e muito pouco é dito sobre este assunto. A discussão ainda é centrada nas normas que estipulam sanções. Além disso, em artigo publicado em 1966, "On the Pure Theory of Law", Kelsen volta à sua velha definição de direito e a seu antigo princípio de individuação. Estes fatos dão a entender que seu novo princípio é apenas uma reflexão tardia não totalmente amadurecida.

[35] Este não é um princípio completo de individuação. A individuação das leis depende, de acordo com Kelsen, da individuação das sanções, assunto sobre o qual ele nada diz.

e que a não aplicação da sanção em tais circunstâncias implica uma violação do direito. É verdade que o fato de uma pessoa não aplicar uma sanção estipulada por uma lei nem sempre é condição para a aplicação de outra sanção dirigida contra essa pessoa e estatuída por outra lei. Isto significa, segundo Kelsen, que o sujeito da norma da primeira lei não tem o dever de aplicar a sanção, pois estar sob o dever de praticar um ato significa que não praticá-lo é uma condição para a aplicação de uma sanção[36]. Mas não é impossível compreender o conceito de "estar obrigado a se conduzir de determinada maneira" sem se referir ao conceito de "estar sujeito a uma sanção". Neste sentido, costuma-se dizer que os juízes e outros órgãos públicos devem aplicar a lei, executar sanções etc., mesmo que não estejam sujeitos a sanções quando deixam de fazê-lo. Estes fatos não escaparam à atenção de Kelsen. Ele até fornece uma explicação parcial de alguns deles. As pessoas dizem que um indivíduo deve se conduzir de determinada maneira, ou que se exige que ele se conduza de determinada maneira, quando um legislador emite uma lei que expressa a intenção de que o indivíduo se conduza daquela maneira, mesmo quando não se prevê nenhuma sanção para sustentar essa prescrição. Todavia, Kelsen pensa que essa intenção "deve ser considerada juridicamente irrelevante"[37], rejeitando, assim, toda tentativa de distinguir o que "é exigido juridicamente" do que "é um dever legal".

Kelsen usa "deve" para significar "exige-se que", "tem permissão para" e "tem poder para"[38]. Parece pensar que, em uma definição adequada das normas, o "dever" pode ter qualquer um desses significados, dependendo das circunstâncias[39]. Quase chega a

---
[36] Ver *GT*, p. 59; *PTL*, p. 115.
[37] *PTL*, p. 52.
[38] *PTL*, p. 5.
[39] *PTL*, pp. 118-9.

dizer que, na verdade, a pessoa tem o poder de aplicar uma sanção. A certa altura, afirma que "no caso de um ordenamento jurídico que estatui atos de coerção como sanções, um indivíduo está autorizado a executar estes atos sob as condições estipuladas pelo mesmo ordenamento jurídico"[40]. Considerarei cada norma que estipula uma sanção como uma norma que confere uma autorização. No Capítulo VI se discutirá o problema de quais delas também conferem poderes.

Kelsen parece crer que, para que se possa dizer que uma lei prescreve uma sanção, é preciso que haja outra lei que estipule a não execução daquela sanção como condição para outra sanção. Porém, nesse caso, a aplicação da sanção não é prescrita pela norma que a estipula, mas por aquela que faz da sua não aplicação um delito[41]. Consequentemente, toda norma estipuladora de sanção, ou seja, toda lei, é uma permissão ou autorização para a aplicação de uma sanção.

IV.3. Kelsen e Bentham – uma comparação

Embora o que dissemos nas últimas duas seções sobre os princípios de individuação de Bentham e Kelsen não seja um resumo completo da doutrina de cada qual sobre a individuação das leis, é suficiente para nos dar uma ideia de quais são os problemas aí envolvidos. Pode também servir como base para uma comparação parcial de suas posições sobre o assunto, comparação essa que por si só nos ajudará a compreender quais considerações devem ser levadas em conta para resolver o problema da individuação das leis. Como se verá mais tarde, a comparação também ajudará a pôr em evidência o forte vínculo entre o problema da individuação e a teoria dos sistemas jurídicos.

---

[40] *PTL*, pp. 15-6.
[41] Sobre este assunto, ver a próxima seção.

"Toda norma jurídica obriga os seres humanos a observar certa conduta sob determinadas circunstâncias."[42] Por ser uma permissão, uma norma pode obrigar apenas implicitamente. Em que sentido ela obriga? O fato de que uma norma permita a uma pessoa se conduzir de certa maneira sob determinadas condições implica que outra pessoa tenha o dever de praticar determinado ato ou de se abster da prática dele.

A pessoa "está legalmente obrigada a se abster do delito. [...] O indivíduo está legalmente obrigado a se conduzir de maneira oposta à condição da sanção dirigida contra ele"[43]. Como toda lei é uma permissão para a aplicação de uma sanção, toda lei acarreta um dever. Contudo, deve-se lembrar que onde quer que uma lei permita explicitamente, ela obriga implicitamente. A rigor, trata-se de uma permissão simples: x pode praticar A quando y pratica B e outras condições se concretizam. Mas essa permissão para x praticar A acarreta para a outra pessoa mencionada na descrição da lei, a saber, y, a obrigação de evitar a prática de outro ato igualmente mencionado na descrição, isto é, B.

Pode-se dizer que uma lei kelseniana representa duas leis benthamianas. A lei principal de Bentham, que impõe a x a obrigação de se comportar de determinada maneira, digamos A, e sua lei punitiva, que impõe a outra pessoa, digamos y, a obrigação de aplicar contra x a sanção B se x deixar de cumprir sua obrigação de praticar A, transformam-se em uma única lei na teoria de Kelsen: uma autorização para que y pratique B se x não praticar A. Esta é a diferença mais importante entre seus respectivos princípios de individuação. O mesmo material jurídico que, segundo Kelsen, cria uma única lei, estabelece duas leis na concepção de Bentham.

---

[42] *GT*, p. 3.
[43] *GT*, p. 59.

O fato de Kelsen considerar a aplicação da sanção uma permissão, enquanto Bentham a considera uma obrigação[44], não é reflexo de uma diferença na quantidade de material jurídico. Reflete, antes, uma interpretação diferente do mesmo material[45]. Para Bentham, o fato de o legislador ter expressado a intenção de que a sanção seja aplicada transforma a aplicação desta em um dever, desde que a desobediência seja punida por alguma outra sanção. A sanção adicional é simples condição necessária, e não suficiente, para que exista o dever de aplicar a primeira sanção. Para Kelsen, por outro lado, a sanção decorrente da não aplicação da primeira sanção, ou da não execução de qualquer outro ato, é condição necessária e suficiente para que o ato se transforme em um dever, e a intenção do legislador não tem nenhuma relação com o assunto.

Parece ser essa, pelo menos, a consequência de observações como a seguinte: "A afirmação 'um indivíduo é legalmente obrigado a se conduzir de determinada maneira' é idêntica à afirmação 'uma norma jurídica comanda determinada conduta a determinado indivíduo'. E a ordem jurídica comanda determinada conduta ligando uma sanção à conduta oposta."[46]

Ao afirmar que um ordenamento jurídico obriga à prática de um ato porque faz de sua inexecução uma condição para a aplicação da sanção, Kelsen está sujeito à seguinte crítica:

---

[44] De acordo com Bentham, a aplicação das sanções não é obrigatória simplesmente quando sua existência esteja declarada em cláusulas incitativas, ou seja, em cláusulas que declaram uma política.

[45] Não obstante, há duas diferenças no material jurídico que, segundo os dois filósofos, estabelece a existência de uma única lei: (1) Kelsen considera irrelevantes as declarações de política, enquanto Bentham as considera parte do material jurídico pertinente. (2) Kelsen pensa que a permissão para que uma sanção seja aplicada caso um ato não seja executado é suficiente para transformar a execução daquele ato em um dever. Bentham parece pensar que a aplicação da sanção deve ser ou obrigatória ou uma política declarada.

[46] *PTL*, p. 115.

Se limitarmos nossa atenção ao conteúdo da lei representado na forma canônica "se houver *A* então deve haver *B*", é impossível distinguir entre uma lei penal que puna determinada conduta com uma multa de uma lei tributária que imponha tributo a certas atividades. Tanto no caso em que o indivíduo é tributado como naquele em que é multado, os dispositivos da lei, se a obrigarmos a assumir a forma canônica kelseniana, são idênticos. Portanto, ambos são casos de delito, a menos que possamos distingui-los mediante referência a algo que escapa à rede da forma canônica: a saber, que a multa é uma punição pela prática de uma atividade condenada oficialmente, e que o tributo não é nada disso. Pode-se alegar talvez que um tributo, embora consista em um pagamento compulsório em dinheiro, como algumas sanções também o são, não é uma "sanção" [...]. Mas isto não elimina realmente a dificuldade, apenas a adia; pois temos de ir além dos limites da definição jurídica para determinar quando um pagamento compulsório em dinheiro é uma sanção e quando não é.[47]

O último comentário na citação sugere certa ambiguidade na posição de Kelsen: não está claro se cada ato que causa dano a uma pessoa, e cuja execução é legalmente dependente da conduta dessa pessoa, é uma sanção; ou se alguma outra condição precisa ser satisfeita. Como Hart mostra, se existe uma condição adicional, Kelsen não nos disse que condição é essa.

De fato, Kelsen escreve como se não houvesse condição adicional. Esta conclusão é surpreendente, pois significa que, ao mesmo tempo que Kelsen insiste que o legislador deve manifestar a intenção de prescrever a conduta de outras pessoas para criar qualquer material jurídico dotado de autoridade, ele considera que essa intenção não vem absolutamente ao caso quando se trata de

---

[47] Hart, "Kelsen Visited", 10 *U.C.L.A. Law Review*, pp. 720-1.

interpretar o material jurídico assim criado. Todavia, não há escapatória desta conclusão. Ela se baseia nas definições kelsenianas de "sanção" e "dever"[48], e particularmente na definição de "delito". Kelsen é enfático: "C'est seulement par le fait que l'ordre juridique les érige en conditions d'actes de contrainte prévus par lui que des comportements, actions ou abstentions, prennent le caractère d'actes illicites ou délits."[49] Mas como Kelsen sabe,

> o delito, isto é, o fato de uma parte não cumprir o contrato, não é suficientemente caracterizado quando se diz que é "condição de uma sanção". A criação do contrato e a ação judicial movida pela outra parte também são condições disso. Qual é então a característica distintiva daquela condição que é chamada de "delito"? Caso não se encontrasse outro critério senão o suposto fato de que o legislador deseja uma conduta contrária àquela que se caracteriza como um "delito", o conceito de delito não poderia ter definição jurídica. [...] Tais explicações significam apenas que o delito vai contra o propósito da lei. Mas isto nada nos diz acerca do conceito jurídico de delito.[50]

Em vez de se referir à "intenção do legislador", à "intenção oficial" ou ao "objetivo do direito", Kelsen define o delito simplesmente como "a conduta daquele indivíduo contra o qual a sanção é dirigida na qualidade de consequência de sua conduta"[51]. Esta definição não consegue distinguir, por exemplo, entre fazer uma promessa vinculante e descumpri-la. Transforma ambos os atos em partes do delito. Todo ato que seja condição para a aplicação da sanção contra o indivíduo faz parte do delito.

---

[48] Sobre a primeira, ver *PTL*, pp. 34-5, 111; sobre a segunda, a página anterior.
[49] *TP*, p. 152.
[50] *GT*, p. 53.
[51] *GT*, p. 54; ver também *PTL*, p. 114. Kelsen admite certas exceções que não vêm ao caso nesta discussão.

Ao desconsiderar tudo menos o fato de que o delito é condição para a sanção, Kelsen vicia sua própria doutrina da individuação. Seus princípios de individuação dependem da possibilidade de deduzir, a partir da afirmação de que certa pessoa está autorizada a aplicar uma sanção, a conclusão de que outra pessoa está obrigada a se conduzir de determinada maneira. Mas a afirmação de que a prática de um ato torna o homem passível de sofrer certas consequências desagradáveis impostas pela lei não implica que ele tenha o dever legal de evitar a prática desse ato. Este é o outro lado da supracitada crítica de Hart. O fato de ganhar dinheiro impõe ao indivíduo a obrigação de pagar imposto sobre a renda, mas não implica que ele tenha o dever de evitar ganhar dinheiro.

Deixando de lado esta crítica sobre a doutrina da individuação de Kelsen (sua doutrina pode ser ajustada para aplacar a crítica), deve-se indagar antes de tudo quais seriam as razões para que a mesma seja aceita a princípio. Por que ela deve ser preferida à doutrina de Bentham, por exemplo?

Em primeiro lugar, há a crença implícita de Kelsen de que as propriedades características dos ordenamentos jurídicos, os aspectos que os distinguem de outros tipos de ordens sociais normativas, são as propriedades que distinguem cada norma jurídica de cada norma social não jurídica. Ao que parece, somente esta crença pode explicar a mudança na concepção de Kelsen sobre a individuação na *Teoria pura do direito*[52]. Tal crença reflete a tendência predominante de considerar a definição de lei, e não a explicação do sistema jurídico, como o problema principal da teoria do direito. Mostra também que Kelsen não está isento dessa tendência. Pois a crença de que toda norma jurídica pode ser dis-

---

[52] Cf. Capítulo IV, Seção I, *supra*.

tinguida de qualquer outra norma porque somente aquela e nenhuma outra estatui uma sanção coercitiva é incompatível com a outra crença de Kelsen de que "é impossível captar a natureza do direito se limitarmos nossa atenção a uma única regra isolada"[53].

Em certo sentido, quase todo o restante deste estudo é destinado a convencer o leitor da verdade desta última citação. O direito deve ser distinguido da moral positiva etc. por certas características dos sistemas jurídicos que não estão presentes em cada uma de suas leis. Somente este procedimento possibilita explicar o lugar especial que as sanções coercitivas ocupam no direito. Não é verdade que só o direito estipula sanções coercitivas, nem há nenhum motivo para afirmar que toda lei estipula uma sanção coercitiva (no mínimo porque nem todas as sanções legais são coercitivas). Mas é verdade que é característica do direito o fazer uso sistemático de sanções coercitivas, e que estas últimas são de grande importância para se entender a natureza do direito como "técnica social" específica. Este assunto será tratado em outro capítulo.

Outra razão dos princípios de individuação de Kelsen está implícita na sua *Teoria geral do direito e do Estado*. Quaisquer que sejam os motivos pelos quais as pessoas obedeçam ao direito, o direito em si (como se explicou no Capítulo III, Seção 5, *supra*) fornece um motivo convencional para a obediência ao estipular sanções. O direito se caracteriza pela sua "técnica social" especial, "a técnica social que consiste em causar a conduta social desejada dos homens por meio da ameaça de uma medida de coerção que será aplicada no caso de uma conduta contrária"[54]. O modo pelo qual o direito "confia" nessa motivação convencional, e o modo pelo qual a possibilidade das sanções se relaciona com os atos

---

[53] *GT*, p. 3.
[54] *GT*, p. 19.

exigidos pela lei, de forma a tornar-se um motivo convencional para o cumprimento desses deveres, são elucidados quando as leis são individuadas de acordo com os princípios de Kelsen.

Não resta dúvida de que é desejável esclarecer a relação entre os deveres e as sanções. A questão é se Kelsen escolheu a melhor maneira para fazer isso. Por que a relação deve ser apresentada como uma relação entre duas partes de uma lei e não entre duas leis, como ocorre em Bentham?[55] Mais adiante, procuraremos mostrar que as leis de Bentham são complexas demais para ser a base de uma divisão razoável de um sistema jurídico. Tais argumentos se aplicam com força ainda maior às leis de Kelsen. É também possível argumentar que o princípio de Kelsen não representa corretamente a relação entre o dever e a sanção. Ele concentra a sua atenção na sanção e no delito; a existência do dever tem que ser inferida. Mas o interesse primordial do direito é o dever, não a sanção. A sanção está lá para assegurar o cumprimento do dever. A representação de Kelsen cria a impressão de que os deveres são subprodutos das sanções.

Além disso, as leis de Kelsen são permissões, ao passo que em sua própria teoria o fato mais importante sobre o direito é que ele preceitua a conduta, e não que a autoriza. A importância dos deveres, bem como a sua relação com as sanções, é representada mais claramente pelo método descritivo de Bentham do que pelo de Kelsen.

Em seu último livro, a *Teoria pura do direito*, Kelsen admite a possibilidade de uma norma preceituar deveres que só são válidos se existir outra norma que estipule sanções contra os violadores da primeira[56]. Mas ainda sustenta que do ponto de vista do

---

[55] Não considero aqui o caso dos dispositivos satisfativos e incitativos.
[56] *PTL*, p. 28.

direito as duas são uma única norma, e explica que o direito "se caractérise par le fait qu'il ordonne une certaine conduite précisément en attachant à la conduite contraire un désavantage"[57]. Este comentário se refere à posição de Kelsen de que a intenção do legislador e o objetivo da lei são irrelevantes quando se trata de saber qual ato é um dever. Esta doutrina já foi criticada; e, mesmo que fosse verdadeira, não há razão para que ela afete de uma forma qualquer os princípios de individuação.

Por outro lado, o comentário de Kelsen pode se referir à redação das peças legislativas. Como assinala Bentham, "se a lei dissesse 'que o juiz condene à morte todo homem que cometa homicídio', a proibição assim posta não seria menos inteligível do que se dissesse 'nenhum homem cometerá homicídio, sob pena de ser condenado à morte'"[58]. Será que o comentário de Kelsen pretende justificar seu princípio de individuação baseado no fato de que, para formular proibições, o legislador geralmente manda os tribunais punir as pessoas que cometem os atos proibidos? Se é este o sentido do comentário de Kelsen, ele com certeza está errado. A conclusão que Bentham tira do mesmo fato é a correta:

> A versatilidade da linguagem é infinita, e sua variedade, inexaurível. Portanto, não há que confiar em simples palavras. Para entender qualquer assunto, mas mais particularmente o direito, para ter uma percepção clara das ideias que dele fazem parte, temos de despojá-las de sua capa falaciosa e julgá-las por elas mesmas.[59]

Na *Teoria geral do direito e do Estado*, ainda outro argumento é formulado para sustentar o princípio de individuação de Kelsen:

---

[57] *TP*, p. 35.
[58] *Limits*, p. 234; *OLG*, p. 143.
[59] *Limits*, pp. 234-5; *OLG*, pp. 143-4.

"Se partirmos do princípio de que a [...] norma que proíbe o roubo é válida apenas se uma norma atribui uma sanção ao roubo, então não há dúvida de que a primeira norma é supérflua em uma exposição exata do direito. Caso exista de fato, a primeira norma está contida na segunda, que é a única norma jurídica genuína."[60]

Suponha que a pretensa lei que impõe o dever seja exigida pelo fato de o direito ligar uma sanção ao descumprimento do dever que aquela lei pretende impor; será esta uma razão suficiente para pensar que não há leis que imponham deveres, e que os enunciados que supostamente descreveriam tais leis descrevem tão somente as consequências da existência das normas que estipulam sanções? Bentham, por exemplo, pensa que não:

> A lei que converte um ato em um delito e a lei que regula a punição desse delito não são, a rigor, nem a mesma lei nem partes da mesma lei [...]. São leis distintas porque se referem a ações diferentes – dirigem-se a pessoas diferentes. A primeira não inclui a segunda, mas a segunda inclui implicitamente a primeira. Caso se diga aos juízes "Punireis os ladrões", a proibição do roubo estará aí claramente indicada. Deste ponto de vista, o código penal seria suficiente para todos os fins.[61]

As superfluidades lógicas na apresentação e na descrição adequada do direito devem ser evitadas, mas não a qualquer custo. Bentham sugere uma consideração mais importante que qualquer outra: cada situação de ato exigida pela lei está sujeita a uma lei independente que a prescreve, a menos que seja um caso particular ou uma espécie de outra situação de ato que seja em si mesma a matéria de outra lei.

---

[60] *GT*, p. 61.
[61] *A General View*, p. 160.

CAPÍTULO V

A TEORIA DE SISTEMA JURÍDICO DE KELSEN

O conceito de soberania de Austin foi o alvo principal da crítica da sua teoria dos sistemas jurídicos, apresentada no Capítulo II, *supra*. O conceito de soberania é a pedra angular da teoria de sistema jurídico de Austin. Kelsen não usa um conceito de soberania semelhante ao de Austin e, assim, evita muitas deficiências da teoria daquele. Contudo, é interessante notar que isto não o impediu de adotar uma teoria de sistema jurídico semelhante à de Austin: ambas as teorias são fundadas no princípio de eficácia, que fornece a base de suas soluções para o problema da existência; ambas baseiam no princípio de origem suas respectivas soluções para o problema da identidade; e suas soluções para o problema da estrutura do sistema jurídico são ambas baseadas no princípio de independência.

Neste capítulo, montamos a explicação da teoria de sistema jurídico de Kelsen de modo a evidenciar tanto as suas semelhanças quanto as suas diferenças em relação à teoria de Austin. Também defendemos a ideia de que a teoria de Kelsen é inadequada e que suas imperfeições devem-se ao fato de ser baseada nos princípios de origem e de independência. A crítica do princípio de eficácia será postergada para um próximo capítulo. Aventaremos a ideia de que qualquer teoria baseada nos princípios de eficácia, origem e independência é vulnerável a objeções parecidas com as objeções opostas neste estudo às teorias de Kelsen e Austin.

v.1. A existência do sistema jurídico

Os critérios de Kelsen sobre a existência do sistema jurídico podem ser formulados da seguinte maneira: um sistema jurídico existe se e somente se alcançar determinado grau mínimo de eficácia. A eficácia do sistema é uma função da eficácia de suas leis. No entanto, Kelsen nada diz sobre a natureza desse vínculo ou sobre como a eficácia deve ser medida. A eficácia de uma norma pode se manifestar de duas maneiras: (a) pela obediência daqueles a quem a norma impõe um dever; (b) pela aplicação da sanção autorizada por aquela norma.

> Dois fatos podem ser entendidos como sinais da eficácia de uma norma jurídica que comina uma sanção a determinada conduta e, assim, qualifica como ilegal, ou seja, como "delito", a conduta para a qual a sanção é estipulada: (1) que esta norma seja *aplicada* pelos órgãos jurídicos (especialmente pelos tribunais), o que significa que a sanção é ordenada e executada em um caso concreto; e (2) que esta norma seja obedecida pelos indivíduos sujeitos ao ordenamento jurídico, o que significa que eles se comportam de modo a evitar a sanção.[1]

Kelsen não oferece nenhuma indicação sobre qual espécie de relação deve haver entre os dois tipos de manifestação da eficácia para que a norma seja considerada eficaz. Também não deixa claro de que modo a eficácia de uma norma poderia ser medida ou determinada de outra maneira[2].

---

[1] *PTL*, p. 11.
[2] Sobre estes problemas, ver Capítulo IX, *infra*. Vale notar que Kelsen, para determinar a eficácia de uma norma, parece atribuir o mesmo peso à violação de um dever e à não aplicação de uma sanção. Isto dá a entender que a aplicação da sanção é exigida, e não simplesmente permitida pela lei.

Como vimos, de acordo com Austin[3], o sistema jurídico existe se e somente se (a) seu legislador supremo é obedecido habitualmente; (b) seu legislador supremo não obedece habitualmente a ninguém; (c) no que concerne a toda lei, seu legislador supremo é superior aos súditos. A última condição é omitida por Kelsen. Se ela tem o objetivo de assegurar que o direito realmente funcione, isto normalmente decorre da eficácia geral do sistema jurídico, o que em geral significa, por sua vez, que as sanções são aplicadas de fato.

Vimos que a obediência ao legislador supremo implica a obediência às suas leis, ao passo que a obediência às leis não acarreta a obediência ao legislador. Postulando que o sistema depende da obediência ao legislador e negando a existência de leis que se apliquem ao legislador supremo, Austin foi obrigado a supor que cada mudança de legislador supremo acarreta uma mudança de sistema jurídico[4], embora, é claro, não declare explicitamente esta consequência de sua teoria. Kelsen põe de lado a figura do soberano; e é de presumir que, segundo ele, todo caso de obediência ao direito tem relação com a existência do sistema jurídico. Desta forma, a modificação do legislador supremo não afeta por si só a continuidade da existência do sistema jurídico. Um novo sistema será criado apenas quando a substituição do legislador supremo for inconstitucional.

A segunda condição de Austin – a independência do legislador supremo – desaparece junto com o conceito de soberania, e desta forma são evitados os problemas criados por ela[5]. Assim, substituindo a obediência pessoal ao soberano pela obediência às leis e pela aplicação das sanções, Kelsen aprimora, em relação a

---

[3] Ver Capítulo I, Seção 2, *supra*.
[4] Ver Capítulo II, Seção 2, *supra*.
[5] Cf. Capítulo II, Seção 5, *supra*.

Austin, o critério de existência do sistema jurídico. Mas seus critérios têm em comum o fato de ambos fazerem da eficácia do sistema jurídico o critério de sua existência.

v.2. O critério de identidade

Austin pensava o sistema jurídico como o conjunto de todas as leis promulgadas direta ou indiretamente por um mesmo soberano. Kelsen substitui o soberano de Austin pela norma fundamental e deixa inalterado o resto da definição: um sistema jurídico é o conjunto de todas as leis promulgadas pelo exercício dos poderes conferidos direta ou indiretamente por uma mesma norma fundamental. Em suas próprias palavras: "Todas as normas cuja validade remonta a uma única norma fundamental formam um sistema de normas, ou um ordenamento."[6]

O critério de pertinência de Austin, que define que uma lei pertence a determinado sistema, é: uma lei pertence a um sistema se e somente se tiver sido promulgada pelo soberano que promulgou todas as outras leis daquele sistema. O critério de Kelsen é: uma lei pertence a um sistema se e somente se foi promulgada pelo exercício dos poderes conferidos pela norma fundamental que conferiu os poderes por meio dos quais foram promulgadas todas as outras leis do sistema. Em suas palavras: "Só é possível comprovar que uma norma pertence a determinado sistema de normas [...] quando se verifica que ela deriva sua validade da norma fundamental que constitui o ordenamento."[7]

Kelsen permanece fiel ao princípio de origem: a identidade de um sistema jurídico, bem como a pertinência de uma lei a um sistema, é determinada unicamente pelos fatos de sua criação, por sua origem. Mas a fonte da unidade não é mais um corpo legisla-

---

[6] *GT*, p. 111; cf. *PTL*, p. 195.
[7] Ibid.

tivo; é uma norma que confere poderes. A norma fundamental substitui o soberano; no mais, não há nenhuma mudança.

Neste contexto, algo deve ser dito sobre o conteúdo da norma fundamental. Kelsen tende a sucumbir à tentação de postular que toda norma fundamental abrange em seu conteúdo todas as conclusões de sua teoria das normas. A tentação é natural, considerando que para ele as normas fundamentais são normas necessárias e condições para a compreensão do direito[8]. Todas as conclusões da teoria das normas são necessárias e todas elas são condições para a compreensão do direito. A distinção entre o enunciado do conteúdo de uma norma e uma verdade geral sobre o direito é confusa, porque tais verdades gerais são baseadas no conteúdo das normas e nele se refletem. Dizer que a suprema corte israelense tem poder legislativo não é um enunciado do conteúdo de nenhuma lei israelense. Mas é uma conclusão derivada de um artigo de uma lei israelense, que adota a doutrina segundo a qual os tribunais inferiores estão obrigados pelas decisões da suprema corte. Acaso a verdade geral, segundo a qual não há contradição entre as normas válidas de um mesmo sistema, é analogamente derivada de qualquer norma particular do sistema? É óbvio que não. A verdade geral sobre o direito se reflete igualmente nas relações entre quaisquer normas e não tem relação especial com nenhuma delas.

Kelsen pensa de forma diferente. Assim, por exemplo, acredita que é a norma fundamental de cada sistema jurídico que garante a sua coerência interna. O princípio da não contradição, diz ele, "está contido na norma fundamental"[9]. Por razões semelhantes, considera que toda norma fundamental estipula que cada

---

[8] Cf. Capítulo III, Seção 3, *supra*.
[9] *GT*, p. 406; cf. pp. 401 ss.; *PTL*, p. 207.

norma preveja uma sanção[10]. Afirma ainda, de forma geral, que toda norma fundamental contém a definição de lei[11], embora não seja idêntica a esta.

Contudo, baseando-nos em outra observação feita por Kelsen, nossa discussão a partir de agora será baseada na suposição de que "o conteúdo da uma norma fundamental é determinado pelos fatos por meio dos quais um ordenamento é criado e implementado"[12]. Em consequência, a definição de lei e o princípio de não contradição não podem estar "contidos" nas normas fundamentais.

A norma fundamental, segundo Kelsen, é formulada como se segue: "Os atos coercitivos devem ser executados sob as condições e segundo a forma prescritas historicamente pela Constituição originária e de acordo com as normas por ela criadas. Em resumo: a conduta deve se pautar pelo que preceitua a Constituição."[13] É duvidoso que esta seja a melhor formulação possível. Seus méritos serão examinados abaixo. O que importa para a discussão atual é qual se pretende seja o efeito legal de uma norma fundamental: "A hipótese essencial do positivismo é a da norma que autoriza o primeiro legislador histórico. Toda a função desta norma fundamental é conferir o poder de criar leis ao ato do primeiro legislador e a todos os outros atos baseados no primeiro ato."[14]

O critério de identidade de Kelsen está fundado em dois conceitos. Um é o de uma norma fundamental. O outro é o conceito de cadeia de validade, explicado pela seguinte passagem:

> A resposta à questão do porquê de esta norma individual ser válida como parte de um ordenamento jurídico definido é: porque

---

[10] P. ex., *GT*, p. 406; *PTL*, p. 50.
[11] *PTL*, p. 50.
[12] *GT*, p. 120.
[13] *PTL*, p. 201.
[14] *GT*, p. 116.

ela foi criada em conformidade com uma lei penal. Esta lei, em última análise, recebe sua validade da Constituição, desde que tenha sido estabelecida pelo órgão competente e do modo que a Constituição prescreve. Se perguntarmos por que a Constituição é válida, talvez encontremos uma Constituição mais antiga. Finalmente encontraremos uma Constituição que é a primeira da história e foi instituída por um usurpador ou por algum tipo de assembleia [...]. Postula-se que a conduta seja tal como prescreveu o indivíduo ou os indivíduos que instituíram a primeira Constituição. Esta é a norma fundamental do ordenamento jurídico sob consideração.[15]

Uma cadeia de validade é o conjunto de todas aquelas normas tais que (1) cada uma delas autorize a criação de apenas uma das outras normas do conjunto, com a exceção máxima de uma que não autoriza a criação de nenhuma norma; e (2) a criação de cada uma delas é autorizada por apenas uma norma do conjunto, com a exceção de uma norma, cuja criação não é autorizada por nenhuma norma da cadeia[16]. Uma cadeia de validade pode ser representada graficamente como mostra a figura 1. Cada linha representa uma norma que autoriza a criação da outra representada pela linha imediatamente superior. Os círculos representam os poderes legislativos[17]. Uma pessoa pode ter poderes legislativos derivados de várias normas.

---

[15] *GT*, p. 115.
[16] Vale notar que o conceito de cadeia de validade é usado no critério de identidade do sistema jurídico de Kelsen. Portanto, não pode fazer parte da definição de uma cadeia de validade segundo a qual apenas as normas que pertencem a determinado sistema podem pertencer a uma mesma cadeia de validade. Esta é uma consequência da definição de cadeia de validade e de seu uso no critério de identidade. Este não faz parte da definição de uma cadeia de validade, pois isto pressuporia um critério de identidade independente.
[17] Tanto as linhas quanto os círculos, respectivamente normas e poderes legislativos, serão chamados "elos" da cadeia.

Uma norma individual.

Uma norma geral.

Uma norma da Constituição atual.

Uma norma da Constituição originária.

A norma fundamental.

Figura 1

Duas cadeias de validade podem ter todas as suas normas em comum, com exceção de uma. Tais cadeias podem ser representadas em um diagrama:

Normas individuais.

Uma norma geral.

A Constituição.

A norma fundamental.

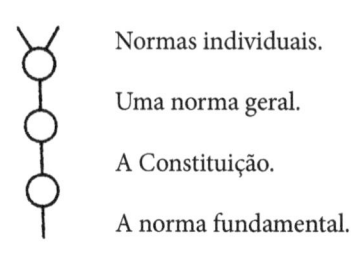

Figura 2

Outras cadeias de validade podem divergir em mais de uma norma. Contudo, Kelsen insiste que: (1) há no mínimo uma norma comum entre quaisquer duas cadeias de validade que pertencem a um mesmo sistema jurídico. (2) Além disso, há uma norma que faz parte de todas as cadeias de validade do mesmo sistema. (3) Em todo sistema jurídico, a norma que pertence a todas as cadeias de validade é a norma fundamental, que é a última norma (a representada pela linha que fica embaixo) de toda cadeia de validade.

Com base em todos estes pontos, todas as cadeias de validade de um sistema, ou seja, um sistema jurídico completo, podem ser representadas em um diagrama:

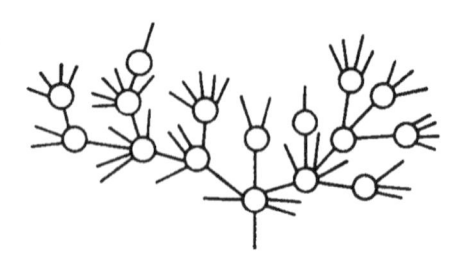

Figura 3

É claro que este diagrama de um sistema jurídico[18] em forma de árvore está muito simplificado. Os sistemas jurídicos contêm um número muito maior de leis e de autoridades legislativas. O diagrama em árvore mostra como Kelsen combina duas ideias – a de cadeia de validade e a de norma fundamental – para resolver os problemas de identidade e de pertinência dentro dos limites do princípio de origem.

Embora tenha sido Kelsen o primeiro a usar sistematicamente o conceito de cadeia de validade para estes fins, esse conceito não é exclusivo de sua teoria. Pode ser aplicado à teoria de Austin, por exemplo. O primeiro a fazer essa aplicação foi Bryce, em sua teoria austiniana modificada. Escreveu ele:

---

[18] Alguns autores que escrevem sobre a teoria de Kelsen usam a pirâmide como modelo dos sistemas jurídicos. Prefiro o diagrama em árvore porque deixa clara a organização hierárquica do direito, que é o objetivo principal de Kelsen ao usar o modelo piramidal; ao mesmo tempo, o diagrama em árvore evita algumas implicações indesejáveis do modelo piramidal. O diagrama em árvore não nos obriga a concluir que uma lei não pode autorizar simultaneamente a criação de normas gerais e individuais, ou que uma autoridade não pode legislar tanto normas constitucionais quanto normas individuais. Talvez a implicação mais indesejável do uso do modelo piramidal é que as pirâmides de todos os sistemas jurídicos têm o mesmo número de camadas.

A TEORIA DE SISTEMA JURÍDICO DE KELSEN · 133

> Pede-se ao proprietário de um imóvel localizado em determinado município que pague uma taxa de pavimentação. Ele indaga por que tem o dever de pagá-la, e indica-se, à guisa de resposta, a resolução da Câmara Municipal que a impõe. Ele pergunta então de onde provém a autoridade da Câmara de impor a taxa, e indica-se um artigo da lei do Parlamento da qual a Câmara deriva seus poderes. Se ele levar sua curiosidade adiante e perguntar de onde vem o direito do Parlamento de conferir tais poderes, o coletor de impostos só poderá responder que todos sabem que na Inglaterra o Parlamento faz a lei, e que pela lei nenhuma outra autoridade pode suprimir ou interferir de qualquer maneira na expressão da vontade do Parlamento. O Parlamento é supremo sobre todas as outras autoridades, ou, em outras palavras, o Parlamento é Soberano.[19]

Adaptando-se este procedimento à teoria original de Austin, torna-se possível representar o quadro austiniano de um sistema jurídico por um diagrama em árvore:

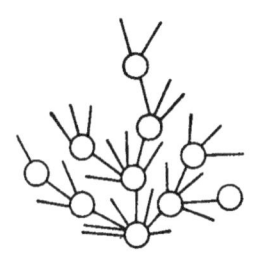

Figura 4

Representada desta maneira, a solução de Austin para o problema da identidade repousa na combinação de dois conceitos: o de cadeia de validade e o de soberania. Kelsen aceita o primeiro, e assim também o princípio de origem, mas rejeita o segundo, subs-

---

[19] *Studies in Jurisprudence*, vol. ii, p. 52.

tituindo-o por seu conceito de norma fundamental. O ponto focal, o elo unificador, não é um legislador, mas uma lei.

A tentativa de Austin de resolver o problema da identidade não foi bem-sucedida por causa das imperfeições do conceito de soberano. Na próxima seção, a questão proposta será a de saber se o substituto de Kelsen, o conceito de norma fundamental, é adequado para o papel a ela destinado no critério de identidade kelseniano. Mais tarde, na Seção 4, a contribuição do conceito de cadeia de validade para a solução do problema de identidade será submetida a um exame mais rigoroso.

v.3. O critério de identidade – o papel da norma fundamental

A norma fundamental tem um duplo papel. Fornece a resposta para duas questões separadas: "O que distingue um sistema de uma pluralidade de normas? Quando uma norma pertence a certo sistema de normas...? Esta questão tem também estreita ligação com o problema da razão da validade de uma norma."[20] O segundo papel, o da norma fundamental como razão última da validade das outras normas jurídicas, foi tratado no Capítulo III, *supra*, e será ainda discutido no próximo capítulo. Esta seção preocupa-se apenas com o papel da norma fundamental na solução dos problemas da identidade e da pertinência.

Kelsen afirma diversas vezes que a única função da norma fundamental é autorizar a criação da Constituição originária. Poder-se-ia pensar, portanto, que não só a norma fundamental mas também a Constituição originária deveriam fazer parte de toda cadeia de validade de toda norma em um sistema jurídico. Isto significaria que, mesmo que não houvesse a norma fundamental,

---

[20] *GT*, p. 110. Cf. *PTL*, p. 193.

não haveria dificuldade para estabelecer a identidade do sistema jurídico. Um sistema jurídico, em vez de ser definido a partir de uma norma fundamental da qual todas as normas derivam sua validade, seria definido a partir da Constituição originária da qual todas as normas derivam sua validade.

A falácia deste argumento é que a Constituição originária não é necessariamente uma única norma; ela pode ser, e muitas vezes o é, um conjunto de normas que entram em vigor pelo exercício de um Poder Legislativo – por exemplo, por um ato de legislação. A primeira Constituição pode incluir várias normas, cada qual conferindo poderes legislativos diferentes para órgãos diferentes. Por exemplo, uma norma da primeira Constituição pode regular o Poder Legislativo do Parlamento federal, enquanto outra norma regula o Poder Legislativo estadual. Além disso, a Constituição originária pode conter normas comuns, isto é, normas que não conferem poderes legislativos, mas impõem deveres e estipulam sanções para ampará-los.

O critério de identidade de Kelsen pressupõe que há pelo menos uma norma que pertence à cadeia de validade de toda norma em um sistema jurídico. A Constituição originária pode conter várias normas, algumas das quais pertencem a uma cadeia de validade, outras das quais pertencem a outra. A norma fundamental é a única norma que pertence a todas as cadeias de validade, e portanto é essencial para o sucesso do critério de identidade de Kelsen[21].

Os critérios de identidade e pertinência têm a função de fornecer um método pelo qual se possa identificar se uma norma qualquer pertence ou não a determinado sistema jurídico, e isto

---

[21] Só é essencial, é claro, caso se deseje fundar o critério de identidade em uma norma que unifica o sistema por pertencer a toda cadeia de validade de toda norma no sistema, como faz Kelsen. Cf. na próxima seção outras possibilidades.

pode ser usado para estabelecer a pertinência total, isto é, a identidade do sistema. Segundo Kelsen, a questão de saber se determinada norma, N_1, pertence a certo sistema é resolvida quando se determina se o sistema contém uma norma que autoriza a criação de N_1. Se ele contiver, N_1 pertence àquele sistema; caso contrário, não pertence.

Suponhamos que esteja provado que nenhuma norma derivada autoriza a criação de N_1. Segue-se que ou N_1 é autorizada pela própria norma fundamental ou não pertence àquele sistema. Como é possível descobrir o conteúdo da norma fundamental? A resposta de Kelsen, já mencionada, é: "[...] o conteúdo da norma fundamental é determinado pelos fatos por meio dos quais um ordenamento é criado e implementado"[22], o que significa na prática que somente quando alguém souber quais normas pertencem a um ordenamento jurídico é que poderá descobrir por meio de quais atos elas foram criadas, e assim revelar o conteúdo da norma fundamental do sistema. Não é possível reverter o processo e, tendo como referência a norma fundamental, descobrir qual norma pertence ao sistema.

O mesmo tópico pode ser comprovado por outro argumento: se N_1 pertence a determinado sistema jurídico, então ou ela autoriza a criação de todas as outras normas do sistema, isto é, ela é a totalidade da Constituição originária do sistema, ou ela foi criada pelo exercício dos mesmos poderes legislativos por meio dos quais a primeira Constituição foi criada, caso em que ela faz parte daquela Constituição originária. Pois se N_1 autoriza a criação do restante do sistema, então qualquer norma fundamental que a autorize autoriza igualmente todo o resto do sistema. Do mesmo modo, se N_1 foi criada pelo exercício dos poderes que criaram a

---

[22] *GT*, p. 120.

Constituição originária, então qualquer norma fundamental que confira tais poderes une N_1 e a Constituição originária (com todas as normas autorizadas por ela) em um único sistema jurídico (N_1, portanto, se torna parte da Constituição originária). Se, de outro lado, nenhuma dessas condições for satisfeita, então nenhuma norma fundamental pode autorizar nem N_1, nem o restante do sistema. Na teoria de Kelsen, nada mais pode ser apreendido sobre a pertinência de N_1 a um dado sistema; não obstante, é evidente que qualquer uma dessas condições pode ser atendida mesmo que N_1 não pertença àquele sistema.

Exemplo I. Suponha que um país, *A*, que até o momento foi governado por outro país, *B*, tenha proclamado sua independência. Suponha ainda que a independência tenha sido proclamada por meio de uma declaração, que uma nova Constituição foi aprovada por uma assembleia de notáveis e que, com base nessa Constituição, foram convocadas eleições e outras leis foram estatuídas. Há um consenso geral, tanto entre os leigos quanto entre os especialistas, de que em *A* eles vivem sob um sistema jurídico cujas primeiras normas a ser promulgadas foram as da nova Constituição. O fato de que no país *B*, antes da independência de *A*, a lei N_2 tenha sido aprovada com fundamento na Constituição originária de *B*, N_1, e que essa lei tenha conferido à supramencionada assembleia de notáveis poderes legislativos ilimitados em todos os assuntos relativos à população de *A*, é considerado dotado de grande significação política, mas não jurídica, para *A*. A imensa maioria da população de *A* admite que, embora a matéria não tenha sido posta perante os tribunais, N_1 e N_2 não fazem parte do sistema jurídico do país. Esta opinião é completamente justificada, mesmo que N_1 autorize de fato todas as normas do sistema jurídico de *A* e assim satisfaça a primeira das duas condições alternativas deduzidas acima a partir da teoria de Kelsen.

Exemplo II. Por outro lado, suponha que não houve transferência pacífica de poderes do governo de *B* para o Estado independente *A*, e que *B*, depois de uma longa luta contra o Movimento de Libertação em *A*, renuncia unilateralmente a seu poder sobre *A*. Uma leve confusão ocorre quando, ignorando as leis promulgadas pelo comitê central do Movimento de Libertação, o líder de um grupo dissidente, chamado Movimento de Libertação Revolucionário, tenta garantir para si o poder absoluto e promulga várias supostas leis, entre as quais N_2 é a única que não entra em conflito com nenhuma lei estatuída pelo comitê central. Depois de dois dias as coisas se assentam e o líder do Movimento Revolucionário de Libertação vai para o exílio voluntariamente, renunciando à tentativa de tomar o poder. A situação jurídica de suas supostas leis não foi decidida pelos tribunais, mas não há dúvidas de que elas, inclusive N_2, não fazem parte do sistema jurídico de *A*. Não obstante, poder-se-iam citar muitas supostas normas fundamentais que autorizariam tanto N_2 quanto todas as leis estatuídas pelas "autoridades legais". Por exemplo: "Todos devem se conduzir da forma prescrita pela liderança de quaisquer dos movimentos de libertação." Portanto, N_2 satisfaz a segunda das condições alternativas de pertinência derivadas do critério de pertinência de Kelsen.

Os dois exemplos comprovam que a norma fundamental não pode desempenhar o papel que lhe é determinado pelos critérios de pertinência e de identidade de Kelsen, e que, portanto, tais critérios não desempenham as funções que deveriam. O conceito de norma fundamental deveria determinar o ponto inicial e a abrangência total de cada cadeia de validade, mas não faz isso. Na verdade, não contribui em nada para os critérios de identidade e de pertinência.

Então, qual é o significado da frase de Kelsen segundo a qual as normas fundamentais são o fundamento da unidade dos ordenamentos jurídicos? Pode ser útil lembrar a primeira parte da citação que iniciou a seção atual. Nela, Kelsen propôs duas perguntas: "O que distingue um sistema de uma pluralidade de normas? Quando uma norma pertence a certo sistema de normas?" A segunda questão é o problema da pertinência e da identidade. É a questão do critério que nos permite determinar quais são as normas que constituem este ou qualquer outro sistema jurídico. A primeira questão é completamente diferente. É a questão do princípio ordenador dos sistemas jurídicos. Ela pressupõe que o problema de identidade tenha sido resolvido e que a composição do sistema seja conhecida. Então a pergunta continua: dado que são estas as normas do sistema, como elas podem ser ordenadas em uma totalidade sistemática? De fato, este é um problema muito semelhante ao problema da estrutura do sistema (a única diferença é que Kelsen não limita esta questão à estrutura interna do sistema).

Os argumentos acima mostram que as normas fundamentais não se relacionam com o problema da identidade. O fato de Kelsen ter-se enganado ao acreditar que a norma fundamental tem importância para o problema da identidade é devido provavelmente, ao menos em parte, ao fato de não conseguir distinguir entre o problema da identificação das normas que pertencem a um sistema e o problema de como elas se organizam.

Na verdade, ao contrário do que rezava a mais firme crença de Kelsen, a norma fundamental não tem importância real para a questão da organização das normas de um sistema jurídico. A organização e a estrutura de um sistema jurídico, de acordo com Kelsen, são representadas por um diagrama em árvore. O princípio ordenador do diagrama em árvore e a chave da estrutura do sistema jurídico é o conceito de cadeia de validade. O diagrama em árvore pode existir mesmo que a norma fundamental seja omitida. Neste caso, torna-se um diagrama em árvore austiniano, com um "poder (legislativo) fundamental" no lugar de uma norma fundamental. A estrutura e a organização do sistema jurídico, sua unidade, na prática não são afetadas pela eliminação da norma fundamental.

v.4. O critério de identidade – a cadeia de validade

Na seção anterior, defendemos a ideia de que a norma fundamental não tem nenhuma importância para o critério de identidade (e para a doutrina da estrutura). Evidentemente, Kelsen afirma que a norma fundamental é importante por razões que não têm nenhuma relação com a identidade e a estrutura dos sistemas jurídicos, razões essas derivadas da sua teoria geral das normas. Seus argumentos serão examinados criticamente no próximo capítulo. Contudo, no restante desta seção, a norma fundamental será deixada de lado e examinaremos o sucesso de um critério de identidade semelhante ao de Kelsen, mas baseado unicamente no conceito de cadeia de validade.

Se eliminarmos a norma fundamental de um diagrama em árvore kelseniano, ele se transforma em um diagrama austiniano. Em vez de se apoiar na norma fundamental, a árvore se apoia em um poder (legislativo) fundamental. O poder fundamental é o poder que autoriza a primeira Constituição. O critério de identidade então será: um sistema jurídico consiste na Constituição originária e em todas as leis criadas, direta ou indiretamente, pelo exercício de poderes conferidos pela Constituição originária. Uma lei pertence a determinado sistema se e somente se fizer parte da Constituição originária ou tiver sido estatuída pelo exercício dos poderes conferidos direta ou indiretamente por aquela Constituição.

A Constituição originária pode ser definida como se segue: uma lei pertence à Constituição originária se e somente se sua criação não foi autorizada por nenhuma outra lei. Diversas leis pertencem à mesma Constituição originária se e somente se cada uma delas pertence a uma Constituição originária e todas tenham sido criadas pelo exercício do mesmo Poder Legislativo.

Esta solução para o problema da identidade lembra a solução de Austin, na qual ele reconhece a existência de um legislador dotado de poderes legislativos não conferidos por lei. Pode-se dizer que a autoridade fundamental é ilimitável, como a soberania em Austin, na medida em que a validade das leis criadas pelo seu exercício não é determinada pela relação com nenhuma norma criadora de normas, mas por sua eficácia. A autoridade fundamental é o poder legal para estatuir cada lei que se tornará o fundamento de um sistema jurídico eficaz.

A diferença entre o critério de Austin e esta versão modificada do critério de Kelsen resulta de uma diferença fundamental entre a soberania de Austin e o poder fundamental. Uma das características mais perturbadoras da teoria de Austin é sua insistência na existência *contínua* do soberano. Um sistema jurídico existe apenas enquanto existir uma autoridade dotada de poderes legislativos ilimitáveis que não foram conferidos por nenhuma lei. Por outro lado, o poder fundamental de Kelsen não precisa estar sempre presente. O sistema jurídico continua a existir mesmo depois de o detentor ou os detentores do poder fundamental deixarem de existir (por exemplo, quando o primeiro monarca absoluto morrer ou a assembleia constituinte for dissolvida).

Kelsen se exprime às vezes como se a Constituição originária fosse sempre criada por um único ato legislativo, como se viesse à existência em um único momento. As considerações apresentadas nas seções anteriores mostraram que não é sempre assim. Uma assembleia constitucional pode promulgar a primeira Constituição em vários momentos, e cada parte entra em vigor quando é promulgada. Tampouco é necessário que o poder fundamental seja confiado às mãos de um único corpo. Pode haver duas assembleias constitucionais agindo simultânea ou sucessivamente (admitindo-se, é claro, a existência de meios incontestes de resolver os possíveis conflitos de leis surgidos a partir de suas atividades). Mas apesar de ser possível a presença contínua de um legislador cuja autoridade não é derivada de nenhuma lei, de acordo com a versão modificada da doutrina de Kelsen esta presença não é necessária.

Os diagramas em árvore de Austin são diagramas de sistemas jurídicos vigentes em determinado momento. O fato de todos os diagramas em árvore de todos os sistemas vigentes em determinado momento pertencentes a um mesmo sistema terem em sua base o mesmo soberano significa que o soberano existe enquanto o sistema existe. Um diagrama em árvore kelseniano modificado, embora semelhante ao diagrama austiniano por ter um poder (e não uma norma) em sua base, tem um significado diferente. Não representa um sistema jurídico vigente em determinado momento, mas um sistema jurídico contínuo (desde sua fundação até determinado momento específico). O poder fundamental nele representado necessariamente existiu, mas não necessariamente ainda existe. A hierarquia de poderes legislativos na teoria de Kelsen não é, como na de Austin, uma hierarquia vertical vigente em determinado momento; é uma hierarquia horizontal que se estende por todo um período de tempo.

A diferença entre a soberania e o poder fundamental[23] é o principal aprimoramento de Kelsen em relação ao critério de identi-

---

[23] O conceito de poder fundamental não é uma inovação minha. Está implícito na teoria de Kelsen, embora este não atribua a ele, mas sim ao conceito de norma fundamental, um papel-chave em seus critérios de identidade e de pertinência.

dade de Austin. Mas foi alcançado a um preço muito alto. O aprimoramento foi possível porque se postulou que a condição para a existência do sistema jurídico é a obediência às leis, e não ao soberano. Esta mudança é desejável também por outros motivos, mas tem um subproduto infeliz: aumenta a importância do conceito de cadeia de validade para o critério de identidade.

Na teoria de Austin, o elo comum entre as suas cadeias de validade é condição necessária, mas não suficiente, para que duas leis pertençam a um mesmo sistema. Que N_1 e N_2 tenham um elo comum não é prova suficiente de que pertençam ao mesmo sistema. A outra condição necessária é que nenhum poder soberano figure como elo na cadeia de validade de uma das leis, mas não na da outra. Em outras palavras, duas leis pertencem a um mesmo sistema apenas se foram estatuídas, direta ou indiretamente, pelo mesmo soberano.

O valor desta condição se torna claro quando se considera novamente o primeiro dos dois exemplos tratados na seção precedente, o da transferência pacífica de poderes. A norma N_3 do novo sistema jurídico de A e a norma do sistema jurídico de B que confere poderes à assembleia de notáveis (norma designada como N_2) têm, como foi exposto, elos comuns nas suas cadeias de validade. As duas cadeias são representadas pelo diagrama na figura 5.

N_3.
Os poderes da assembleia de notáveis.
N_2.
N_1.
O poder fundamental de B.

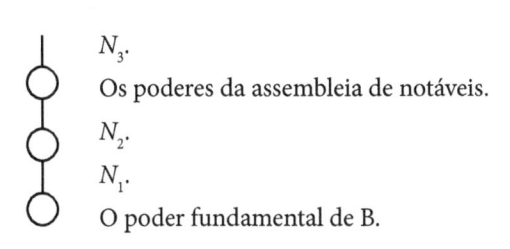

Figura 5

As duas normas não pertencem ao mesmo sistema, segundo Austin, porque o soberano de A (a assembleia de notáveis) estatuiu N_3 mas não N_2.

De acordo com a versão modificada do critério de identidade de Kelsen, o poder fundamental é reconhecido não por ser obedecido habitualmente, mas por não ter sido criado por nenhuma lei. Mas há uma lei, isto é, N_2, que confere à assembleia de notáveis todos os poderes legislativos que ela tem. Portanto, de acordo com Kelsen, seu poder legislativo não é um poder fundamental, e em consequência disso N_1, N_2 e N_3 figuram, pela versão modificada do critério de identidade de Kelsen, como pertencentes ao mesmo sistema.

Esta conclusão só pode ser evitada quando se renuncia ao princípio de origem e se considera N_3 como a Constituição originária – não porque foi estatuída pelo exercício de um poder fundamental, mas sim porque foi reconhecida como tal pelos tribunais. Considerações desta natureza serão examinadas em outro capítulo. Kelsen admite o princípio de origem e, portanto, para evitar as deficiências da teoria de Austin, é forçado a considerar um elo comum nas cadeias de validade como condição tanto necessária quanto suficiente para a pertinência de duas leis a um mesmo sistema, expondo desse modo sua teoria à crítica supramencionada.

Esta crítica é praticamente idêntica ao primeiro tópico desenvolvido na seção anterior contra o critério de identidade original de Kelsen. Ao basear o critério de identidade em um poder fundamental, e não em uma norma fundamental, ele não evita as fragilidades do critério, porque elas são inerentes ao próprio princípio de origem.

O segundo tópico da crítica, feito na seção anterior com a ajuda de um segundo exemplo, o dos dois movimentos de libertação, também se aplica com a mesma força à versão modificada da doutrina de Kelsen[24]. Além disso, há um terceiro tópico da crítica que se aplica a ambas as versões do critério de identidade de Kelsen e ainda não foi mencionado.

A existência contínua de um sistema jurídico, segundo Kelsen, não depende da presença contínua do primeiro soberano. Mas depende da possibilidade de fazer remontar à Constituição originária a razão da validade de cada lei. Esta concepção é falsa. Um sistema jurídico no qual o precedente não cria o direito pode se modificar gradualmente e se transformar em um sistema em que ele de fato crie o direito. Não há necessidade de supor que o poder de legislar por precedentes foi conferido aos tribunais pela Constituição originária ou por qualquer outra lei. De fato, pode acontecer de os próprios tribunais só reconhecerem que possuem este poder muitos anos depois de o terem adquirido. Em tal caso, não há razão para supor que aquele sistema jurídico deixou de existir e um novo sistema foi criado. Também não está totalmente claro qual poderia ser a norma fundamental ou o poder fundamental do "novo sistema". Do mesmo modo, em Estados nos quais o Parlamento é limitado por uma Constituição, pode ocorrer que ele estatua uma lei inconstitucional que será aceita como lei pela população e pelo governo e será executada por todos os tribunais. Se essa lei tem pouca importância constitucional (por exemplo, se regula a manufatura de palitos de fósforo), não há razão para pensar nem que ela não seja lei nem que, quando foi legislada, o antigo sistema jurídico deixou de existir e um novo sistema jurídico foi criado. Para concluir, é impossível explicar as condições da existência contínua de um sistema jurídico levando-se

---

[24] O critério de identidade de Austin também sairia incólume deste problema se fosse baseado em um conceito adequado da individuação do poder soberano.

em conta apenas o princípio de origem – outras explicações devem ser consideradas.

v.5. A estrutura do sistema jurídico

A explicação desenvolvida até o momento sobre a teoria de Kelsen atribui a ela duas posições incompatíveis: primeiro, a de que toda norma impõe um dever na medida em que autoriza a aplicação de uma sanção; e segundo, a de que algumas normas não impõem deveres, mas conferem poderes legislativos. Kelsen reconhece que há aí uma dificuldade:

> A teoria analítica do direito, tal como foi formulada por Austin, considera o direito como um sistema de normas completas e prontas para ser aplicadas, sem considerar o processo de sua criação. É uma teoria estática do direito. A teoria pura do direito reconhece que um estudo da estática do direito deve ser complementado por um estudo de sua dinâmica, o processo de sua criação. Esta necessidade existe porque o direito [...] regula a sua própria criação.[25]

O "estudo da estática do direito" de Kelsen afirma que toda norma impõe um dever ao estipular uma sanção. Contudo, ele tem consciência da necessidade de complementar essa posição e conciliá-la com a outra, admitindo normas que conferem poderes legislativos.

Kelsen tenta fazer essa conciliação na seguinte passagem:

> As normas constitucionais que regulam a criação de normas gerais a serem aplicadas pelos tribunais e outros órgãos aplicadores da lei *não* são, portanto, normas *completas* e *independentes*. São *partes intrínsecas* de todas as normas jurídicas que os tribunais e outros órgãos têm de aplicar. Neste contexto, a legislação cons-

---

[25] *WJ*, pp. 278-9.

titucional não pode ser citada como exemplo de norma jurídica que não estipula nenhuma sanção. As normas da Constituição material *são leis somente na medida em que mantêm uma conexão orgânica* com aquelas normas estipuladoras de sanção que são criadas com fundamento nelas. Aquilo que, de um *ponto de vista dinâmico*, é a criação de uma norma geral determinada por uma *norma superior*, a Constituição, *se transforma, em uma concepção estática* do direito, em uma das condições às quais a sanção está ligada enquanto consequência da norma geral (a qual, do ponto de vista dinâmico, é a norma infraconstitucional). *Na concepção estática do direito, as normas superiores, constitucionais, projetam-se por assim dizer sobre as normas inferiores como partes destas.*[26]

Esta deve ser considerada a explicação geral que Kelsen oferece para as normas que conferem poderes legislativos sem estipular sanções. Ela será explicada em três estágios, cada qual ampliando e modificando o estágio anterior.

A. *Dois princípios alternativos de individuação*

Em diversos lugares Kelsen expõe o que significam para ele os pontos de vista estático e dinâmico[27], mas suas explicações pouco acrescentam ao que ele afirma na passagem supracitada. Kelsen parece dizer que um sistema jurídico, isto é, a totalidade do material jurídico que pertence a ele, pode ser examinado de dois pontos de vista. Estes pontos de vista diferem um do outro pelo modo através do qual dispõem e dividem o material jurídico, ou seja, os dois pontos de vista são dois princípios de individuação diferentes. O princípio de individuação estático é o explicado no Capítulo IV, Seção 2, *supra*. De acordo com ele, toda lei é

---

[26] *GT*, pp. 143-4. Grifos meus.
[27] P. ex., *PTL*, p. 70.

uma norma que impõe um dever ao estipular uma sanção. O princípio dinâmico de individuação é menos claro; a única coisa determinada é que ele admite não somente normas que impõem deveres e estipulam sanções, mas também normas que atribuem poderes legislativos.

Assim como o princípio de individuação estático é baseado no conceito de sanção coercitiva, o princípio de individuação dinâmico é baseado no conceito de um poder legislativo. Infelizmente, a única explicação de Kelsen sobre os poderes legislativos é dada com fundamento no princípio estático de individuação e não pode servir como fundamento para um princípio diferente e independente. Na ausência de uma definição independente de poder legislativo, o ponto de vista dinâmico de Kelsen nunca significa mais do que um projeto para um princípio dinâmico de individuação. Contudo, o projeto em si é bem claro, e o próprio Kelsen sabia que ele envolveria um novo critério de "lei": "Quando se examina a ordem jurídica do ponto de vista dinâmico [...] parece possível definir o conceito de lei de um modo bem diferente da definição que temos tentado postular nesta teoria. Em especial, parece possível ignorar o elemento de coerção ao definir o conceito de direito."[28]

B. *A possibilidade de projetar uma classificação sobre a outra*

Como os princípios dinâmico e estático de individuação são dois modos de organizar e dividir o mesmo sistema jurídico, seria possível projetar ou definir uma divisão sobre a outra, porque deve existir uma relação uno-múltipla entre todos os elementos de qualquer uma das duas divisões e alguns elementos da outra

---

[28] *GT*, p. 122.

divisão. Como Kelsen diz: "Na concepção estática do direito, as normas superiores, constitucionais, projetam-se por assim dizer sobre as normas inferiores como partes destas."[29] Isto significa que uma norma estática – como "Se a Constituição autoriza o Parlamento a legislar sobre direito penal, e se o Parlamento estipula uma sanção para o furto, o indivíduo que comete furto deve ser punido" – se projeta sobre duas normas dinâmicas: "O Parlamento está autorizado a legislar sobre direito penal" e "Os órgãos oficiais estão autorizados a aplicar uma sanção aos ladrões". Portanto, toda lei estática se projeta do mesmo modo sobre várias leis dinâmicas. O processo inverso, ou seja, projetar a disposição dinâmica sobre a estática, também é evidentemente possível. Uma norma dinâmica será projetada sobre várias normas estáticas. Por exemplo, a lei dinâmica "O Parlamento está autorizado a estatuir leis penais" se projeta sobre a lei estática contra o furto mencionada acima, bem como sobre a lei penal contra o incêndio premeditado: "Se o Parlamento está autorizado a legislar sobre direito penal e se determina a aplicação de uma sanção contra o indivíduo que causa um incêndio dolosamente, o indivíduo que causa um incêndio deverá sofrer a aplicação da sanção."

Os poderes legislativos, quando representados em uma concepção estática do direito, são competências ou capacidades, isto é, condições para as sanções[30]. Mas Kelsen não fornece nenhum critério para distinguir entre a competência para legislar e outros gêneros de competência que não sejam nem o delito nem a reivindicação de direitos. Portanto, não chega a fornecer nem mesmo uma definição "estática" dos poderes legislativos.

---

[29] *GT*, p. 144.
[30] *GT*, p. 90. Em *PTL*, p. 146, Kelsen modificou sua definição de modo a incluir a aplicação da sanção como uma competência.

c. *A primazia do princípio estático*

A explicação oferecida acima demonstra a técnica de projetar normas estáticas sobre normas dinâmicas e vice-versa, mas não prova que a projeção pode ser feita sempre. Com efeito, nem sempre é possível encontrar partes de normas estáticas que correspondam às normas dinâmicas. Se uma norma atribui poderes legislativos e se tais poderes não foram usados, isto é, se nenhuma norma foi criada pelo exercício deles, então a primeira norma não tem correlativo na representação estática do direito. Aplicando-se o princípio estático de individuação, os poderes legislativos se transformam em condições para a aplicação de sanções estipuladas pelo uso de tais poderes. Se nenhuma sanção foi estipulada, os poderes legislativos não existem no que concerne aos princípios estáticos.

Isto significa que os princípios de individuação dinâmicos e estáticos se aplicam a materiais jurídicos diferentes. Do ponto de vista do princípio estático, uma lei que atribui poderes legislativos só é considerada parte do material jurídico depois de pelo menos uma sanção ter sido estipulada pelo uso daquele poder. Para resolver essa discrepância entre os dois princípios, Kelsen estipula que uma suposta norma dinâmica só é uma norma jurídica se puder ser projetada sobre uma representação estática do direito: "As normas da Constituição material só fazem parte do direito na medida em que estão organicamente ligadas àquelas normas que estipulam sanções e que são criadas com fundamento nas primeiras."[31]

Esta estipulação aponta para a primazia do princípio estático de individuação. A teoria geral das normas de Kelsen o obriga a adotar uma posição ainda mais extrema. O próprio fundamento

---

[31] *GT*, p. 144.

A TEORIA DE SISTEMA JURÍDICO DE KELSEN · 151

de sua teoria da individuação das leis é a tese de que cada lei seja uma norma. Segundo a sua teoria geral das normas, todas as normas têm o mesmo molde – todas elas regulam a conduta humana ao impor deveres sustentados por sanções. As normas jurídicas se distinguem ainda por estipular sanções coercitivas. Então, nem "tudo o que o que foi criado segundo este procedimento é uma lei no sentido de ser uma norma jurídica. É uma norma jurídica somente se pretende regular a conduta humana [...] prevendo um ato de coerção à guisa de sanção"[32].

Portanto, as normas dinâmicas não são normas em sentido nenhum. A conclusão inevitável é que o ponto de vista dinâmico não fornece um princípio de individuação das leis alternativo, nem mesmo um princípio subordinado. Ele é o estudo da divisão das normas estáticas em partes que não são nem normas nem leis[33].

Os diagramas em árvore representam sistemas jurídicos a partir do ponto de vista dinâmico. Muitas das linhas representam supostas normas que não estabelecem sanções. Então, de acordo com a doutrina de Kelsen, elas não são normas, apenas partes de normas. Os diagramas em árvore são, antes de tudo, diagramas de segmentos de normas. As relações entre as linhas em um dia-

---

[32] *GT*, p. 123.
[33] Na *Teoria pura do direito*, Kelsen faz uso amplo do conceito de normas dependentes (cf. pp. 51, 54 ss.). Este termo parece designar qualquer entidade descrita por um enunciado normativo que faça parte de uma descrição completa de um sistema jurídico, mas não uma descrição adequada do mesmo, isto é, um enunciado que não descreve uma norma completa. A norma dinâmica é um tipo de norma dependente. Embora Kelsen não diga explicitamente que as normas dinâmicas sejam partes de normas estáticas, ele repete todos os argumentos que tornam esta conclusão inevitável. Não há a necessidade de introduzir uma nova classe de entidades, as normas dependentes. Os enunciados normativos – como, por exemplo, "*x* tem poderes legislativos" – podem ser verdadeiros e podem fazer parte de uma descrição completa do sistema jurídico. Porém, de acordo com a teoria de Kelsen, eles não descrevem uma lei completa, mas somente parte do conteúdo de várias leis.

grama em árvore não são relações entre normas, mas entre segmentos de normas. Daí se segue que cada cadeia de validade representa apenas uma norma. As linhas que representam uma cadeia de validade correspondem a partes da norma representada pela cadeia de validade como um todo. Os diagramas em árvore representam duas espécies de relações: relações genéticas, representadas pelas relações entre linhas que pertencem à mesma cadeia de validade, e relações de identidade parcial entre cadeias de validade diferentes.

A imagem de Kelsen da estrutura do sistema jurídico é a de uma rede de linhas vinculadas por relações genéticas. Mas as relações genéticas existem apenas entre as partes de uma cadeia de validade, isto é, entre os segmentos de uma mesma lei. Kelsen substitui a teoria da estrutura do sistema jurídico por uma teoria da estrutura da norma. Relações entre segmentos de leis ocupam o lugar que deveria ser ocupado por relações entre leis.

Toda norma é uma entidade independente e autossuficiente que não tem relações necessárias com nenhuma outra norma. Daí resulta que Kelsen admite o princípio da independência das leis, o qual determina a ausência de qualquer estrutura interna necessária aos sistemas jurídicos.

A norma fundamental, na medida em que este conceito é aceitável, é uma norma dinâmica. Mas ela não estipula uma sanção[34] e, portanto, deve ser considerada uma parte das normas estáticas. A norma fundamental "fulano de tal tem o poder de criar a Constituição originária" se transforma em "se (segundo a norma fundamental) fulano de tal tiver o poder de criar a Constituição originária [...] uma sanção deve ser aplicada".

---

[34] Sobre a possibilidade de uma interpretação diferente de "uma norma fundamental", ver a próxima seção.

Este segmento fundamental faz parte do conteúdo de todas as normas do sistema. Assim, se a norma fundamental é admitida, há uma relação comum entre as normas – todas as normas do sistema são parcialmente idênticas, todas elas têm um segmento em comum.

v.6. Sobre as normas independentes

A discussão sobre a natureza do ponto de vista dinâmico, bem como a comparação entre os princípios de individuação de Bentham e Kelsen[35], ilustra a interdependência entre o princípio de individuação e a estrutura dos sistemas jurídicos. Ao preferir o princípio de individuação estático ao dinâmico, Kelsen exclui a possibilidade de uma estrutura interna baseada nas relações genéticas. Ao rejeitar o princípio de Bentham, exclui a possibilidade de relações internas punitivas[36].

A razão mais decisiva para preferir um princípio de individuação que resulta em uma variedade rica de relações internas a um princípio que exclui esta possibilidade é que o primeiro é o único que pode funcionar. A maior parte desta seção se ocupará de demonstrar apenas por que o princípio de individuação kelseniano e outros princípios semelhantes não funcionam e não podem funcionar, e por que não podem ser a base de uma descrição completa e correta do direito. Mas os princípios de individuação de Kelsen e outros semelhantes devem ser rejeitados também por outras razões.

Em primeiro lugar, o princípio de Kelsen individualiza leis que são muito diferentes da imagem usual das leis. Toda lei é uma permissão dirigida às autoridades e é uma combinação de direito

---

[35] Ver Capítulo IV, Seção 3, *supra*.
[36] Isto é, a relação entre uma lei e a lei punitiva correspondente. Cf. Capítulo I, Seção 4, *supra*.

constitucional, processual e substantivo[37]. Esse conceito de lei tem pouca relação com aquele usado tanto pelos leigos quanto pelo público especializado.

Pode-se argumentar que explicar a lei e explicar o conceito que o "senso comum" tem da lei são duas coisas completamente diferentes. Mas duvido que ambas possam ser completamente separadas. Uma explicação adequada da lei é o melhor ponto de partida para a explicação da concepção de lei segundo o senso comum. A concepção do senso comum torna-se clara quando se explica de que modo se desvia do conceito teórico. Esta abordagem faz com que a proximidade com o conceito do senso comum se torne um objetivo do conceito teórico de lei.

Em segundo lugar, ao decidir sobre um princípio de individuação, deve-se ter em mente dois objetivos conflitantes, entre os quais é necessário chegar a um equilíbrio adequado. O primeiro é definir unidades legais pequenas e viáveis, unidades que podem ser descobertas fazendo-se referência a uma porção pequena e facilmente identificável do material jurídico. O outro objetivo é definir unidades relativamente autossuficientes e autoexplicativas, de forma que cada uma contenha uma parte significativa do direito. Naturalmente, quanto mais material é "posto" em uma lei, mais autossuficiente e autoexplicativa ela será. Ao mesmo tempo, torna-se mais complicado e mais difícil perceber cada unidade.

O princípio de individuação de Kelsen não considera a necessidade de uma relativa simplicidade. Garante o maior grau de autossuficiência: contém tudo o que é pertinente para a existên-

---

[37] Além disso, toda lei que cria um delito ou um ilícito civil contra a propriedade contém muitos elementos de direito patrimonial, comercial etc. A abordagem kelseniana favorece um excesso de repetições: muitas leis contêm em si as mesmas disposições constitucionais bem como as mesmas partes do direito patrimonial e processual. Esta repetição é uma razão a mais para rejeitar o princípio de individuação de Kelsen. Cf. Capítulo VI, *infra*.

cia e para a aplicação da lei (a especificação completa das condições sob as quais um dever é adquirido, a especificação completa do processo pelo qual o dever é imposto, e a lei que autoriza a decretação do restante do direito, são todas partes de uma norma). É claro que isto favorece as normas complexas. Para encontrar o conteúdo de qualquer norma, a totalidade do material jurídico deve ser bem examinada. Tais normas têm ainda a singularidade de não existir ocasião nenhuma em que seja possível fazer referência a uma norma completa. Qualquer que seja o propósito pelo qual alguém queria consultar o direito, essa pessoa estará sempre interessada apenas em uma parte, maior ou menor, de uma norma kelseniana; só muito raramente lhe interessará conhecer uma norma como um todo. Trata-se de indício muito claro de que a complexidade das normas kelsenianas não tem nenhum propósito útil, ou pelo menos não é útil em vista das finalidades que devem determinar a divisão e a individuação das leis.

É óbvio que essas considerações quantitativas não são as únicas que determinam o princípio de individuação. O princípio deve fornecer uma classificação e divisão racionais dos sistemas jurídicos. Mas as considerações quantitativas desempenham papel importante para explicar por que as leis kelsenianas diferem da concepção das leis segundo o senso comum e por que a concepção do senso comum é tão recomendável.

Pode-se pensar que há uma boa chance de essas objeções serem superadas se identificarmos a lei não com uma norma, como faz Kelsen, mas com uma parte dela. É difícil avaliar a fundo as vantagens de tal modificação, porque Kelsen fala relativamente pouco sobre as partes das normas e sobre suas relações, e especialmente porque não há indicação clara de o que deve ser considerado "parte" de uma norma. Contudo, está claro que a modificação pode fracassar em última instância, pois seu sucesso depende da suposição de que o princípio da individuação de Kelsen permite uma descrição completa, embora não necessariamente adequada, dos sistemas jurídicos. Três considerações diferentes demonstram que esta suposição está equivocada.

Já se assinalou que, segundo Kelsen, não há leis que tenham conferido poderes legislativos antes que os poderes que elas conferem tenham sido usados[38]. Este é apenas um fenômeno, e há vários outros semelhantes. Todos eles provam que Kelsen não explica adequadamente o conceito de poderes legislativos. Pelas mesmas razões, uma lei que confere poderes legislativos deixa de existir quando todas as leis criadas com base nela até o momento deixam de existir, embora a autoridade legislativa ainda tenha o poder de elaborar novas leis.

Outra categoria de leis que Kelsen se vê forçado a desconsiderar completamente é a das leis revogadoras que conferem poderes legislativos. Estas, como outras leis revogadoras, não são representadas em uma exposição sistemática do conteúdo de um sistema jurídico vigente em determinado momento, mas surtem seus efeitos na medida em que eliminam a lei revogada da lista das leis válidas. Porém, de acordo com a teoria de Kelsen, isso não acontece. Imagine que um comitê especial, exercendo poderes que lhe foram conferidos pela Câmara de Vereadores por meio de uma lei municipal, tenha ordenado aos inquilinos dos conjuntos habitacionais de propriedade do município que fixem na entrada de suas casas uma lista dos moradores, com seus nomes e números de apartamentos, e tenha determinado que a recusa em fazê-lo sujeitará os violadores à multa de cinco libras. Suponha ainda que a lei municipal que autorizou a ordem do comitê tenha sido revogada, mas que a ordem continue válida. Segundo Kelsen, a lei

---

[38] Capítulo V, Seção 5, *supra*.

municipal é uma das condições para a multa. Com a sua revogação, ela deixou de ser uma condição? Quando a lei municipal deixa de ser uma das condições para a multa, torna-se necessário omitir também a lei do Parlamento que autorizou a sua criação, e com esta desaparecem as leis constitucionais que autorizaram a lei parlamentar. Isso cria a impressão de que estas leis também foram revogadas. Em contrapartida, se a lei municipal revogada ainda for considerada uma condição para a multa (como deve ser de fato: a formulação de Kelsen diz apenas "[...] se a Câmara decidiu que [...]", e ela decidiu; a revogação posterior não altera nada), a lei revogadora não tem nenhum efeito perceptível. Em sua representação do direito, Kelsen simplesmente a despreza.

Todas essas anomalias provêm do fato de que Kelsen não incorpora adequadamente em seu sistema as leis que conferem poderes legislativos. Ao representá-las como condições para as sanções estatuídas com base nelas, Kelsen supõe que elas têm o único efeito de estabelecer a validade de leis já existentes. Não percebe que elas atribuem poderes legislativos que ainda não foram exauridos, e que a partir delas novas leis podem ser criadas. Mas este aspecto prospectivo destas leis é o seu significado jurídico real: revogada uma lei que confere poderes legislativos, as leis já criadas permanecem inalteradas; a única modificação é que a primeira lei não pode ser usada para criar novas leis.

Kelsen tenta representar cada norma como se esta regulasse a sua própria criação. Isto o obriga a chegar a consequências ainda mais paradoxais. "Se o Parlamento decidiu que os ladrões devem ser punidos e se o tribunal competente estabeleceu que certo indivíduo cometeu furto, então..."[39]: este é o exemplo que Kelsen apresenta para mostrar como as leis constitucionais são incorpo-

---

[39] *GT*, p. 143.

radas nas normas. O enunciado citado, contudo, descreve apenas a lei constitucional, ou parte dela. Se o direito diz que o Parlamento tem o poder de elaborar leis penais, disso decorre que, se o Parlamento decidiu que os ladrões devem ser punidos e se o juízo competente verificou que determinado indivíduo cometeu furto, então...; daquilo decorreria também que, se o Parlamento decidiu que as pessoas com mais de 50 anos de idade que nunca cometeram furto devem ser punidas, então... Se a norma fundamental é acrescentada a toda norma, cada norma deve começar com a cláusula "se fulano de tal, na Constituição originária, determinou que...". Toda norma é logicamente acarretada pela própria norma fundamental e não acrescenta nada a ela. Em vez de incorporar as leis constitucionais às normas ordinárias, Kelsen desenvolveu sem querer uma descrição do direito que se limita a afirmar a existência de parte da norma fundamental ou de parte da Constituição originária e põe de lado todo o restante do direito. Kelsen não percebeu que para afirmar a existência de uma lei penal contra o roubo não basta dizer "se o Parlamento decidiu que os ladrões devem ser punidos [...]". É necessário afirmar que o Parlamento de fato decidiu que os ladrões devem ser punidos; e, quando é formulada desta maneira, a norma kelseniana se revela como o que ela é verdadeiramente – não uma norma, mas um grupo de normas distintas: fulano de tal tem o poder de criar a Constituição (originária); elaborou uma lei que confere ao Parlamento o poder de promulgar leis penais; (o Parlamento elaborou uma lei segundo a qual) os ladrões devem ser punidos etc. O método kelseniano de descrever o direito é completamente antitético à sua própria finalidade.

Finalmente, deve-se notar que Kelsen não dá interpretação muito rigorosa ao princípio que ele mesmo criou. Sua doutrina de que toda norma estabelece uma sanção foi interpretada acima com o sentido de que toda norma permite a aplicação de uma sanção. Segundo esta interpretação, um exemplo de norma seria: se o Parlamento decidiu que os ladrões devem ser punidos e se *A* foi considerado culpado de furto e se o tribunal decidiu que ele deve cumprir pena de no máximo cinco anos de reclusão, então o policial responsável deve encarcerá-lo por este período.

Todavia, Kelsen adota uma interpretação mais flexível sobre o que seja "estipular uma sanção" e atribui a essa expressão ou o significado de "permitir a aplicação de uma sanção" ou o de "permitir que se permita a aplicação da sanção". Portanto, ele admite normas como as seguintes: se o Parlamento decidiu que os ladrões devem ser punidos e se *A* é culpado de furto, então o tribunal deve decidir que ele deve cumprir um período de máximo cinco anos de reclusão. Tal norma não confere ao tribunal a permissão de aplicar a sanção em si, mas de permitir que a polícia aplique a sanção.

Se Kelsen admite que haja normas que terminem um passo antes da aplicação da sanção (normas que permitem que se permita a aplicação da sanção), pode-se perguntar por que ele não admite que haja normas que terminem dois ou mais passos antes da aplicação da sanção (normas que permitem que se permita que se permita a aplicação da sanção etc.). Se ele tivesse feito isso, teria atribuído a condição de norma independente a toda lei que confere poderes legislativos, e não apenas às leis que autorizam os tribunais a elaborar leis que permitam a aplicação da sanção. A lei constitucional que autoriza o Parlamento a elaborar leis penais pode ser considerada uma permissão para que o Parlamento permita aos tribunais que permitam à polícia que aplique sanções.

Esta interpretação das leis constitucionais pode ser aplicada também às normas fundamentais. De fato, a formulação de Kelsen da norma fundamental corrobora esta abordagem: "Os atos coercitivos devem ser executados sob as condições e segundo a forma prescritas historicamente pela Constituição originária."[40] Ela pode significar que aos autores da Constituição originária permitiu-se que permitissem a aplicação de sanções, e também que permitissem que se permitisse a aplicação de sanções, e assim por diante.

Contudo, a teoria kelseniana do direito constitucional é apenas um dos muitos sinais de que ele não percebeu que estava adotando uma interpretação vaga de "prever uma sanção". Ele declara que a forma padrão de uma lei é "se tais e tais condições forem preenchidas, tal e tal sanção deve ser aplicada"[41]. E considera que tal norma só é obedecida (ou aplicada) se a sanção for executada[42]. Sua discussão sobre a estrutura e o conteúdo das leis e sobre a existência dos sistemas jurídicos está completamente fundada nessa posição, que é compatível apenas com uma interpretação restritiva de "prever uma sanção".

É desnecessário dizer que, mesmo que a teoria de Kelsen fosse reescrita para se adequar à interpretação mais flexível, admitindo assim a existência de relações genéticas entre as leis, ela evitaria poucas das objeções apontadas na presente seção e na anterior. Ainda que se aprimorasse a sua teoria das leis, essas leis ainda (1) seriam dirigidas apenas às autoridades; (2) concederiam permissões, e só indiretamente imporiam deveres; (3) seriam de identificação e manejo muito complexos; e (4) seriam repetitivas, uma vez que vários elementos do direito de família, do direito patrimonial, do direito comercial etc. fazem parte de muitas leis (por exemplo, de todas as leis do direito dos contratos e da responsabilidade civil extracontratual).

---

[40] *PTL*, p. 201.
[41] *GT*, p. 45.
[42] *GT*, p. 61.

CAPÍTULO VI

OS SISTEMAS JURÍDICOS COMO SISTEMAS DE NORMAS

Até aqui este estudo visou quase exclusivamente a dois objetivos: esclarecer e explicar dois grandes problemas da teoria dos sistemas jurídicos, por um lado, e expor criticamente as tentativas realizadas por alguns teóricos anteriores para resolver esses problemas, por outro. Parece que o estudo da teoria dos sistemas jurídicos ainda está em sua infância, porque a natureza dos problemas nele envolvidos e a sua importância não foram claramente compreendidos. Por esta razão, nossa análise até aqui se voltou em grande parte para a exposição e a crítica, mas deste capítulo em diante sua preocupação principal será sugerir abordagens novas e mais promissoras. Contudo, trata-se somente de uma mudança de ênfase, pois as sugestões construtivas pressupõem uma relação com as teorias anteriores. Na sua maior parte, serão apresentadas como modificações e (espera-se) aprimoramentos da teoria imperativa das normas encontradas na obra de Kelsen. Essas modificações se valem de algumas ideias encontradas em outros autores, entre os quais Bentham e Hart.

Portanto, na primeira seção deste capítulo tentaremos extrair da obra de Kelsen uma teoria imperativa das normas coerente, e na segunda seção procuraremos desembaraçá-la dos elementos que consideramos insatisfatórios e inclusive desnecessários, em particular da doutrina de uma norma fundamental não positiva. Na terceira seção, estabeleceremos as exigências gerais a que todo conjunto adequado de princípios de individuação deve atender. Será esse um preâmbulo à exposição, desenvolvida nas seções quarta e quinta, sobre duas espécies importantes de leis e outras modificações que devem ser operadas na teoria imperativa das normas para que aquelas possam ser reconhecidas como espécies distintas de normas jurídicas. No próximo capítulo, discutiremos várias espécies de leis que não são normas.

Nossa discussão deixará claro que a natureza de cada espécie de lei só pode ser compreendida quando se entendem as relações internas entre cada espécie e as demais leis. O interesse principal deste capítulo e também do próximo é, portanto, o problema da estrutura dos sistemas jurídicos. O Capítulo VIII lida com o problema da identidade, e no Capítulo IX faremos algumas observações sobre os critérios de existência de um sistema jurídico.

VI.1. Normas imperativas

Na discussão do conceito kelseniano de norma, deixaremos de lado o fato de que, para sua teoria, as normas são fundamentalmente permissões. Consideraremos, portanto, que as leis impõem deveres diretamente aos sujeitos do direito para que executem os atos das leis, isto é, os atos normativos das normas jurídicas. Esta concepção é diferente da de Kelsen, que pensava as leis como concessoras diretas de permissões e apenas de forma indireta como impositivas de deveres.

"O significado específico de uma norma é expresso pelo conceito de 'dever'. Uma norma implica que um indivíduo deve se conduzir de determinada maneira."[1] Mas o "dever", diz Kelsen,

---
[1] *WJ*, p. 210.

não pode ser completamente explicado[2], o que parece significar que também o seu conceito de norma não pode ser completamente explicado. Na verdade, Kelsen *oferece* uma explicação completa do seu conceito de norma. Contudo, esta explicação tem que ser montada a partir de muitas passagens diferentes e às vezes conflitantes[3]. A interpretação aqui oferecida é uma tentativa de chegar a um entendimento coerente das ideias básicas que sustentam a concepção de Kelsen, bem como da natureza de alguns problemas com os quais ele se ocupou.

As ideias de Kelsen relativas à natureza das normas podem ser divididas em dois grupos: o primeiro explica a natureza das normas na medida em que *regulam e justificam a conduta*. O segundo está interessado na natureza das normas como *padrões justificados* de conduta. O primeiro grupo explica em que sentido, para Kelsen, todas as normas são imperativas, o que é discutido nesta seção. O conceito de norma fundamental é o conceito central do segundo grupo, que será discutido na próxima seção.

Quatro ideias principais contribuem para o conceito de norma imperativa em Kelsen: as normas são (1) padrões de avaliação (2) que regulam a conduta humana, (3) amparadas por razões convencionais de obediência, sob a forma da perspectiva de que algum dano decorra da desobediência, e (4) criadas por atos humanos que pretendem criar normas: isto é, estabelecer padrões de conduta, regulando-a, amparados pela perspectiva de que algum dano decorra da desobediência, a qual é a motivação convencional.

---

[2] P. ex. *PTL*, p. 5.
[3] Parece-me que a maior parte dos conflitos entre várias afirmações não pode ser explicada como uma evolução das posições de Kelsen ao longo dos anos, mas como uma oscilação contínua entre uma posição e outra.

Em primeiro lugar, as normas são *padrões de avaliação*:

> O que transforma este evento em um ato legal ou ilegal não é a sua existência física, mas o significado objetivo que resulta de sua interpretação. O sentido jurídico específico deste ato é derivado de uma "norma" cujo conteúdo se refere ao ato; [...]. A norma funciona como um esquema de interpretação.[4]

As normas tornam possível a interpretação normativa ou a avaliação da conduta:

> O juízo segundo o qual uma conduta real é tal como deveria ser de acordo com uma norma objetivamente válida é um juízo de valor – um juízo de valor positivo. Isto significa que uma conduta real é "boa". O juízo segundo o qual uma conduta real é o oposto da conduta que se conforma à norma é um juízo de valor negativo. Isto significa que a conduta real é "má".[5]

Se a norma é uma norma jurídica, a conduta será julgada legal ou ilegal, legítima ou ilegítima.

A frase "o alcance imediato de uma norma (ou de uma lei)" pode ser definida como se segue: dir-se-á que um ato individual está dentro do alcance imediato de uma norma se e somente se ele for praticado por um sujeito da norma em circunstâncias que são um caso particular das condições de execução da norma, e se for um caso particular do ato genérico que é o ato da norma ou um caso particular de omissão desse ato da norma. Uma norma serve como um padrão direto de avaliação dos atos apenas dentro

---

[4] *PTL*, pp. 3-4.
[5] *PTL*, p. 17. Sobre a doutrina kelseniana dos valores, ver também *PTL*, pp. 17 ss.; *TP*, p. 80 n.; *TP*, p. 109 n.; *WJ*, pp. 35 ss.; bem como *GT*, pp. 47 ss., em que Kelsen introduz o conceito de padrão de valoração. É claro que Kelsen está equivocado ao pensar que o valor dos atos é determinado por sua conformidade ou desconformidade com as normas.

de seu alcance imediato⁶. Um ato individual que está dentro do alcance imediato de uma norma tem valor positivo (ou seja, é louvável, bom, legal etc.) se for um caso particular de um ato de dever; do contrário, tem valor negativo.

Avaliar a conduta de acordo com os padrões postos pelas normas jurídicas é uma parte essencial da função dos juízes e de outras autoridades, que estão profissionalmente interessados em tratar os indivíduos de acordo com sua conduta, avaliada segundo a lei. É igualmente uma atividade em que se espera que às vezes as pessoas comuns se envolvam, mas apenas para julgar sua conduta passada ou futura de acordo com a lei.

Em segundo lugar, as normas são *princípios que regulam a conduta*, e, de acordo com Kelsen, regulam a conduta ao prescrever um curso específico de ação: "As leis da natureza formulada pela ciência natural *têm de* (obrigatoriamente) se conformar aos fatos, mas os fatos da ação e omissão humana *devem* se conformar às normas jurídicas descritas pela ciência do direito."⁷ Que uma norma N imponha a x o dever de praticar A na situação C significa que de x se exige que pratique A na situação C, ou que a prática de A na situação C é prescrita para x.

Todo guia para a conduta é também um padrão de avaliação – os atos individuais podem ser avaliados segundo estejam ou não de acordo com a conduta prescrita. Em contrapartida, nem todo padrão de avaliação é um guia para a conduta; por exemplo, é possível avaliar estados de coisas que não são nem atos nem consequências de atos. Para que um padrão de avaliação seja um

---

⁶ Há várias maneiras de definir o alcance total de uma norma. Pode, por exemplo, ser definido como se incluísse todos os atos cuja execução exige logicamente a execução dos atos incluídos no alcance imediato. Uma norma serve como padrão indireto de avaliação de todos os atos que estão circunscritos em seu alcance total. Contudo, o método de avaliação é mais complicado e não será discutido aqui.
⁷ *PTL*, p. 88.

guia, é necessário (1) que o padrão se relacione com a conduta humana, e (2) que a existência do padrão, ou (o que dá no mesmo) dos fatos que dão origem à sua existência, sejam efetivamente uma razão para que as pessoas cuja conduta é avaliada por aquele padrão decidam executar um ato que tenha determinado valor e não outro.

Parece-me que esta é a razão derradeira para o princípio filosófico segundo o qual o "dever" implica igualmente em "poder" e "poder abster-se", com o qual Kelsen concorda: "[...] uma norma que preceituasse certo evento que todos sabem de antemão que deve ocorrer necessariamente sempre e em toda parte de acordo com as leis da natureza seria tão absurda quanto a que preceituasse certo fato que se sabe de antemão que é impossível segundo as leis da natureza."[8]

Tanto esta citação de Kelsen quanto a condição necessária muito mais rigorosa sugerida acima deixam muitas questões sem resposta. Algumas são problemas filosóficos gerais – o que significa a capacidade de agir e a capacidade de escolher? É necessário que todo sujeito das normas seja capaz de agir e escolher em toda ocasião em que a norma se aplica? Algumas questões têm importância particular para o direito: como entender as leis retroativas? Como interpretar a responsabilidade objetiva? Uma vez que a discussão de cada uma destas questões envolveria uma longa digressão, nenhuma delas será debatida aqui[9].

Em terceiro lugar, as normas são criadas por atos de vontade e incorporam o que Kelsen denomina de sentido subjetivo do

---

[8] *PTL*, p. 11.
[9] Sobre a concepção kelseniana das leis retroativas, ver *PTL*, pp. 13 s. No próximo capítulo ficará claro que não considero que toda lei tem de ser uma norma. Posso, portanto, admitir que as leis retroativas não são normas (ao menos não as são completamente) e ainda sustentar que elas são leis. Contudo, o princípio de individuação sugerido abaixo deve ser modificado para explicar as leis retroativas etc.

"dever". O sentido desta doutrina já foi totalmente discutido no Capítulo III, Seção 3, *supra*. Ela implica que a existência de uma norma N que prescreve a *x* que pratique A na situação C exige que certa pessoa tenha expressado seu desejo de que *x* pratique A na situação C ou que (em se tratando de um contexto institucionalizado) certa pessoa tenha expressado seu desejo de que a norma N fosse criada. Esta descrição das maneiras pelas quais as normas são criadas foi criticada acima (Capítulo III, Seção 3, *supra*).

Em quarto lugar, as normas são "sustentadas" ou "amparadas" por sanções. Pode-se afirmar que, para que um padrão de valoração exista, ele deve ser substanciado, isto é, deve haver uma razão convencional[10] para que certas pessoas apliquem o padrão. De qualquer maneira, resta claro que os guias para a conduta só existem se forem acompanhados de alguma razão convencional para que sejam seguidos. Isto é reconhecido claramente por Kelsen, que estipula que os guias para a conduta são substanciados por uma razão convencional (nem sempre suficiente nem sempre observada) para que a conduta prescrita seja preferida a outras alternativas[11]. Isto é pressuposto por Kelsen quando ele diz que os tipos de ordem social "são caracterizados pela motivação específica a que cada ordem social recorre para induzir os indivíduos a conduzir-se da maneira desejada"[12].

Segundo Kelsen, há três tipos de razões convencionais: (1) uma vantagem estabelecida pela mesma norma ou por outra, que se segue a um ato de conformidade à norma em questão; (2) uma

---

[10] Quando falo na razão convencional para a prática de um ato em determinadas circunstâncias, refiro-me a uma razão para a prática do ato que esteja presente sempre que as circunstâncias existam.

[11] Esta razão convencional para a obediência é uma razão convencional para que outros indivíduos, que não aqueles que estão sujeitos à norma, levem-na em consideração ao avaliar a conduta daqueles que a ela estão sujeitos.

[12] *GT*, p. 15.

desvantagem estabelecida pela mesma ou por outra norma, que se segue a um ato que viole a prescrição da norma em questão; (3) o apelo direto do ato prescrito pela norma[13].

Na opinião de Kelsen, as razões do segundo tipo são as razões convencionais de que o direito lança mão. Insiste ainda (1) que uma norma é uma norma jurídica apenas se a desvantagem que acompanha a sua violação é estabelecida por uma norma jurídica, e (2) que a desvantagem é estipulada pela própria norma para a qual serve de razão convencional para a obediência.

É preciso lembrar que quando afirmamos que uma desvantagem é uma razão convencional, isso não quer dizer que o autor da norma pretenda ou queira que os sujeitos da norma a obedeçam por esta razão, ou que façam isso habitualmente, ou que estejam justificados quando o fazem. O sentido de tudo isso é que a desvantagem é uma razão para se conformar à norma.

Deve-se notar também que a razão convencional de uma norma jurídica consiste na combinação de duas coisas: (1) uma sanção estabelecida por uma norma jurídica; (2) o fato de que o sistema jurídico como um todo seja eficaz[14]. Estes fatos criam certa probabilidade de que os sujeitos da norma sofram certa desvantagem se violarem a lei, e essa probabilidade de sofrer a desvantagem é a razão convencional. É verdade que, levando-se em conta outros fatos e calculando-se a probabilidade de forma mais ampla, ela pode diminuir substancialmente na maioria dos casos ou em alguns casos particulares. Mas isto não importa. O que importa é

---

[13] Cf. *GT*, p. 15. Tendo em vista uma teoria dos valores mais ampla que a de Kelsen, pode-se acrescentar o valor do ato prescrito quando praticado pelo sujeito da norma nas circunstâncias especificadas. Há outros tipos de razões convencionais; alguns, como a autoridade pessoal do autor da norma, são admitidos indiretamente por Kelsen em outros textos.

[14] De acordo com Kelsen, há também o fato de que a norma que estatui a sanção não é totalmente ineficaz.

a probabilidade baseada apenas na estipulação da sanção e na existência – e, logo, na eficácia geral – do sistema jurídico.

Estes são os quatro tópicos que conjuntamente explicam a primeira parte do conceito de Kelsen de uma norma em geral e de uma norma jurídica em particular. Os dois primeiros por si sós não são muito esclarecedores. Apontam para certas conexões entre certos grupos de coisas que são conhecidas pela expressão convenientemente vaga de "termos normativos". Isto é útil, mas a sua indeterminação deixa muito a ser explicado. No entanto, os dois últimos tópicos devem ser entendidos como uma explicação parcial dos dois primeiros. Esta é também a forma como Kelsen os entende. Assim, quando confrontado com acusações como as feitas por Alf Ross, de que "a ideia de uma verdadeira norma ou exigência é um absurdo lógico, uma falácia implícita em todo absolutismo ético"[15], Kelsen diz:

> La tentative du positivisme logique, de présenter l'éthique comme une science des faits empiriques résulte manifestement de la tendance, parfaitement legitime en elle-même, à l'exclure du domaine de la spéculation métaphysique. Mais il est satisfait à cette tendance si l'on reconnaît que les normes qui forment l'objet de l'éthique sont les significations de faits empiriques posés par des hommes dans le monde de la réalité.[16]

Com efeito, aqui ele se refere ao terceiro ponto, o de que as normas são criadas por certos atos de vontade, para explicar o sentido não metafísico no qual elas podem ser consideradas exigências e padrões de valoração.

Os dois últimos pontos delineiam o contexto factual que, de acordo com a teoria de Kelsen, justificam que possamos falar

---

[15] Uma resenha da obra de Kelsen *What is Justice*, 45 Cal. L.R. 564, 568.
[16] *TP*, p. 80 n.

de normas, padrões de valoração e regulação da conduta. A essência da explicação do conceito de norma compreende, de um lado, a exposição dos tipos de fatos que precisam existir para que qualquer enunciado sobre as normas existentes possa ser verdadeiro e, de outro, a relação entre os enunciados a respeito das normas e as outras partes da linguagem normativa[17].

A estipulação de Kelsen relativa à criação de normas foi criticada minuciosamente (Capítulo III, Seção 3, *supra*) e, portanto, não será mais discutida. Os outros pontos mencionados nesta seção serão examinados de forma mais completa adiante neste capítulo. Embora passemos agora à discussão do segundo grupo de ideias de Kelsen relativas à natureza das normas, incluindo a ideia de uma norma fundamental não positiva, parece que este segundo grupo não é necessário para uma análise suficiente das normas.

VI.2. A norma fundamental e a justificação dinâmica

De acordo com o conceito de norma explicado na seção anterior, as ordens amparadas por ameaças são normas. Guiam a conduta das pessoas comandadas e são os padrões pelos quais a conduta pode ser avaliada. São elaboradas por seres humanos com a intenção de influenciar a conduta das outras pessoas e são sustentadas por uma razão convencional, a saber, a vontade de evitar a sanção posta como ameaça.

As ordens podem ser distinguidas das leis por outras razões, mas são normativas no mesmo sentido que as leis, desde que os quatro pontos arrolados na seção anterior constituam uma expli-

---

[17] Cf. a tese de Hart de que o termo "um direito legal" é explicado quando são dadas as condições de veracidade dos enunciados cuja forma é "X tem um direito", e se afirma que os enunciados que têm essa forma são usados para tirar conclusões jurídicas em casos particulares. Explicações semelhantes, afirma Hart, podem ser dadas para outros termos jurídicos problemáticos: *Definition and Theory in Jurisprudence*, pp. 14-7.

cação satisfatória de uma norma. Duas diferenças entre leis e ordens podem ser mencionadas aqui. A primeira é que há muitas oportunidades e razões para fazer referência ao conteúdo das leis sem mencionar as circunstâncias de sua criação. Desse modo, muitas vezes um advogado tem motivos para se referir a várias leis relativas a contratos e discutir seu significado e suas relações com os negócios de seus clientes. Muitas vezes (mas, é claro, nem sempre), as circunstâncias nas quais as leis foram criadas não têm a menor importância. Por outro lado, é característica das ordens que sejam normalmente discutidas mediante referência ao contexto real em que são dadas. Em muitos casos, é o bastante saber que toda pessoa, em determinadas circunstâncias, está obrigada a pagar certa alíquota de imposto sobre a renda; essa é toda a informação que se necessita. Porém, saber que Smith e sua família receberam a ordem de dar vinte libras a Brown é, em geral, uma informação incompleta: para que a informação seja pertinente e útil para seus fins habituais, é necessário saber ainda quem deu essa ordem, quando e em que circunstâncias a mesma foi dada.

O fato de haver tantas ocasiões e tantas razões para fazer referência às leis sem levar em conta as circunstâncias de sua criação é que justifica que as leis sejam consideradas entidades abstratas. Não há caso geral que nos permita considerar as ordens como entidades abstratas no mesmo sentido[18].

---

[18] Devem ser distinguidos pelo menos dois conceitos de ordem como entidade abstrata. Eles diferem porque, de acordo com o primeiro, a identidade de conteúdo é tanto necessária quanto suficiente para a identidade das ordens, ao passo que, de acordo com o segundo, a identidade de conteúdo é necessária, mas não suficiente, para a identidade das ordens. Se a e b, independentemente um do outro, ordenam a c que pratique A na situação C, de acordo com o primeiro conceito ambos emitem a mesma ordem, ao passo que, de acordo com o segundo conceito, emitem duas ordens diferentes com o mesmo conteúdo. Pode-se dizer que o primeiro conceito representa as ordens como entidades linguísticas, uma vez que, neste sentido, as ordens podem ser identificadas com os significados de certas sentenças imperativas

A força desse argumento nos obriga a suplementar os quatro pontos estabelecidos na seção anterior, acrescentando que nenhuma entidade desnecessária deve ser permitida. Portanto, as ordens não são normas, ao passo que as leis são.

Há uma segunda distinção entre ordens e leis que deve ser mencionada aqui. Toda lei pertence a um sistema normativo, pois toda lei faz parte de um sistema jurídico. Já as ordens nem sempre fazem parte de sistemas normativos[19]. Isto significa que toda norma jurídica pertence a um grupo de normas jurídicas interligadas de determinadas maneiras, ao passo que as ordens nem sempre pertencem a tais grupos. Como se explicou no capítulo anterior, Kelsen tenta usar seu conceito de norma fundamental para explicar esta inter-relação sistemática entre as normas jurídicas. O fato de as ordens não estarem sempre interligadas de maneira semelhante é uma razão que explica por que Kelsen

---

abstraídas de seu contexto. Não pretendo contestar a necessidade de considerar as ordens como entidades linguísticas.

As leis, bem como as normas em geral, são entidades da segunda espécie. Isto quer dizer que a identidade de conteúdo é necessária, mas não suficiente, para estabelecer a identidade de duas leis. A Inglaterra e os Estados Unidos podem ter duas leis idênticas em conteúdo, que no entanto são duas leis distintas porque pertencem a dois sistemas jurídicos diferentes. De forma semelhante, o Parlamento inglês pode promulgar uma lei que tem o mesmo conteúdo de uma lei que fora válida outrora na Inglaterra; não está, porém, promulgando a mesma lei, senão uma lei diferente com o mesmo conteúdo. (Isto não significa que a diferença nas circunstâncias de criação sempre implica uma diferença de identidade: o que dizer de um caso em que o Parlamento apenas prolonga o período de vigência de certa lei, e como se deve interpretar um caso em que o Parlamento promulga novamente uma lei que já é válida de qualquer maneira? Estes problemas exigem uma investigação mais aprofundada sobre a lógica das normas, o que não é possível fazer aqui.)

O que se discute acima é a necessidade deste segundo conceito, não linguístico, da ordem como uma entidade abstrata.

[19] As ordens pertencentes a sistemas normativos são consideradas normas e são tratadas como partes do sistema normativo. As ordens legais, por exemplo, são discutidas na teoria do direito. Talvez seja plausível que não possa haver sistemas normativos constituídos apenas por ordens.

entende que o conceito de norma fundamental (ou de ordem fundamental) não é necessário para a análise das ordens enquanto tais[20]. Contudo, é óbvio que Kelsen tem também outras razões para empregar seu conceito de norma fundamental na análise das normas e não o empregar na análise das ordens.

De acordo com a teoria de Kelsen, as ordens são emitidas por meio de atos adequados de pessoas situadas em posição adequada (por exemplo, uma posição de força ou de autoridade pessoal). As normas jurídicas, por outro lado, passam a existir em consequência de uma combinação de atos humanos e outras normas jurídicas: para Kelsen, nenhuma norma pode ser criada somente por atos humanos. A existência de cada norma positiva pressupõe a existência de outra norma que autorize a sua criação. Kelsen entende que a regressão infinita é evitada e só pode ser evitada pela postulação da existência de uma norma fundamental em cada ordem normativa, norma esta que não é criada de modo algum, pois é uma norma necessária. Como a ocorrência de outra ordem (ou a existência de outra norma) não é condição necessária para a ocorrência de uma ordem qualquer, o conceito de norma fundamental (ou de ordem fundamental) é ocioso na análise das ordens.

Pode-se pensar que a doutrina de Kelsen, que dispõe que a criação de toda norma pressupõe outra norma, é simples manifestação das relações sistemáticas entre as normas. Na realidade, Kelsen insiste nessa doutrina também por outras razões, que são de extrema importância para sua teoria das normas. Considera a doutrina uma consequência necessária do princípio fundamental segundo o qual "Ninguém pode afirmar que a partir do enunciado

---

[20] As ordens legais e outras ordens pertencentes a sistemas normativos só são plenamente analisados mediante referência à norma fundamental do sistema ao qual pertencem.

de que algo é se segue o enunciado de que algo deva ser, ou vice-versa."[21] A partir daí, conclui que os atos por si sós não podem criar normas: "[...] a validade objetiva de uma norma, que é o sentido subjetivo de um ato de vontade segundo o qual os homens devem se conduzir de determinada maneira, não se segue do ato concreto, isto é, de um *ser*, mas novamente de uma norma que autoriza este ato, isto é, de um *dever*".[22]

O fato de Kelsen não aplicar este argumento às ordens indica que ele as considera normativas em um sentido diferente daquele das normas. Como os quatro tópicos da última seção se aplicam igualmente às normas e às ordens, conclui-se que a última seção não explicou totalmente o conceito kelseniano de norma. Kelsen considera as ordens enquanto tais como "deveres subjetivos" e as normas como "deveres objetivos". A seu ver, o que está ausente no conceito de ordem que a impede de ser um "dever" objetivo?

Para responder a esta pergunta é preciso rever diversas considerações pelas quais Kelsen parece ter sido influenciado ao operar a distinção entre "dever" objetivo e subjetivo, bem como várias interpretações diferentes e às vezes conflitantes da sua doutrina da norma fundamental.

Por esse meio, é fácil detectar um fator que pode nos levar a fazer uma distinção entre as normas e as ordens amparadas por ameaças (a única espécie de ordem que Kelsen leva em conta). Ambas podem se substanciar no fato de que à desobediência pro-

---

[21] *PTL*, p. 6.
[22] *PTL*, pp. 8-9. Em uma nota de rodapé, Kelsen identifica seu princípio como esta afirmação de Prior: "il est impossible de déduire une conclusion éthique de prémisses entièrement non-éthiques", *TP*, 12 n. Este princípio é infundado. O máximo que se pode afirmar é que (algumas) conclusões normativas pressupõem uma suposição normativa. A suposição não precisa ser uma premissa; pode ser uma regra de derivação. Segundo esta interpretação do princípio, o enunciado de que uma norma existe pode ser derivado de enunciados que afirmam que certos atos foram executados, dadas as regras apropriadas de derivação.

vavelmente seguir-se-á a sanção. Em consequência, podem-se citar tanto as ordens quanto as normas para justificar a conduta a elas conforme. Elas fornecem uma razão para a conduta que prescrevem e, portanto, também a justificam em certa medida. Pode até ser que, em virtude de outras considerações conflitantes, a conduta não seja justificada; mas terá pelo menos uma justificação parcial. É claro que isto não significa que as normas e as ordens são justificadas elas mesmas. Pode-se aventar a hipótese de que uma das diferenças entre as normas e as ordens é que as normas são exigências necessariamente justificadas, ao passo que as ordens, mesmo que às vezes sejam justificadas ou justificadoras, não o são necessariamente. Essa distinção pode explicar a diferença de normatividade entre normas e ordens na teoria de Kelsen, diferença essa que se reflete no fato de ele chamar as ordens de "deveres subjetivos" e as normas de "deveres objetivos". Do mesmo modo, explica por que as normas "derivam" sua validade de outras normas, ao passo que nenhuma estipulação análoga é necessária, segundo Kelsen, no caso das ordens: a norma que contribui para a criação de outra norma faz parte da justificação desta.

A tese que afirma:

(1) Toda norma é uma exigência justificada,

deve ser distinguida de outras teses correlatas, todas as quais encontram alguma justificativa nos enunciados de Kelsen sobre o assunto, especialmente

(2) As normas não são necessariamente justificadas, mas os enunciados de "dever" que têm a forma "x deve praticar A na situação C" significam tanto que essa norma existe quanto que ela é justificada.

(3) Tais enunciados de "dever" não significam que a norma descrita é justificada, mas que ela será justificada se a norma fundamental do sistema a que a norma pertence for justificada.

(4) Tais enunciados de "dever" não significam que a norma descrita seja justificada condicional ou incondicionalmente, mas sua enunciação indica que o interlocutor entende que a norma é considerada justificada pela maior parte da comunidade à qual se aplica o sistema que inclui essa norma.

(5) Tais enunciados de "dever" não significam que a norma descrita seja justificada condicional ou incondicionalmente, mas sua enunciação indica que o interlocutor a considera justificada.

Acaso Kelsen aceita alguma dessas teses, ou qualquer uma dentre as muitas teses diferentes, mas correlatas, que podem ser formuladas? É impossível examinar aqui todas as passagens pertinentes das obras de Kelsen. Contudo, sugerirei uma resposta baseada em algumas passagens mais importantes. Apenas as normas jurídicas serão levadas em conta, mas se fará referência a outras normas em alguns momentos.

Primeira tese (ver p. 175): Kelsen rejeita esta tese explicitamente: "A regra jurídica diz: se *A* é, *B* deve ser. E, ao dizer isso, não diz nada sobre o valor moral ou político da relação. O 'dever' continua a ser uma pura categoria *a priori* para a compreensão do material jurídico empírico. [...] A categoria tem caráter puramente formal. [...] É uma categoria epistemológica transcendental no sentido da filosofia kantiana [...] nisto ela reserva sua tendência radicalmente anti-ideológica."[23] Esta passagem é corroborada por muitas outras que deixam claro que Kelsen não considera o direito como algo necessariamente bom ou justificado em algum sentido.

É tentador pensar que embora o direito não seja justificado em um sentido absoluto, ele existe apenas se for aceito como justificado pela comunidade à qual se aplica. Esta interpretação é

---

[23] *L.Q.R.* (1934), p. 485.

corroborada pela seguinte passagem: "Se o 'dever' é também o sentido objetivo do ato, a conduta à qual o ato se dirige é considerada como algo que deve ser, não apenas do ponto de vista do indivíduo que executou o ato, mas também do ponto de vista do indivíduo a cuja conduta o ato é dirigido e do ponto de vista de um terceiro indivíduo que não está envolvido na relação entre os dois."[24] Kelsen, todavia, rejeita esta interpretação: "[...] a doutrina da norma fundamental não é uma doutrina de reconhecimento. [...] De acordo com a doutrina do reconhecimento, o direito positivo é válido somente se for reconhecido pelos indivíduos que a ele se submetem, isto é, se estes indivíduos concordarem que a conduta deve se pautar pelas normas do direito positivo".[25] Deste modo, Kelsen rejeita a primeira tese em ambas as interpretações.

Segunda e quarta teses (ver pp. 175-6): Não há dúvida de que Kelsen rejeita ambas as teses. De fato, eu as mencionei somente por causa de seu interesse dentro do contexto de algumas outras teorias das normas. O próprio Kelsen está comprometido com a ideia de que os enunciados de "dever" (objetivos) descrevem normas e nada mais. Por isso não pode aceitar a segunda tese. Sabe também que há sistemas jurídicos que não são considerados bons nem justificados pelo povo que dirigem. Todavia, é possível descrever estes sistemas pelos enunciados de "dever". A tese de que a declaração de um enunciado de "dever" implica no falante a crença de que a norma descrita é aceita como justificada pelos que a ela se submetem – essa tese, para que possa ser aceita em uma medida qualquer, deve ser qualificada

---

[24] *PTL*, p. 7.
[25] *PTL*, p. 218 n. A este respeito parece que, segundo Kelsen, as normas jurídicas são distintas da moral social. Esta última é criada pelo costume e, portanto, é criada somente se a comunidade de fato considera que deve se conduzir da maneira prescrita.

pela especificação dos contextos especiais nos quais essa implicação é válida ou não. Nenhuma especificação como esta será encontrada na obra de Kelsen. Sua discussão sobre os problemas linguísticos mostra que ele não tem consciência de que, pelo ato de falar algo, o falante pode querer dizer certas coisas que não fazem parte do significado de sua declaração. Esta consideração se aplica igualmente à quinta tese, que também deve ser rejeitada.

No supracitado trecho da *Law Quarterly Review*, Kelsen claramente tenta distinguir entre duas ideias de "dever" – um "dever" material, que indica que a norma descrita é boa ou justa; e um "dever" formal, que não traz esta implicação. Como Kelsen carece de uma teoria linguística adequada para auxiliá-lo a expressar suas ideias, é difícil dizer exatamente qual é, para ele, o sentido dessa distinção. Apesar disso, está claro que, segundo Kelsen, apenas o "dever" formal deve ser usado na descrição do direito: "O direito, de acordo com a teoria aqui desenvolvida, é certa ordem (ou organização) do poder."[26] Ainda assim o direito é considerado "não como mera justaposição concreta de motivos, mas como uma ordem válida, como Norma"[27]. Isto é possibilitado pela norma fundamental: "[...] a norma fundamental, em certo sentido, significa a transformação do poder em direito".[28]

Para interpretar a força organizada como um sistema de normas, não é necessário supor que isto seja bom ou justo. A única razão por que o sistema de ordens de uma quadrilha organizada de criminosos não tem uma norma fundamental é que "esta ordem não tem a eficácia duradoura necessária à pressuposição da norma fundamental"[29].

---

[26] *PTL*, p. 214.
[27] 51 *L.Q.R.* 518.
[28] *GT*, p. 437.
[29] *PTL*, p. 47.

Todas essas passagens e muitas outras tendem a confirmar o conceito de norma jurídica explicado na seção anterior e a corroborar a indicação feita no começo desta seção, de que, de acordo com Kelsen, a única diferença entre as leis criadas por certos atos de vontade e as ordens está na existência relativamente prolongada e nas interligações sistemáticas das leis. Estas ideias também justificam o enunciado de que as normas fundamentais existem se forem consideradas apenas como laços comuns que determinam a identidade de sistemas normativos e a validade das ordens enquanto partes de tais sistemas. O objetivo último destas declarações é tornar possível a afirmação de que "[...] o direito positivo [...] é justificado apenas por uma norma ou por uma ordem normativa com a qual o direito positivo, de acordo com seus conteúdos, pode ou não se conformar, sendo assim justo ou injusto". Donde se segue que a norma fundamental não tem nada a ver com a justificação das leis[30].

Contudo, Kelsen diverge muitas vezes desta posição. Identifica constantemente a questão "qual é a razão da validade do direito?" com a questão "por que o direito deve ser obedecido?"[31]. A estas questões ele responde: "a norma fundamental" e "em razão da norma fundamental".

Kelsen reconhece e discute detalhadamente um método especial de justificação das normas que pode ser chamado de justificação "dinâmica". Ele pode ser definido por duas características:

(1) Uma norma é justificada com base em outra norma.

(2) A norma justificadora é uma norma criadora de normas, e a justificação consiste em mostrar que a norma justificada foi criada segundo a forma estipulada pela norma justificadora[32].

---

[30] *PTL*, p. 217.
[31] *WJ*, p. 257.
[32] Por razões que não declara, Kelsen adota a estranha posição de que há apenas dois tipos de sistemas normativos: sistemas dinâmicos, nos quais todas as nor-

(Desnecessário dizer que é possível seguir adiante e perguntar pela justificação da norma justificadora.)

Ele está ciente de que uma norma jurídica que faz parte das condições de criação de outra norma jurídica *pode ser* indicada como a justificação (dinâmica) desta última. Contudo, não distingue entre as condições de existência de uma norma e seu uso possível como justificação; e, por identificar as duas coisas, é levado à conclusão de que as normas existentes são necessariamente justificadas. Ciente da contradição ameaçadora entre suas concepções, ele procura evitá-la avançando em direção à terceira tese:

Terceira tese (ver p. 175): os enunciados de "dever" significam que uma norma existe e que ela é justificada caso a norma fundamental do sistema ao qual pertence seja pressuposta. Kelsen diz, por exemplo, que "o positivismo jurídico responde à questão do porquê da validade do direito recorrendo a uma hipótese que pode ser admitida ou não – em outras palavras, *justificando a obediência ao direito* apenas de forma condicional"[33]. Eu preferiria dizer que o positivismo jurídico não justifica o direito de modo algum, mas descreve e analisa um método que *pode* ser usado para justificar leis.

Todavia, Kelsen pensa de outra maneira e conclui que "o 'dever' do direito positivo só pode ser hipotético"[34]. Com isso, parece

---

mas (ou talvez a maioria) são justificadas pela justificação dinâmica, e sistemas estáticos, nos quais todas as normas (ou talvez a maioria) são justificadas porque os enunciados que as descrevem são implicados por enunciados que descrevem outras normas. As normas fundamentais de sistemas dinâmicos investem alguma pessoa ou corpo de pessoas com poderes legislativos e são pressupostas. As normas fundamentais de sistemas estáticos não são normas criadoras de normas e não são pressupostas, mas consideradas evidentes por si mesmas. Ver sobre este assunto: *GT*, pp. 112 s., 399 s.; *PTL*, pp. 195 ss. Kelsen sustenta ainda que nenhuma norma é realmente evidente por si: *PTL*, p. 196. Não é necessário discutir esta teoria aqui.

[33] *WJ*, p. 263.
[34] *GT*, p. 394.

aceitar a terceira tese. Infelizmente não é este o fim da história, pois Kelsen cai em uma armadilha ao identificar a validade com a existência da norma, por um lado, e com a sua justificação, por outro. Para ele, a afirmação de que as normas jurídicas são justificadas apenas de forma condicional é igual à afirmação de que as normas jurídicas são válidas apenas de forma condicional, ou seja, que gozam tão somente de uma existência condicional: "Assim como a validade absoluta de suas normas corresponde à ideia de direito natural, a validade meramente relativo-hipotética de suas normas corresponde à ideia de direito positivo."[35] Esta conclusão, que é insustentável, entra em contradição com as próprias concepções de Kelsen (examinadas acima) sobre a natureza não ideológica das leis.

A saída desta confusão está em rejeitar a identificação da validade de uma norma com a sua justificação e aceitar a terceira tese. Ou, como sugeri, pode-se ir além e considerar o fato de que algumas normas jurídicas estão normalmente entre as condições de existência de outras normas, não como justificação destas, mas apenas por fornecerem uma maneira possível de oferecer tal justificação. A terceira tese pode, consequentemente, ser rejeitada.

A partir desta discussão é óbvio que as concepções de Kelsen sobre a questão das normas como exigências justificadas giram em torno da interpretação do conceito de norma fundamental. As normas fundamentais justificam as normas jurídicas? Se justificam, em que sentido o fazem? Kelsen considera as normas fundamentais como a fonte da validade e da unidade dos sistemas jurídicos. Sua função de unificar os sistemas jurídicos foi examinada no capítulo anterior. Aqui estamos interessados nas normas fundamentais como fontes da validade do direito.

---

[35] *GT*, p. 394.

A discussão de Kelsen sobre este assunto envolve várias confusões. Diz-se que a norma fundamental deve ser pressuposta. Kelsen fala dela como se fosse pressuposta de duas maneiras diferentes: primeiro, pela teoria do direito, sendo aí "a hipótese última do positivismo"; mas também seria pressuposta por qualquer pessoa que considere o direito como um sistema de normas, isto é, qualquer pessoa que use termos normativos para se referir às leis: "A constatação de que a norma fundamental realmente existe na consciência jurídica resulta de uma simples análise dos enunciados jurídicos concretos."[36] Estas duas afirmações não são necessariamente contraditórias, mas Kelsen tende às vezes a equiparar a pressuposição de uma norma fundamental pelas pessoas comuns com o fato de ela ser considerada justificada ou boa. Em algumas passagens, diz que os anarquistas, por exemplo, não pressupõem a norma fundamental e consideram o direito não como um sistema normativo, mas como meras relações de poder[37]. De forma semelhante, afirma: "Um comunista, com efeito, pode não admitir que haja uma diferença essencial entre uma quadrilha de criminosos e uma ordem jurídica capitalista, considerada um meio de exploração cruel. Isso porque – ao contrário daqueles que interpretam a ordem coercitiva em questão como uma ordem normativa objetivamente válida – não pressupõe a norma fundamental."[38] A teoria do direito não pressupõe a norma fundamental nesse mesmo sentido. O objetivo da teoria do direito não é justificar o direito, mas explicá-lo.

Se pressupor a norma fundamental é o mesmo que admitir que ela é justificada, podem existir sistemas jurídicos que se aplicam a populações que não pressupõem suas normas fundamentais.

---

[36] *GT*, p. 116
[37] *GT*, pp. 413, 425.
[38] *Stanford L.R.* (1965), 1144.

Nem a existência dos sistemas jurídicos nem a existência de suas normas fundamentais (pois há uma norma fundamental em cada sistema jurídico) dependem de que a norma fundamental seja pressuposta[39].

Deve-se entender, apesar de certos comentários de Kelsen que sugerem uma posição contrária, que o anarquista, o comunista ou qualquer um que não pressuponha a norma fundamental ainda pode descrever o direito usando enunciados normativos. Os enunciados normativos não implicam "a aprovação da norma jurídica descrita"[40]. Kelsen está correto ao afirmar: "Até mesmo um anarquista, se fosse professor universitário de direito, poderia descrever o direito positivo como um sistema de normas válidas, sem necessariamente aprovar esse direito."[41] Contudo, isto não é razão para que Kelsen contradiga tanto a primeira quanto a segunda afirmação de que o anarquista não pressupõe a norma fundamental, afirmações que ele faz na mesma nota de rodapé.

Por que se diz que a teoria jurídica deve pressupor a norma fundamental e não simplesmente analisá-la e descrevê-la, como faz com as outras normas? Kelsen considera que toda norma é criada por atos legislativos. É claro que isto não é verdade no que concerne às normas fundamentais. Portanto, ele diz que sua promulgação é pressuposta. Aceita-se a ficção de que as normas fundamentais são promulgadas[42].

---

[39] Cf. Capítulo III, Seção 3, *supra*.
[40] *PTL*, p. 79.
[41] *PTL*, p. 218 n.
[42] "On the Pure Theory of Law", I *Isr. L.R.*, p. 6. Aqui Kelsen atribui a ficção não a uma teoria jurídica, mas ao pensamento de todos sobre o direito. O importante é que se trata de um sentido diferente de "pressupor". Outra interpretação possível da tese de que a teoria do direito pressupõe a norma fundamental é que ela acha que o conceito de norma fundamental é necessário para explicar o direito, ou colabora com essa explicação.

Portanto, é possível renunciar sem grandes prejuízos à ideia de que a teoria jurídica deve pressupor a norma fundamental. Vimos que as normas nem sempre são exigências justificadas. O conceito de norma é aquele analisado na seção anterior (sujeito a alterações substanciais a serem introduzidas nas próximas seções). A diferença de normatividade entre os sistemas jurídicos e as ordens pode ser explicada pelo fato de que os sistemas jurídicos trazem em si a possibilidade integrada de justificação dinâmica da maioria de suas normas.

Qual é o destino das normas fundamentais? Elas não ajudam a estabelecer a unidade ou a identidade dos sistemas jurídicos nem colaboram para a organização das normas desses sistemas[43]. Diz-se que são a fonte da validade das normas jurídicas, mas neste papel elas não justificam essas normas. Tampouco são exigidas pelo princípio de que qualquer derivação de um enunciado normativo deva ser baseada em uma suposição normativa. Há alguma razão para admitir a existência das normas fundamentais? Há mais um argumento que deve ser considerado.

Ao promulgar a Constituição originária, seus autores exercem poderes legais. De acordo com Kelsen, isto significa que há uma norma que lhes conferiu esses poderes. Essa norma não pode ter sido promulgada (se tivesse sido promulgada, o mesmo argumento poderia se aplicar aos poderes de seus legisladores), mas apesar disso é necessário que exista. O mesmo argumento pode ser aplicado a todo sistema jurídico, e, portanto, essa norma não promulgada, qual seja, a norma fundamental, deve existir em todo sistema jurídico.

Este argumento se baseia na suposição equivocada de que um homem só pode ter poderes legislativos se estes lhe foram confe-

---

[43] Cf. Capítulo V, Seção 3, *supra*.

ridos por uma lei. O Poder Legislativo é simplesmente o poder de criar ou revogar leis[44]. Os autores da Constituição originária têm poder legislativo para elaborar a Constituição originária, poder esse que não lhes é conferido pelo direito. A Constituição originária faz parte do direito porque pertence a um sistema jurídico eficaz (fato que só pode ser determinado algum tempo depois de a primeira Constituição ser promulgada).

Mesmo que todo poder legislativo deva ser conferido pelo direito, como sustenta Kelsen, seu argumento estabelece apenas a possibilidade das normas fundamentais, e não sua necessidade, pois os poderes dos autores da Constituição originária podem ser conferidos por uma lei ordinária do sistema. O argumento de Kelsen mostra apenas que, se todo poder legislativo deve ser conferido pelo direito, as normas fundamentais existem necessariamente naqueles sistemas em que nenhuma lei ordinária confere os poderes adequados aos autores da Constituição originária.

Meu argumento se baseia na suposição de que certas leis possam autorizar indiretamente a sua própria criação. Parece-me que as objeções a essas leis são mal pensadas. A admissão de tais leis pressupõe a possibilidade de: (1) leis que confiram poderes legislativos com efeito retroativo; (2) leis parcialmente autorreferentes. Considero incontestáveis estas duas hipóteses (sobre a segunda hipótese cf. Hart, "Self-Referring Laws"). Vamos examinar dois grupos de leis. Um grupo compreende as leis A, B, C e D, todas pertencentes à cadeia de validade representada na figura 6. O outro grupo compreende as leis E, F, G e H, todas pertencentes à cadeia de validade representada na figura 7. Cada uma das leis do primeiro grupo autoriza indiretamente a sua própria criação, ao passo que nenhuma das leis do segundo grupo o faz. Suponhamos

---

[44] Cf. Capítulo II, Seção I, *supra*.

ainda que esta seja a única diferença de conteúdo entre os pares de normas A e E, B e F, C e G e D e H. (O poder designado como (1) é, portanto, idêntico aos poderes (2) e (3) conjuntamente.)

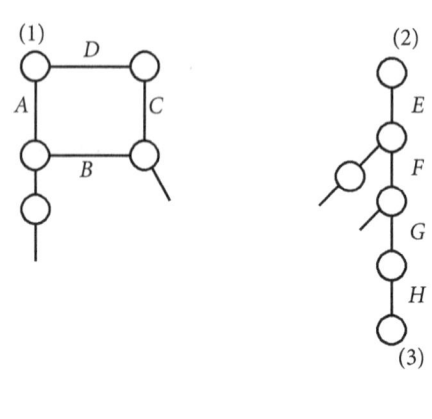

Figura 6 *Figura 7*

Sustento que: (1) Não resulta contradição da suposição de que A, B, C e D sejam normas válidas. (2) É verdade que a validade de cada uma dessas leis pode ser provada apenas se, em última análise, a validade de uma das outras leis é suposta e não provada, mas isto é verdade também de E, F, G e H. (3) Tampouco se pode afirmar que aquela parte do conteúdo de A, B, C e D que autoriza a própria criação dessas leis é redundante ou completamente inútil no mesmo sentido em que uma lei puramente autorreferente, A_1, que diz "esta lei é válida", seria inútil (porque sua existência ou não existência não faz diferença alguma); nem que, portanto, o primeiro grupo de leis tem conteúdo idêntico ao do segundo grupo (que não é autorreferente).

Há no mínimo duas diferenças entre os dois grupos que resultam da diferença de conteúdo: (1) A não existência de nenhuma das leis A, B, C e D implica a não existência do restante, pois cada uma delas implica a existência das leis restantes. (Estamos supondo, é claro, que os atos legislativos necessários foram executados.) A não existência de alguma lei do outro grupo acarreta apenas a não existência das leis que a precedem na cadeia de validade. As leis que a sucedem, se houver alguma, podem ser pressupostas, ou sua validade pode ser provada por referência a outras normas (não representadas na cadeia de validade da figura 7), sem implicar deste modo a existência da lei não existente. (2) Consequentemente, supondo-se, com Kelsen, que a existência de uma norma ou é provada mediante referência a outra norma ou é pressuposta (por razões de conveniência teórica ou crença pessoal), e que nenhuma outra lei positiva autoriza a criação de qualquer uma das leis em nosso exemplo, temos de concluir pela necessidade de uma lei não positiva que autorize E, para que, assim, todas as leis do segundo grupo sejam autorizadas por lei e pertençam a um único sistema. Essa lei autorizadora é uma norma fundamental, isto é, uma lei não positiva pressuposta. Por outro lado, qualquer uma das leis do primeiro grupo pode ser pressuposta, e disso resulta que tanto ela quanto as outras leis do grupo existem, pertencem ao mesmo sistema e são autorizadas por uma lei positiva. Não é necessário pressupor nenhuma norma fundamental, ou seja, nenhuma lei não positiva.

A conclusão deste argumento é que, mesmo dentro da estrutura da teoria kelseniana, não é necessário que todo sistema jurídico inclua uma norma fundamental, isto é, uma norma não positiva.

VI.3. A estrutura do sistema e a individuação de suas leis

As espécies e os padrões de relações internas que existem entre as leis em um sistema jurídico dependem essencialmente de dois fatores: (1) dos princípios de individuação; (2) da riqueza, complexidade e variedade de conteúdo do sistema jurídico. Qualquer que seja o conteúdo de um sistema, se as suas leis forem individuadas de acordo com os princípios de Kelsen, o resultante padrão de suas relações internas (se houver alguma) será diferente do padrão de relações internas que resultará da individuação do mesmo sistema de acordo com os princípios de Bentham. Por outro lado, se o sistema é pobre de certo ponto de vista, isto pode afetar o padrão de suas relações internas. Se, por exemplo, nenhuma de suas leis for sustentada por sanções, não haverá relações punitivas entre suas leis.

Os princípios de individuação são determinados pela teoria do direito, ao passo que o conteúdo do sistema depende de fatos contingentes que dizem respeito àquele sistema particular. Portanto, pode-se dizer que os princípios de individuação tornam possível a existência de certas relações internas, ao passo que a complexidade do sistema determina se relações deste tipo realmente existem no sistema analisado.

Um sistema normativo só será sistema jurídico se tiver um grau mínimo de complexidade. Deste modo, o Capítulo VIII vai afirmar que todo sistema jurídico deve regular a existência e as operações de alguns tribunais e que todo sistema jurídico necessariamente estatui sanções. Este assunto está estreitamente relacionado ao problema de saber se existe um conteúdo mínimo que seja comum a todos os sistemas jurídicos. O conteúdo mínimo e a complexidade mínima, juntamente com os princípios de individuação, determinam as relações internas necessárias que existem em todo sistema jurídico, ou seja, determinam a estrutura interna que é necessariamente comum a todos os sistemas jurídicos.

O estudo da complexidade mínima dos sistemas jurídicos suscitaria problemas estreitamente relacionados à questão do conteúdo mínimo desses sistemas; por isso não empreenderemos aqui essa tarefa. Antes, neste capítulo e no seguinte, examinaremos a forma dos princípios de individuação aceitáveis e as características gerais dos principais tipos de relações internas que eles tornam possíveis.

Para os fins a que visa este estudo, não é necessário formular os próprios princípios de individuação. Basta traçar diretrizes amplas, na forma de requisitos gerais que servirão de critério para julgar a adequação de cada grupo proposto de princípios de individuação. Esses requisitos são de duas espécies: requisitos de orientação e requisitos de limitação. Os requisitos de orientação apresentam os objetivos que os princípios de individuação devem atingir; os requisitos de limitação especificam as armadilhas a serem evitadas. Os requisitos de limitação determinam o alcance dos possíveis grupos de princípios de individuação, excluindo certas sugestões impróprias. Os requisitos de orientação nos auxiliam a escolher o melhor grupo de princípios de individuação que passaram no teste dos requisitos de limitação. Nenhum destes prescreve um limite absoluto ou preciso para a admissão de grupos de princípios de individuação. Em última análise, cada um desses grupos será julgado por uma comparação entre sua capacidade de satisfazer cada um dos requisitos e sua capacidade de satisfazer a todos os demais. Pode-se dizer ainda que, enquanto os requisitos de limitação são sobretudo princípios de exclusão, os requisitos de orientação são essencialmente princípios de seleção.

A. *Requisitos de limitação*

(1) As leis individuadas pelos princípios de individuação não devem divergir muito do conceito comum de lei, pelo menos não sem uma boa razão. Como já foi dito[45], este requisito baseia-se antes de tudo no desejo de fazer do conceito teórico de lei o pon-

---

[45] Ver Capítulo V, Seção 6, *supra*.

to de partida para a explicação do conceito de "lei" segundo o senso comum; este último será elucidado mediante uma explicação de seus desvios em relação ao conceito teórico, o qual, por sua vez, justifica-se por ser o melhor instrumento (ou, pelo menos, um instrumento muito bom) para a análise do direito.

(2) As leis individuadas pelos princípios de individuação não devem ser muito repetitivas. Uma lei repete parcialmente outra lei quando incorpora um dispositivo legal que também faz parte da outra. Por exemplo, se toda lei inclui um dispositivo no sentido de que o Parlamento tem poderes legislativos ilimitados, todas as leis se repetem reciprocamente.

Pode-se pensar que a repetição, embora deselegante, não tem grande importância, pois não causa dificuldades práticas. Afinal, Kelsen não sugere que os livros jurídicos sejam reescritos para apresentar cada lei em sua forma canônica, tarefa que aumentaria mil vezes o tamanho dos livros jurídicos. Bentham, com a sua precisão característica, começou a esboçar um sistema de inter-referências que resolveria a maioria dos inconvenientes práticos causados pela repetição.

Parece-me, contudo, que essa possibilidade não afeta a importância desta condição. A inconveniência prática pode ser evitada porque a inclusão de disposições repetitivas em muitas leis não tem nenhum propósito útil. O que é questionável é precisamente a admissão de um conceito teórico da lei que produz leis repetitivas cujas repetições não correspondem a nenhuma necessidade real ou não têm nenhuma razão de ser. O conceito de lei deve ter o molde que melhor atenda às atividades e necessidades das pessoas que terão de lidar com a lei (ou seja, em diversos graus, todas as pessoas).

(3) As leis individuadas pelos princípios de individuação não devem ser redundantes. Isto é, se a existência de uma lei for uma

condição suficiente para a veracidade de certos enunciados normativos, não se deve considerar que esses enunciados descrevem outra lei completa qualquer, mas somente o conteúdo da primeira lei ou parte desse conteúdo.

Este requisito pode ser considerado um caso especial do requisito mais geral contra a repetição. Talvez possa ser justificado pela tendência de não permitir entidades abstratas desnecessárias. Este princípio foi reconhecido por Kelsen[46]. Ao discutir o modo como ele o usa, já notamos que o princípio não tem força absoluta e que se deve permitir alguma redundância se houver razões suficientemente fortes.

B. *Requisitos de orientação*

(1) As leis individuadas pelos princípios de individuação devem ser relativamente simples. Talvez seja este o requisito mais importante. O propósito de dividir sistemas jurídicos em leis é criar pequenas unidades simples para facilitar o discurso e a referência às diversas partes do sistema jurídico, bem como para promover a análise do direito.

Devem-se distinguir pelo menos dois tipos de simplicidade, de igual importância. Uma pode ser chamada de simplicidade conceitual: a lei deve ser conceitualmente simples; deve ter uma estrutura relativamente simples, facilmente compreensível, e seu significado deve ser de entendimento relativamente claro. Compreender o significado de uma lei kelseniana é uma tarefa comparável a compreender um compêndio de direito, e de fato, as duas coisas têm aproximadamente o mesmo tamanho. A estrutura e o significado de uma norma como "não roubar" são muito mais fáceis de entender.

---

[46] Ver Capítulo IV, Seção 3, *supra*.

O outro tipo de simplicidade é a simplicidade de identificação: o conteúdo de uma lei deve ser fácil de descobrir. O conceito de lei deve ser estruturado de tal maneira que o conteúdo de qualquer lei possa ser entendido, na maioria dos casos, mediante consulta a um pequeno número de peças legislativas, decretos executivos, decisões judiciais etc. Não deve ser formulado, como é nas leis de Bentham e de Kelsen, de tal forma que uma proporção imensa do material jurídico do sistema tenha de ser minuciosamente examinada para se descobrir o conteúdo de uma lei qualquer[47]. Além disso, também deve ser relativamente fácil estabelecer que o conteúdo de uma lei foi de fato completamente desvendado, embora se espere que tal operação seja mais difícil que a descoberta em si. De acordo com Bentham e Kelsen, todo o conteúdo de um sistema jurídico tem que ser examinado para estabelecer-se que o conteúdo de qualquer lei foi completamente desvendado.

(2) As leis individuadas pelos princípios de individuação devem ser relativamente autossuficientes (ou autoexplicativas). Cada lei deve conter uma parte relativamente completa do sistema jurídico. O sistema jurídico deve ser dividido de forma "natural", isto é, sem combinar ideias desconexas em uma lei e sem dividir ideias correlatas em várias leis sem uma boa razão. Como já foi exposto[48], esta condição é adversa à condição anterior. As leis devem ser simples, mas não simples demais. A apreensão do conteúdo de uma lei deve fornecer contribuição significativa para a apreensão do conteúdo do sistema jurídico.

(3) É desejável que cada situação de ato (isto é, a execução de determinado ato por determinadas pessoas em determinadas cir-

---

[47] Bentham tinha consciência deste fato: cf. *Limits*, p. 293. (A passagem pertinente foi omitida em *OLG*.)
[48] No Capítulo V, Seção 6, *supra*.

cunstâncias) orientada por um sistema jurídico seja o núcleo de uma lei, a menos que tal situação de ato instancie concretamente ou pertença[49] a outra situação de ato (genérica) orientada de forma idêntica pelo mesmo sistema jurídico e que seja ela mesma o núcleo de uma lei.

Este requisito é uma versão generalizada e modificada de um princípio adotado por Bentham. O significado total deste requisito se tornará claro somente quando for explicado (na Seção 5, adiante) o sentido da frase "uma situação de ato orientada pelo direito". Contudo, a natureza geral do requisito pode ser explicada pela recordação do princípio correspondente de Bentham[50]. Bentham pensava que toda situação de ato comandada ou proibida por um legislador deveria ser o núcleo de uma lei independente. Comandar e proibir situações de ato são duas formas de regulá-las. Daqui a pouco defenderemos a ideia de que estas não são as únicas maneiras pelas quais o direito orienta a conduta humana.

Uma situação de ato será o núcleo de uma lei (que, como veremos no Capítulo VII, não precisa ser uma norma) se for o objeto de uma modalidade normativa ("deve", "tem a obrigação de", "tem autorização para" etc.) ou de um predicado normativo ("tem um direito", "é um dever" etc.).

A justificação deste requisito é bem evidente. O direito é universalmente considerado um método social especial de regular a conduta humana, orientando-a de diversas maneiras e em diversas direções. Essa função do direito, que também é a principal razão para que ele seja compreendido e para que se lance mão dele, deve ser elucidada em sua análise teórica. A adoção deste requisito é a

---

[49] Aqui, como em outros trechos, deixo pairar deliberadamente certa ambiguidade sobre a questão de saber se os atos genéricos e as situações de ato devem ser considerados classes.

[50] Cf. Capítulo IV, Seções 1 e 3, *supra*.

melhor maneira de demonstrar e pôr em lugar de destaque no estudo do direito o modo como esta função se realiza.

(4) As leis individualizadas pelos princípios de individuação devem, na medida do possível, tornar claras as ligações importantes entre as diversas partes do sistema jurídico.

Este requisito desempenha papel importante nas considerações desenvolvidas no próximo capítulo. Sua importância geral e seu objetivo podem ser exemplificados pelo breve exame de um caso que não é discutido no próximo capítulo. Há boa razão para argumentar que há leis que determinam as condições necessárias para a aplicação das normas jurídicas, como: "Todas as normas jurídicas do sistema se aplicam unicamente a atos executados em determinado território." Tais leis não são normas; nem impõem deveres nem conferem poderes. Têm, contudo, relações internas com pelo menos algumas normas jurídicas do sistema, porque afetam a interpretação e a aplicação dessas normas. Especificam algumas condições de execução das normas jurídicas, mas não todas. De acordo com a lei de nosso exemplo, uma lei que impõe o dever de não roubar se aplica apenas aos roubos cometidos em determinado território.

Admitindo-se a existência de tais leis, evita-se a repetição das condições executivas comuns a muitas leis e muitas delas se tornam, em consequência, mais simples. Em contrapartida, a "dependência" dessas leis em relação a outras aumenta e elas se tornam menos autossuficientes, menos autoexplicativas. Estas são as considerações previstas em alguns requisitos anteriores. Mas outra consequência decorre da admissão de leis que determinem as condições necessárias para a aplicação de grandes grupos de normas jurídicas. Tais leis isolam aspectos comuns a muitas leis, deixando claras, desse modo, certas ligações entre grupos de leis. Nem toda ligação entre leis é de alta significação jurídica, e apenas as ligações importantes deveriam ser destacadas em leis independentes. Em tais casos, elas ajudam no entendimento do direito. Por exemplo, tais leis podem servir de base para uma classificação de certos grupos de leis dentro do sistema jurídico. Em determinado sistema jurídico, as normas jurídicas que tratam da situação legal e das consequências do casamento podem ser distinguidas de todas as outras normas jurídicas do sistema porque diferenciam as pessoas de acordo com sua religião. Esta característica pode servir de base para uma diferença na competência judicial: por exemplo, tais leis serão objeto de apreciação de tribunais religiosos. Deste modo, uma única característica de um grupo de leis serve para ligá-lo de diversas maneiras ao funcionamento de outras leis do sistema, e isto pode pesar a favor da representação desta característica como o núcleo de uma lei independente, dotada de certa relação interna com determinado grupo de leis que ela caracteriza. Como se verá no próximo capítulo, a classificação é apenas um dos propósitos a que atendem as leis que incorporam ligações importantes entre outras leis.

A descrição de requisitos metateóricos como estes é necessariamente vaga. Não pode haver uma forma precisa de escolher entre teorias diferentes. Tal escolha é sempre uma questão de razões experimentais, de ponderar considerações incomensuráveis. No entanto, a formulação explícita de critérios metateóricos é condição para uma comparação racional e razoável entre as teorias. Essa comparação foi elaborada nos capítulos anteriores entre os princípios de individuação de Bentham e de Kelsen, e lá se afirmou[51] que os princípios de Bentham são melhores que os de Kelsen.

Contudo, os princípios de Bentham estão longe de ser satisfatórios. As leis individualizadas por eles são repetitivas, estão longe

---

[51] Ver Capítulo IV, Seção 3, *supra*, e cf. Capítulo V, Seção 6.

do conceito usual de lei e – o mais importante – são muito complexas. Bentham é obrigado a adotá-los porque sua teoria é baseada em duas proposições: (1) Toda lei é uma norma; (2) toda norma é uma norma que impõe deveres. Dadas essas duas proposições, os princípios de individuação de Bentham não podem ser aprimorados. Poderiam ser aprimorados em certa medida caso investigássemos e desenvolvêssemos o conceito de leis de obediência para explicar as leis que conferem poderes legislativos. Isto seria de fato um aprimoramento, mas não seria suficiente. Qualquer teoria satisfatória da individuação das leis deve rejeitar estas duas proposições. A maior parte do restante deste capítulo será dedicada ao exame crítico da segunda proposição. O próximo capítulo examinará a primeira proposição.

VI.4. Leis que impõem deveres

Como seria desejável que toda situação de ato regulada pelo direito fosse considerada o núcleo de uma lei[52], resta claro que todo grupo admissível de princípios de individuação admitirá a existência de leis que impõem deveres. Três das quatro principais ideias do primeiro estágio da explicação de Kelsen sobre a natureza das normas[53] (omitida a sua tese de que todas as leis são criadas por atos que têm a intenção de criar leis) fornecem um ponto de partida seguro para uma explicação da natureza das leis que impõem deveres (ou "leis-D", como podemos chamá-las). Nesta seção, procuramos complementar e modificar levemente a explicação de Kelsen tomando emprestadas certas ideias de Hart[54]. O problema geral a ser considerado é: quando os atos criadores de

---

[52] Cf. Capítulo VI, Seção 3, *supra*.
[53] Cf. Capítulo VI, Seção 1, *supra*.
[54] Cf. *The Concept of Law*, pp. 79-88, 163-76, 211-5, e "Legal and Moral Obligation", in A. I Melden (org.), *Essays in Moral Philosophy*.

leis impõem deveres, e em que circunstâncias deve-se interpretar o material jurídico como algo que dá origem a uma lei-D? Aqui são cabíveis apenas uns poucos comentários gerais.

O ponto de partida mais apropriado para a análise das leis-D é o exame de normas que impõem deveres não jurídicos. Os conceitos de obrigação social e das normas que impõem tais obrigações foram estudados por Hart de forma razoavelmente detalhada. Sua explicação de uma regra que impõe dever pode ser resumida brevemente nos seguintes termos: uma regra social no sentido de que alguém deve praticar *A* na situação *C* existe em determinado grupo se e somente se:

(1) Na maioria das vezes, os membros do grupo praticam *A* na situação *C*; praticar *A* na situação *C* é um padrão regular de conduta naquele grupo.

(2) Os membros do grupo que não se conformam àquele padrão de conduta normalmente enfrentam alguma reação crítica dos outros membros do grupo. Tal reação se expressa em críticas verbais dirigidas à conduta desviada, manifestações de hostilidade ou desavença, verbais ou não, ou mesmo atos de violência física. Os desvios em relação ao padrão de conduta dão ocasião a reações críticas, embora estas nem sempre precisem ocorrer pelas mesmas razões[55].

(3) Tais reações críticas são geralmente consideradas legítimas e inquestionáveis pela maioria dos membros do grupo, in-

---

[55] Esta condição me parece rigorosa demais, visto que diz respeito apenas às reações críticas ocorridas em momentos em que alguém realmente se desviou do padrão de conduta. Na verdade, expressões de opinião hipotéticas ou teóricas e certas atitudes dos membros do grupo também podem provar a existência das regras. Refiro-me às opiniões expressas em discussões sobre a correção ou incorreção de determinados rumos de conduta, à educação dos jovens, à expressão de opiniões na literatura etc. A falta de um equilíbrio adequado entre estas atitudes abstratas, de um lado, e as manifestações concretas de reação crítica em casos de desvio, de outro, é uma fonte e uma forma de hipocrisia social.

clusive pela pessoa criticada, o que significa que as pessoas que manifestam tais reações críticas não são submetidas, por sua vez, a reações críticas de outros membros do grupo[56].

(4) A existência das anteriores condições é largamente conhecida no grupo[57].

Tal regra impõe um dever se:

(5) A pressão social expressa pelas reações críticas é relativamente séria e

(6) A conduta prescrita pela regra normalmente entra em conflito com os desejos da pessoa que tem o dever[58].

Esta é uma análise de uma espécie simples de regra social. A maioria das regras sociais é mais complicada em dois aspectos importantes:

(a) Muitas regras sociais permitem ao indivíduo algum controle sobre a incidência do dever: os indivíduos podem impor deveres àqueles que estão sob sua autoridade (em relações entre

---

[56] Esta condição me parece rigorosa demais em pelo menos dois aspectos. Estipula que os transgressores devem admitir, na maioria dos casos, a incorreção de seu próprio comportamento. Parece-me que seria suficiente que eles tendessem a participar da atitude crítica a outros transgressores em circunstâncias similares. Além disso, Hart supõe que todo membro do grupo tem igual direito a manifestar uma reação crítica. É suficiente que na maioria dos casos de desvio haja alguns que tenham *locus standi* para reagir criticamente, isto é, é suficiente que as reações críticas de indivíduos especialmente situados sejam consideradas legítimas. Frequentemente, várias pessoas estão autorizadas a manifestar em vários graus a sua reação crítica.

[57] Esta formulação das condições é uma interpretação de *The Concept of Law*, pp. 54-5.

[58] *CL*, pp. 84-5. Esforcei-me para explicar o conceito de regra social de Hart sem usar sua expressão-chave: "ponto de vista interno". Parece que Hart usa este termo para três propósitos diferentes, embora interligados: (1) Designar determinados fatos que fazem parte da condição de existência das regras. (2) Designar determinadas condições de veracidade de certos enunciados ou de certas implicações dos mesmos enunciados. (3) Designar certa atitude para com as normas, que pode ser chamada "aceitação das normas". Para evitar toda possível confusão, abstive-me completamente de usar o termo.

pai e filho, professor e aluno etc.); podem impor deveres a si mesmos (como prometer, convidar, expressar intenções em determinadas circunstâncias etc.). Uma pessoa pode ser absolvida de um dever pelo ato de outro desistir de seus direitos, liberando o primeiro de sua promessa etc. Uma pessoa pode, mediante atos de compensação etc., impedir completa ou parcialmente uma reação crítica contra uma violação sua de um dever. Outra pessoa, desistindo de sua pretensão à compensação, pode salvar o violador de todas ou de algumas reações críticas etc.

(b) A análise de Hart se aplica primeiramente às regras dirigidas a todos os membros do grupo em que elas existem[59]. Muitas regras são dirigidas a uma subclasse particular de seu grupo: somente para mulheres, somente para solteiros mais velhos, somente para sacerdotes, somente para chefes tribais etc. Outras regras se aplicam apenas a pessoas que não são membros do grupo (regras que regem o comportamento dos estrangeiros que visitam o país etc.).

Apesar da sua simplicidade, ou talvez por causa dela, as regras analisadas por Hart podem ser consideradas uma espécie fundamental de regras, porque o seu estudo fornece um ponto de partida para a análise de outras espécies. Três características do exame de Hart são particularmente pertinentes para a compreensão das leis-D:

(1) Sempre que um ato seja imposto como um dever (social) sobre determinadas pessoas, há um fator que, suposto que as outras condições continuem iguais, torna a inexecução desse ato menos desejável que a sua execução, fornecendo, assim, uma razão convencional para que o mesmo seja executado. Este fator é a probabilidade de deparar com reações críticas.

---

[59] É certo que eles são obrigados a agir apenas em determinadas circunstâncias, mas todos podem se encontrar em tais circunstâncias.

(2) Os fatos que constituem a razão convencional para a execução do dever dependem, para existir, de uma conduta humana voluntária, conduta essa que é causada ou motivada, ao menos parcialmente, pelo fato de o ato-dever não ter sido praticado.

(3) A existência da regra que impõe um dever depende de padrões complexos e persistentes de conduta que abrangem uma ampla proporção dos membros do grupo em que a regra existe, e que consistem em reações críticas consideradas legítimas pelos circunstantes.

A primeira característica existe quando há um fato persistente que torne certa conduta menos desejável para determinado grupo de pessoas. Por exemplo, o fato de que os dedos se queimem se postos no fogo é uma razão para não se pôr os dedos no fogo[60]. Apenas quando a segunda característica existe é possível falar sobre normas. Quando a razão convencional para preferir a execução de um ato à sua inexecução é uma reação humana voluntária e prevista à inexecução daquele ato, há a possibilidade de empregar o conceito de norma explicado na Seção 1, *supra*. Neste sentido, ordens amparadas por ameaças são normas[61], mas não impõem obrigações. As obrigações são impostas apenas se a terceira característica também existe.

A existência da terceira característica pode ser admitida no direito. A existência de toda lei depende da existência do sistema jurídico ao qual ela pertence, e a existência dos sistemas jurídicos depende de padrões persistentes e difusos de conduta por parte de uma ampla proporção da população à qual eles se aplicam.

É característica do direito que a função das reações críticas seja substituída em larga medida por sanções organizadas. Estas

---

[60] Bentham chamou tais fatos de "sanções naturais".
[61] Sem prejuízo do que foi explicado no Capítulo VI, Seção 2, *supra*.

obedecem claramente às duas primeiras características mencionadas antes – são aplicadas por atos voluntários humanos em decorrência da violação de deveres legais e ocorrem em geral em prejuízo da pessoa contra quem foram aplicadas, constituindo, desse modo, uma razão convencional para a execução do dever[62].

As sanções se distinguem das reações críticas em quatro aspectos importantes:

(1) São sanções somente a privação de direitos ou de uma situação legal, a imposição de deveres legais, a privação da vida, liberdade, saúde ou bens e um pequeno número de medidas semelhantes que podem variar de uma sociedade para outra. As reações críticas incluem estas e muitas outras manifestações, como se demonstrou acima.

(2) É característica do direito que a execução de uma proporção significativa de suas sanções seja garantida pelo uso da força para impedir possíveis obstaculizações. Isso pode acontecer no caso das regras sociais, mas não necessariamente.

(3) A natureza da sanção é determinada com relativa precisão no direito, e apenas um número pequeno e predeterminado de sanções é aplicado para cada violação de dever. É característica das regras sociais que a natureza das reações críticas pela violação dos deveres seja determinada apenas vagamente pelas regras e que não haja limite fixado para o número de reações críticas pela violação de um dever. É claro que há sociedades em que isso não é verdade, e provavelmente em cada sociedade há algumas regras que preveem reações críticas predeterminadas e definidas (matar o acusado, um boicote social geral etc.).

---

[62] Sobre as sanções, ver Capítulo IV, Seção 2, *supra*. Kelsen usa frequentemente o termo em um sentido mais amplo, que inclui a reação crítica. Seguindo Hart, eu o utilizo em um sentido estrito, como explicado no Capítulo IV, Seção 2, e aqui.

(4) A aplicação das sanções legais é organizada, na medida em que as pessoas que têm a obrigação ou a faculdade de aplicar a sanção são designadas pela lei com uma precisão maior do que em geral se faz nas regras sociais. Mais importante ainda, a aplicação das sanções é tipicamente (embora nem sempre) regulada por pessoas cuja função na sociedade é exatamente essa: regular a aplicação de sanções (tribunais, polícia etc.)[63]. Essas autoridades não existem nas regras sociais, que confiam a aplicação de medidas punitivas quer à parte ofendida, quer a pessoas que tenham uma relação especial com a parte ofendida, quer a outras que tenham uma relação especial com o transgressor (sua família, amigos etc.), quer ainda ao público em geral.

É digno de nota que nenhuma destas características tenha o poder de distinguir toda sanção legal de toda reação crítica ocorrida sob as regras sociais. Não existe tal distinção. Essas duas categorias se distinguem porque as sanções pertencem a sistemas jurídicos cujas sanções, em sua maioria, têm essas características.

Embora no direito as sanções substituam em larga medida as reações críticas como o fato característico que dá origem à existência dos deveres, elas não as substituem completamente. É característica do direito que as violações dos deveres legais se deparem com reações críticas simplesmente por serem violações de um dever legal. É próprio do direito que as violações dos deveres legais se deparem com reações críticas até mesmo de pessoas que consideram o direito ruim, conquanto não cruel[64]. Decerto, a ausência de reação crítica não significa que o dever legal não exista. No entanto, a existência de uma reação crítica por parte de cida-

---

[63] Ver Capítulo VIII, *infra*.
[64] Pode-se, é claro, ensinar às pessoas que às vezes é bom violar até mesmo leis boas, por exemplo para derrubar um mau governo ou para mudar o regime, isto é, realizar uma mudança importante nas leis constitucionais.

dãos comuns pode ser um fator que sirva para determinar que tal lei é uma lei-D, ajudando, por exemplo, a população a distinguir entre a proibição e a tributação de um ato.

O mais importante neste contexto é a reação crítica dos órgãos aplicadores da lei. Este é um dos principais fatores que determinam se um ato é passível de sanção ou de tributo, distinguindo entre uma sanção e uma medida coercitiva administrativa, tal como a requisição compulsória, a destruição por razões de higiene, o confinamento para tratamento médico etc. Nos sistemas jurídicos modernos, a reação crítica dos órgãos aplicadores da lei é expressa de forma mais característica nas razões dadas pelos tribunais em suas decisões. É por causa da importância a elas atribuída pelos tribunais que outras fontes, como os debates parlamentares, as notas explicativas ligadas às propostas de lei do governo etc. adquirem sua importância neste contexto.

Quando tomamos por referência a atitude crítica dos órgãos que aplicam a lei, devemos ter o cuidado de observar que há várias atitudes que podem deixar clara a existência de um dever e uma sanção. Sempre que uma desvantagem do tipo adequado seja infligida a um indivíduo em consequência de sua conduta, e ela é considerada como necessária, seja como uma restauração do *status quo*, seja como compensação por algum dano causado pelo comportamento daquele indivíduo, ou como uma punição (isto é, como uma retribuição, prevenção, repressão, correção etc.), a desvantagem é uma sanção e o ato do indivíduo é uma violação de um dever[65]. As-

---

[65] A atitude dos tribunais não é o único sinal que ajuda a distinguir as sanções de outras medidas legais coercitivas, nem é o único sinal que auxilia a distinguir entre vários tipos de sanções. Mas é um fator importante para estabelecer estas distinções.
A atitude dos tribunais é também um dos fatores que determina qual ato entre as condições para uma sanção é uma violação de um dever (p. ex., criar um contrato ou violá-lo?). Sobre estes assuntos, ver as seções 2 e 3 do Capítulo IV, *supra*.

sim, tanto a punição criminal quanto uma grande variedade de remédios jurídicos civis são sanções que dão origem a deveres.

O fato de que a qualidade de uma lei enquanto lei-D depende das reações críticas dos tribunais e de outros órgãos aplicadores da lei significa que o caráter e a interpretação do material jurídico podem ser modificados sem nenhuma intervenção do autor original desse material.

Pode haver deveres legais que não sejam sustentados por sanções? Pela natureza das coisas, embora a regulação da conduta humana por meio da imposição de deveres amparados por sanções seja eficaz em muitas circunstâncias, ela não o é em todas. (Até que ponto as relações de trabalho podem ser reguladas desta forma na Inglaterra de hoje?) Um âmbito que não pode ser efetivamente regulado apenas pela imposição de sanções é a conduta dos órgãos superiores que criam ou aplicam as leis. Não por causa de qualquer impossibilidade lógica, mas por causa da impraticabilidade de tal método nestas circunstâncias. Em muitas comunidades admite-se que as pessoas que ocupam essas posições necessitam de certa imunidade em relação às consequências de erros de discernimento e a acusações de abuso de poder precipitadas, maliciosas ou fúteis. Além disso, é frequente que essas autoridades tenham o poder de assegurar tal imunidade para si mesmas. Por causa disso, em muitos sistemas jurídicos, apenas a má conduta flagrante por parte dos funcionários de alta posição é sujeita a sanções. Isto não significa, bem entendido, que eles tenham discricionariedade total em todos os assuntos relacionados à sua função desde que não se envolvam em flagrante má conduta.

Desse modo, em muitos sistemas jurídicos, quando quer que uma pessoa possa legalmente produzir a anulação ou a revogação de uma medida tomada por uma autoridade (uma lei, uma ordem de desapropriação, uma recusa de conceder determinada licença etc.), e às vezes quando possa obter indenização do Estado ou de algum órgão público pelos danos decorrentes de alguma medida oficial – nesses casos parece adequado dizer que a autoridade que adotou a medida violou um dever. Isso implica a afirmação dos enunciados normativos segundo os quais, em muitos sistemas jurídicos, as autoridades que criam e aplicam o direito têm o dever geral de não pretender usar poderes que não possuam efetivamente, e têm o dever de exercer seus poderes de acordo com alguns princípios gerais (por exemplo, investigar completamente os fatos pertinentes, ouvir ambos os lados de uma disputa, pautar sua decisão por todas as considerações conexas etc.).

Em alguns sistemas jurídicos, há leis que impõem aos ministros e outras autoridades o dever de não criar regulamentos *ultra vires*, ordens inválidas de expulsão etc., ao passo que não existe o dever geral análogo de não criar testamentos, contratos etc. inválidos. Isto decorre da diferença das reações críticas a esses atos. Em muitos sistemas jurídicos, certas formas de abuso de poder e de atuação *ultra vires* por parte das autoridades enfrentam reações críticas de todo o público, como também de seus representantes eleitos, dos tribunais e da própria hierarquia administrativa (por meio de reprimendas não oficiais, dificuldades de promoção, declarações para a imprensa etc.). Quando tais reações críticas podem ser distinguidas de críticas por ineficiência ou erros de julgamento, quando os atos são condenados por serem "contra as regras", repreensíveis não obstante o seu sucesso ou utilidade, então as reações críticas e a existência de um remédio jurídico parecem indicar a existência de uma lei que impõe um dever legal, por mais que esta não seja sustentada por nenhuma lei que estipule uma sanção.

Nas últimas quatro ou cinco páginas fizemos algumas observações sobre a relação dos deveres legais com as leis-D, bem como sobre as sanções, os remédios jurídicos e as reações críticas. Essas observações têm o fito de indicar, de maneira geral, quais princípios de individuação referentes às leis-D seriam aceitáveis e de que modo o material jurídico pertinente deve ser interpretado. Muitos problemas foram deixados de lado e as observações aqui feitas são muito gerais. Uma investigação completa das leis-D é tema adequado para um estudo à parte. Entre as complicações que teriam de ser levadas em conta em uma investigação completa do assunto, duas podem ser mencionadas sumariamente:

(a) O problema da relação necessária entre a abrangência das leis-D e a das leis que estipulam sanções: a abrangência delas não precisa ser coextensiva. Às vezes, as sanções são inaplicáveis por várias causas: circunstâncias atenuantes, imunidade pessoal (a que se pode renunciar), prescrição ou decadência, exceção de preclusão etc., mas nenhuma destas afeta a abrangência da lei-D e do dever que ela impõe. Qual é a relação entre a abrangência de uma lei e uma lei que impõe sanção e garante a interpretação da primeira como uma lei-D?

(b) O problema mais ou menos semelhante da relação entre dever e responsabilidade; o exame da responsabilidade indireta, da responsabilidade objetiva etc.: Como a ação em conjunto no ato de assumir uma obrigação ou cometer um delito afeta os deveres decorrentes e como afeta a responsabilidade? Há muitos problemas semelhantes.

A aplicação das sanções pode ser prescrita (caso em que ela é em si um dever) ou permitida. Tanto em um caso como no outro, pode ser posta na dependência do consentimento, da iniciativa ou da discricionariedade de várias pessoas (a parte prejudicada, o promotor público, os tribunais, os conselhos penitenciários etc.). No próximo capítulo, defenderemos a ideia de que as permissões para a aplicação de sanções constituem leis independentes. As leis que estipulam sanção serão chamadas de leis-S. As leis-S que fazem da aplicação da sanção um dever serão chamadas leis-DS. As leis-S que simplesmente autorizam a aplicação de uma sanção serão denominadas leis-MS.

Pode acontecer de um sistema jurídico incluir entre suas leis S apenas leis-DS e nenhuma lei-MS sem com isso criar uma regressão infinita. Em primeiro lugar, porque nem toda lei-D tem uma lei-S correspondente, e, portanto, nem toda lei-DS precisa ser sustentada por uma lei-S correspondente. Em segundo lugar, porque uma lei-DS pode prescrever uma sanção para a violação dela mesma, além de prescrever sanção para a violação de outras leis[66]. E, finalmente, por causa da possibilidade da referência cruzada entre as leis. Considere as seguintes quatro leis de um sistema jurídico que distingue entre deveres A e B (distinguindo-os, por exemplo, de acordo com a competência dos tribunais): (a) Todos têm o dever A de não roubar. (b) Todos têm o dever B de sustentar seus filhos. (c) Todo tribunal A tem o dever B de punir toda violação de um dever A. (d) Todo tribunal B tem o dever A de punir toda violação do dever B. Cada um dos deveres impostos por estas leis é apoiado por uma sanção e nenhuma lei prescreve sanção pela violação dos deveres impostos por ela própria.

Tendo em vista um grupo de princípios de individuação aceitável, as duas teses seguintes relacionadas à estrutura dos sistemas jurídicos podem ser declaradas:

(i) Todo sistema jurídico contém leis-D[67].
(ii) Todo sistema jurídico contém leis-S.

---

[66] Cf. Hart, *Self-Referring Laws*.
[67] *Teses*: a série continua nas pp. 208, 219, 226 e 228 e é indicada por algarismos romanos.

A primeira tese mal precisa ser justificada. A imposição de deveres é a forma mais primária, e em muitos aspectos a mais importante, pela qual o direito cumpre a sua função, que é a de regular e orientar a conduta humana. Como a próxima seção explicará, todas as outras maneiras pelas quais o direito cumpre a sua função dependem da imposição de deveres. A segunda tese decorre da primeira com base nas conclusões desta seção, acima. Não é que a existência de toda lei-D dependa da existência de uma lei-S correspondente (isto é, uma lei que estipule uma sanção para a violação da lei-D). Mas a existência de toda lei-D cujos sujeitos não sejam autoridades do Estado depende da existência de uma lei-S correspondente. E não pode haver autoridades a menos que também haja leis-D dirigidas a quem não é autoridade. Portanto, em cada sistema jurídico é necessário que haja leis-D dirigidas a quem não é autoridade e, portanto, em cada sistema jurídico é necessário que haja leis-S correspondentes a essas leis-D.

Com base nestas teses, duas outras devem ser afirmadas:

(iii) As relações punitivas são relações internas.

(iv) Em todo sistema jurídico há relações punitivas internas.

Como nenhuma lei-S pode existir sem uma lei-D correspondente, toda relação punitiva é uma relação interna. Portanto, em virtude da tese (ii), em todo sistema jurídico há relações punitivas internas.

As leis-D dirigidas a autoridades e não confirmadas por leis-S correspondentes têm relações internas com as leis, fornecendo os remédios cuja existência é necessária para a existência das leis-D. Tais relações internas, contudo, não precisam existir em todo sistema jurídico.

VI.5. Leis que conferem poderes

As normas são guias para a conduta. Bentham, Austin e Kelsen pensavam que a única maneira pela qual as leis poderiam guiar a conduta seria prescrevendo certos comportamentos. A explicação das leis-D na última seção é uma explicação das normas jurídicas que prescrevem uma conduta. As leis-D constituem uma espécie de norma prescritiva, ou, em outras palavras, são normas prescritivas que são leis. Chamo as leis-D e outras normas semelhantes de prescritivas e não de imperativas para indicar que não precisam ser criadas por atos praticados com a intenção de criar normas. Bentham, Austin e Kelsen adotaram uma teoria imperativa das normas; os três pensavam que toda norma é imperativa. Delineamos, de acordo com a teoria de Hart, uma explicação de normas prescritivas que não são necessariamente imperativas, mas que ainda assim orientam a conduta humana da mesma forma que aquelas, ou seja, por meio da existência de determinadas razões convencionais para a sua obediência. As seções anteriores detalharam a natureza dessas razões convencionais e a forma com que, por causa delas, as normas prescritivas orientam a conduta e são padrões para a avaliação desta. Nesta seção, delinearemos o conceito de normas que orientam a conduta sem prescrevê-la. Tendo em vista a desejabilidade de que cada situação de ato regulada pela lei seja o núcleo de uma lei independente, a existência de tais normas torna possível a existência de outra espécie de leis, que serão chamadas de "leis que conferem poder", ou leis-P. Todas as leis-P são normas, ou seja, guiam a conduta humana. A explicação oferecida aqui sobre a natureza das leis-P é baseada em várias observações feitas por Hart em *The Concept of Law* [*O conceito de direito**][68].

---

* Trad. bras. São Paulo: WMF Martins Fontes, 2009.
[68] Ver especialmente pp. 27-33, 40-1, 78-9, 92-4.

Ao discutir a existência de um tipo de norma, deve-se distinguir entre considerações ontológicas e normativas. As considerações ontológicas determinam se há elementos suficientes para que se postulem entidades abstratas. As considerações normativas determinam se estas entidades são normas. Por exemplo, nas Seções 2 e 3, *supra*, demonstrou-se que, no que se refere às considerações normativas, as ordens podem ser entendidas como normas, mas é duvidoso que haja justificação ontológica para considerá-las entidades desse tipo. As considerações ontológicas e normativas devem ser suplementadas por considerações linguísticas que determinam quais termos são mais apropriados para descrever as normas envolvidas e descrevem os momentos em que essas normas são mencionadas no discurso ordinário. Como em todo este estudo, agora vou falar muito pouco sobre as considerações linguísticas.

Hart explica que "[...] há classes importantes de leis em que [...] [a] analogia com as ordens amparadas por ameaças não se sustenta de forma alguma, já que elas desempenham função social bem diferente. As normas jurídicas que definem o modo pelo qual se deve redigir ou celebrar contratos, testamentos ou casamentos para que sejam válidos não exigem que as pessoas ajam de determinada maneira quer queiram, quer não. Essas leis não impõem deveres ou obrigações. Em vez disso, fornecem aos indivíduos *meios* para realizar seus desejos [...]"[69]. Hart mostra aqui dois pontos importantes: há leis que conferem poderes; e elas são normas, pois guiam a conduta humana ao fornecer aos indivíduos os meios para a realização de seus desejos.

O segundo ponto é posto sob grave questionamento por Hart quando faz a distinção entre as regras que determinam as capaci-

---

[69] *CL*, p. 27.

dades para exercer poderes, as regras que especificam as formas e o procedimento para o exercício de poderes e as regras que delimitam a duração da estrutura de direitos e deveres criada pelo exercício de tais poderes[70]. Depois disso, ele menciona que pertencem à mesma categoria as regras que especificam o assunto sobre o qual determinado legislador tem o poder de legislar, as regras que especificam as qualificações e a identidade dos membros dos órgãos legislativos e as regras que especificam a forma e o procedimento do processo legislativo[71]. Parece-me que nenhuma lei que se enquadre nestes tipos é uma norma, nem está claro com base em quais princípios de individuação e por que razões elas devem ser consideradas leis e não partes delas. Se são leis, não são normas, mas têm relações internas com normas jurídicas (neste caso, com as leis-P) e derivam sua pertinência jurídica, por assim dizer, do efeito que têm sobre a interpretação e a aplicação dessas normas jurídicas. Tais leis serão discutidas no próximo capítulo. Esta seção trata exclusivamente das normas jurídicas que não são leis-D.

Hart se refere na passagem citada à "função social" das leis. Esta expressão tem pelo menos dois sentidos. O primeiro, que considero o mais apropriado, refere-se aos efeitos sociais de uma lei (reais ou intencionais). Assim, pode-se dizer que a função intencional de uma lei é facilitar as transações imobiliárias ou desencorajar as mulheres casadas a continuar a trabalhar. De acordo com o segundo sentido, a frase se refere à "função normativa" das leis. Assim, todas as leis-D têm somente um tipo de função – prescrever certo rumo de conduta. A função normativa das leis-P é prover aos indivíduos os meios para a realização de seus desejos.

---

[70] *CL*, p. 28.
[71] Ibid., p. 31.

As leis que especificam de que modo certos poderes (por exemplo, o de fazer um testamento) podem ser usados (por exemplo, somente por escrito) têm funções sociais (por exemplo, impedir a fraude), mas não podem ter nenhuma função normativa, pois não são elas próprias, por si sós, que fornecem os meios. Essas leis não conferem poderes e não são normas. Esta seção trata da explicação da função normativa das leis-P.

As leis-D e outras normas prescritivas servem de guia para a conduta na medida em que a prescrevem. Prescrevem certos comportamentos porque sua existência acarreta a existência de fatos que (a) constituem uma razão para executar a conduta prescrita nas ocasiões em que as normas se aplicam e (b) são causados pela reação humana à inexecução das condutas prescritas nestas ocasiões; sua existência também depende da conduta de grande parte da população. Esta caracterização é verdadeira para toda norma prescritiva, quer imponha um dever, quer não.

As normas prescritivas podem ser entendidas como um tipo especial de normas-O. O que se segue é um esboço imperfeito de uma análise parcial em três etapas das normas-O. Seja Z a situação de ato de certas pessoas que praticam A_1 na circunstância C_1, e seja Y a situação de ato de certas pessoas que praticam A_2 na circunstância C_2; e seja P um estado genérico de coisas. A forma geral de uma norma-O pode ser representada como $Z + P$. Leia-se: ao praticar A_1 na circunstância C_1, o agente tem um poder-O sobre P (ou para alcançar P). Uma norma-O confere um poder-O aos sujeitos da norma.

Primeiro estágio: a existência de razões convencionais. Vamos supor que as seguintes condições sejam satisfeitas:

(1) A ocorrência de um caso particular de Z estabelece a considerável probabilidade da ocorrência subsequente de P.

(2) O agente (isto é, a pessoa que pratica Z em qualquer momento) geralmente conhece (1).

(3) A ocorrência de P em seguida a um caso particular de Z é frequentemente desejável ou indesejável aos olhos do agente.

Quando estas três condições são satisfeitas, pode-se dizer que P é uma razão convencional para executar, ou não, Z. É significativo que P seja às vezes uma razão para executar Z e às vezes uma razão para não executá-lo. Por exemplo, vamos supor que P seja o fato de uma sala estar sendo aquecida e que Z seja o ato de ligar o aquecedor elétrico. O fato de P provavelmente se seguir a Z é às vezes uma razão para praticar Z e às vezes uma razão para não praticá-lo. Este é um exemplo simples por duas razões: (1) a execução de Z geralmente não tem outras consequências que sejam consideradas pelo agente como vantajosas ou desvantajosas. (2) As vantagens e desvantagens de P aos olhos da maioria dos agentes e na maior parte das ocasiões são de natureza semelhante – a necessidade que têm os seres vivos de certo grau de calor em seu ambiente. Outras situações em que estas condições são cumpridas são de natureza semelhante, embora sejam mais complexas.

Segundo estágio: situações pré-normativas: Vamos supor que as primeiras três condições, bem como as seguintes, sejam satisfeitas:

(4) P é idêntico a ou é uma consequência de cada execução particular de Y, e um caso particular de Y provavelmente decorre de toda prática de Z.

(5) A prática de Z é uma razão ou parte do motivo para a execução de Y.

(6) O agente (de Z) sabe que as condições (4) e (5) foram satisfeitas.

Quando estas condições são satisfeitas, pode-se dizer que a prática de Z causa a prática de Y e que, portanto, esta causa P. A execução de *Y* traz alguma vantagem para o agente de *Z* quando ele pensa que *P* será vantajoso, e traz alguma desvantagem para ele quando *P* é desvantajoso. O fato de *Y* e *P* decorrerem provavelmente da prática de *Z* é uma razão para a prática ou não de *Z*. Pode-se dizer que, em virtude de sua capacidade de praticar ou não *Z*, o agente tem algum controle sobre a ocorrência de *Y* e de *P*. Nesses casos, dir-se-á que o agente tem um poder-O sobre *Y* e *P*. Tais situações pré-normativas existem quando, por exemplo, uma pessoa pede a outra que ligue o aquecedor, ou dá a outra a ordem de fazê-lo, em circunstâncias que tornam a obediência provável. Outro exemplo seria um caso no qual um convidado veste o sobretudo na sala de seu anfitrião, sabendo que isto fará o dono da casa ligar o aquecedor.

Terceiro estágio: a existência de normas. Vamos supor que além das seis primeiras condições estas seguintes também sejam satisfeitas:

(7) A execução de casos particulares de *Y* em consequência da execução de casos particulares de *Z* envolve em várias ocasiões a participação ativa ou a aquiescência de uma grande proporção dos membros de determinada população.

(8) É fato largamente conhecido por essa população que a condição (7) é atendida.

Quando todas as oito condições são atendidas, as considerações normativas nos permitem falar da existência de uma norma. Assim, pode-se dizer que em certa população há uma norma que confere aos membros da população o poder-O para obter alimento ao pedi-lo para seus filhos, contanto que normalmente tais pedidos sejam atendidos e o resto das condições seja satisfeito, mesmo que não haja nenhum dever por parte da população de dar esmola nestas circunstâncias. O fato de não falarmos sobre a existência de normas em tais circunstâncias é devido a considerações ontológicas e linguísticas e não a considerações normativas[72].

As normas prescritivas podem ser definidas com base nas normas-O, como se segue:

Seja "– Z" a inexecução de Z; entenda-se "Z!P" como "prescreve-se Z sob pena de P", e entenda-se "Z!" como "prescreve-se Z":

Definição: "Z!P" significa o mesmo que "– Z+P", desde que P seja convencionalmente considerado pelo sujeito da norma como desfavorável quando ocorre em consequência da inexecução de Z.
Definição: "Z!" significa o mesmo que "$(\exists P)\ Z!P$".

Desta forma, as normas prescritivas são vistas apenas como um caso especial de normas-O. As normas-O guiam a conduta, mas algumas delas não a guiam em uma direção definida. A existência de uma norma-O às vezes é uma razão para a prática do ato da norma e às vezes é uma razão para não praticá-lo, pois as suas consequências prováveis são às vezes favoráveis e às vezes desfavoráveis. Quando as consequências prováveis da prática de um ato da norma são sempre desfavoráveis, então o que se prescreve é que ele não seja praticado.

Este esboço de análise das normas-O e de suas relações com as normas prescritivas precisa ser refinado e desenvolvido em vá-

---

[72] É certo que minha pretensão de haver analisado um tipo importante de normas, que chamei de normas-O, vai suscitar algumas dúvidas – as quais creio que não podem ser resolvidas sem a tentativa de precisar os pontos muito gerais destacados aqui. Contudo, deve-se notar que, em vista do estudo das normas jurídicas, basta aceitar que esses pontos fornecem apenas uma caracterização parcial das normas-O. Basta considerá-los como condições necessárias, mas não suficientes, para a existência de normas de um tipo determinado. A explicação dada a seguir sobre leis-PR e leis-PL inclui algumas condições adicionais (isto é, certas relações internas com as leis-D) que de qualquer forma justificam que as leis desse tipo sejam entendidas como normas-O.

rios pontos. Contudo, essa é uma tarefa para a teoria geral das normas. No que se refere a este estudo, é suficiente apresentar uma delineação imperfeita do conceito. As normas-O dependem de uma reação humana uniforme, disseminada e largamente conhecida à conduta humana. É natural supor que a uniformidade de reações pressuposta pelas normas-O não é mera coincidência. Quando as pessoas reagem geralmente do mesmo modo nas mesmas circunstâncias, é provável que façam isso por razões semelhantes. Tais razões podem ser suas opiniões sobre o certo e o errado, suas acepções sobre o bem da comunidade ou sobre o seu próprio bem etc.

Uma razão possível para a uniformidade de reação pode ser o fato de ela ser em si mesma um dever. O fato de certas pessoas terem poder-O sobre P pelo fato de fazer Z pode ser devido ao fato de Y, que produz P, ser ele mesmo prescrito por outra norma – ou seja, ao fato de $Y!$ *quando* Z ser uma norma. Nesse caso há uma relação interna entre as duas normas, pois, de um lado, a norma-O existe por causa da existência da norma prescritiva, e, de outro, regula a aplicação da norma prescritiva. Em outras palavras, a identidade das pessoas que a norma prescritiva obriga a se conduzir de determinada maneira, bem como as circunstâncias nas quais elas são obrigadas a agir assim, podem ser afetadas pelo exercício dos poderes-O conferidos pela norma-O. Essa relação interna entre uma norma-O e uma norma prescritiva será chamada "relação reguladora". Sempre que uma norma-O tenha uma relação reguladora com uma norma prescritiva, a norma-O é adequadamente descrita como aquela que confere poder para regular a aplicação de determinados deveres mediante casos particulares de situações de ato determinadas. As normas-O deste tipo serão denominadas normas-PR (e, se forem normas jurídicas, leis-PR), e os poderes que eles conferem serão chamados poderes-PR ou poderes reguladores.

As leis-PR têm relação reguladora com as leis-D cuja aplicação regulam. Como outras normas-O não prescritivas, elas não guiam a conduta por tornar um tipo de comportamento mais aceitável que a abstenção do mesmo comportamento quando determinadas circunstâncias estejam presentes, mas por estipular certas consequências para determinados atos, que às vezes tornam vantajosa a prática destes atos e, às vezes, a abstenção dos mesmos atos.

As leis-PR têm grande importância no direito, mas em geral têm uma complexidade muito maior que as leis-PR acima descritas. Em geral regulam a aplicação de mais de uma lei-D; e com frequência regulam a aplicação das leis-D a uma etapa de distância, ou seja, regulam diretamente a aplicação de outras leis-PR que por sua vez regulam a aplicação de leis-D. Pensemos, por exemplo, nas leis que conferem poderes às autoridades para celebrar casamentos. Seu efeito jurídico depende de outras leis que criam a situação jurídica do casamento, ou seja, leis que impõem deveres e conferem poderes às pessoas casadas. Estas leis que conferem poderes, por sua vez, derivam seus efeitos jurídicos de outras leis, cuja aplicação elas regulam.

As leis que conferem poderes para a transferência dos títulos de propriedade, ou que declaram um estado de emergência, operam de forma semelhante: submetem determinadas pessoas à aplicação de determinadas leis, conferindo-lhes poderes ou privando-as destes, impondo-lhes deveres ou liberando-as destes etc.

As relações reguladoras serão discutidas ainda no próximo capítulo, no qual examinaremos as relações das leis-PR com outras leis. A discussão acima comprova que as leis-PR são normas, pois regulam a conduta. O fato de que pela prática de determinados atos alguém transfira a outrem a propriedade de um bem é por vezes uma razão para a prática desses atos; outras vezes é igualmente uma razão para não executá-los.

As leis-PR são apenas um tipo de norma-O. Caracterizam-se pelo fato de que a reação à prática do ato da norma é prescrita por outra norma que deve coexistir com a lei-PR para que esta tenha algum efeito. Há outro tipo de norma-O que deve ser mencionado. São as normas que conferem poderes legislativos, ou normas-PL, como serão chamadas. Caracterizam-se pelo fato de que a reação à prática do ato da norma é prescrita por outras normas que não existem quando a norma-PL é criada; são criadas pelos próprios atos da norma ligados à norma-PL. As leis-D que impõem os deveres transferidos de uma pessoa para outra quando da transferência de um bem existem antes desta transferência, e é só por existirem que a lei-PR que confere o poder de transmitir a propriedade tem algum significado jurídico. Os deveres impostos a uma pessoa quando ela celebra um contrato são prescritos unicamente pelo próprio contrato, por uma norma criada pelo ato de celebrá-lo, e não por uma norma preexistente. A lei-PL que confere o poder-PL de celebrar contratos não deriva seu significado da existência de outras leis. Tem aplicação mesmo antes de outras leis serem criadas com base nela. É exatamente a sua aplicabilidade que confere poderes para criar novas leis.

De mesmo modo, ao declarar um estado de emergência, o ministro competente regula a aplicação de leis que ele não criou, mas que necessariamente existem antes de sua declaração para que esta produza algum efeito. Por outro lado, ao elaborar um regulamento, o ministro não regula a aplicação de leis previamente existentes; está criando uma nova lei. Os deveres que este regulamento impõe são prescritos por uma lei criada neste momento, e não por uma lei previamente existente.

As leis promulgadas pelo exercício dos poderes legislativos conferidos por uma lei-PL guardam uma relação interna com essa lei, a qual será denominada "relação genética". As duas teses seguintes podem ser daí extraídas, embora não sejam defendidas aqui por se relacionarem ao conteúdo mínimo ou à complexidade mínima dos sistemas jurídicos:

> (v) Em todo sistema jurídico há leis-PL.
> (vi) Em todo sistema jurídico há leis-PR.

A primeira destas teses será examinada adiante no Capítulo VIII, no qual se afirmará que todo sistema jurídico contém tribunais com poderes legislativos. Segue-se das teses (v) e (vi) que:

> (vii) Em todo sistema jurídico há relações genéticas entre leis.
> (viii) Em todo sistema jurídico há relações reguladoras entre leis.

A tese (viii) se segue diretamente de (vi). A tese (vii) se segue de (v); e, embora nem sempre haja para cada lei-PL outras leis promulgadas pelo exercício dos poderes que ela confere, há algumas leis-PL que têm leis derivadas delas e com as quais mantêm relações genéticas.

As leis-PL e as leis-PR têm isto em comum: ambas são guias de conduta, mas não na mesma direção em todo momento em que se aplicam. Às vezes sua existência é uma razão para a execução do ato da norma, às vezes é uma razão para a sua inexecução. Por isso são ambas chamadas de leis que conferem poder ou leis-P. Os sistemas jurídicos contêm apenas dois tipos de normas, as leis-P e as leis-D. O entendimento da função delas e de suas inter-relações é uma parte importante da compreensão da estrutura e da função dos sistemas jurídicos. É essencialmente isto que afirma Hart quando diz que na combinação de normas primárias e secundárias está a chave para a ciência do direito[73]. A explicação sugerida acima sobre as leis-D e as leis-P, bem como a exposição

---

[73] *CL*, p. 78.

de suas relações, são uma justificação daquela máxima. Essa explicação difere em alguns aspectos daquela de Hart sobre as normas secundárias e suas relações com as normas primárias:

(1) Hart considera que todas as leis em um sistema jurídico são normas primárias ou secundárias. No próximo capítulo defenderemos a ideia de que, embora as leis-P e as leis-D sejam os únicos tipos de normas jurídicas, há outros tipos de leis que não são normas.

(2) No Capítulo VIII, adiante, sustentaremos que a norma de reconhecimento não é uma lei-P, mas uma lei-D, daí ser incorreto dizer que as leis-P correspondem às normas secundárias de Hart.

(3) Segundo Hart, "pode-se dizer que todas as normas secundárias se situam em um nível diferente daquele das normas primárias, pois versam todas *sobre* estas normas; isto é, enquanto as normas primárias dizem respeito a atos que os indivíduos devem ou não devem praticar, todas as normas secundárias se referem às próprias normas primárias"[74]. Parece uma forma infeliz de descrever a situação. Embora as normas secundárias e as leis-P tenham relações internas com as normas primárias e as leis-D respectivamente, aquelas não versam sobre estas, mas "versam" sobre a conduta humana que elas guiam como fazem as normas primárias e as leis-D, apesar de não terem uma direção definida.

(4) Hart não faz a distinção crucial entre as leis-PL e as leis-PR. Diz, por exemplo, que operações como elaborar um contrato ou transferir uma propriedade podem ser consideradas atos legislativos de alcance limitado[75]. Sustentei acima que somente os poderes para fazer contratos são legislativos, ao passo que os poderes para transferir bens são reguladores ou poderes-PR.

---

[74] Ibid., p. 92.
[75] Ibid., p. 94.

A plena importância da distinção entre poderes legislativos e reguladores foi percebida apenas por Bentham (que os chamou de poderes legislativos e agregadores), embora ele não tenha tentado delinear uma distinção correspondente entre os tipos de leis. Nem Bentham conseguiu fornecer um critério exato para determinar qual o tipo de cada poder. Não tentei aqui atacar este problema, pois ele não tem solução fácil e sua discussão não faz parte de um estudo introdutório como este.

(5) O conceito hartiano de normas de julgamento será examinado no Capítulo VIII, *infra*. O melhor é entendê-las não como um tipo especial de normas secundárias semelhantes às normas de modificação, mas como uma subclasse especial de leis-PL ou de normas de modificação.

A. *Nota sobre as leis de obediência*

Bentham e Austin consideram que pelo menos algumas leis que autorizam legislação são leis de obediência[76]. Propus acima que todas essas leis sejam consideradas leis-PL. Aqui estão descritas as razões para preferir as leis-PL às leis de obediência como explicação do conceito de leis que autorizam legislação.

Sempre que um enunciado da forma (1) "x tem poderes legislativos para fazer leis quando pratica A na situação C" for verdadeiro, haverá um enunciado da forma (2) "y tem o dever de (ou permissão para) obedecer x se este fizer A na situação C' que é igualmente verdadeiro, e este é implicado pelo primeiro enunciado e ao mesmo tempo o implica. Os enunciados da forma (1) podem ser entendidos como a descrição padrão das leis-PL, caso se decida aceitar esta categoria de lei. Os enunciados da forma (2) podem ser tidos como a descrição padrão das leis de obediência, caso se decida aceitar esta categoria de lei.

---

[76] Cf. Capítulo I, Seção 3, *supra*.

O fato de enunciados deste tipo poderem ser combinados em pares que se implicam mutuamente significa que se as leis-PL são, como afirmei, uma explicação das leis que autorizam a legislação, as leis de obediência também o serão – e vice-versa. Quais as razões para preferir as leis-PL como uma explicação das leis que autorizam a legislação? E por que não postular tanto as leis--PL quanto as leis de obediência?

O desejo de evitar a redundância e de ser fiel à concepção tradicional do direito aponta para a rejeição da última possibilidade. Geralmente pensamos que a autorização para a legislação envolve apenas uma lei, e não duas. Além disso, como qualquer enunciado do par pode ser derivado do outro, é suficiente postular a existência de uma lei para estabelecer a veracidade de ambos os enunciados. Por outro lado, é desejável que toda situação de ato regulada pela lei seja o núcleo de uma lei independente. As leis que autorizam a legislação guiam tanto a conduta do legislador autorizado quanto a conduta dos sujeitos potenciais de suas leis. Os enunciados da primeira forma descrevem o modo de guiar a conduta do legislador, ao passo que os da segunda forma descrevem como é afetada a conduta dos sujeitos potenciais de suas leis. Portanto, também existem fundamentos para que se postulem tanto as leis de obediência quanto as leis-PL.

Aqui se vê um conflito de requisitos gerais que só pode ser resolvido quando se ponderam as considerações conflitantes.

Como a redundância neste caso é muito ampla – pois um enunciado implica o outro e a implicação é mútua –, sugiro que apenas um tipo de lei seja postulado. Prefiro postular as leis-PL por duas razões: primeira, porque esta é a forma usual com que estamos acostumados a pensar sobre o direito. Em segundo lugar, parece que a conduta do legislador autorizado é regulada pela legislação autorizadora de forma mais direta e imediata do que a conduta dos sujeitos potenciais das leis, pois em certo sentido estes só são afetados se o legislador usa seus poderes e cria leis.

A discussão nesta seção centrou-se nas leis que autorizam a legislação, isto é, a criação de leis por atos feitos com a intenção de criar leis. Outros atos humanos também podem criar leis se forem autorizados pela lei[77], e a lei autorizadora pode ser tratada de forma semelhante.

---

[77] Cf. Capítulo III, Seção 3, *supra*.

CAPÍTULO VII

OS SISTEMAS JURÍDICOS COMO SISTEMAS DE LEIS

VII.1. Sobre a normatividade do direito

Todos os filósofos considerados até aqui concordam sobre uma questão crucial: todos eles pensam que toda lei é uma norma. Neste capítulo sustentarei a posição de que, embora a normatividade – no sentido indicado a seguir – seja uma característica importante do direito, algumas leis não são normas. Ou, mais precisamente, que, tendo em vista o conteúdo mínimo e a complexidade mínima dos sistemas jurídicos, e dado ainda um conjunto aceitável de princípios de individuação, há em qualquer sistema jurídico algumas leis que não são normas. Como o conteúdo mínimo e a complexidade dos sistemas jurídicos não é discutida neste estudo, tudo o que pode de fato ser estabelecido aqui é a possibilidade de haver leis que não são normas.

O fundamento da existência de tais leis está nos requisitos gerais de evitar a repetição e de não se afastar demais do discurso costumeiro sem uma boa razão. Mais ainda, está nos requisitos de simplicidade e de clareza na exposição das ligações importantes entre as várias partes de um sistema jurídico. Este capítulo trata apenas da questão geral da existência das leis que não são normas. Portanto, não se tentará enumerar e analisar todos os tipos de leis que não são normas. Nas próximas duas seções, exploraremos apenas dois tipos dessas leis, bem como os benefícios teóricos obtidos quando esses dois tipos são postulados.

Há, contudo, uma questão de princípio com que se deve lidar primeiro. Como se afirmou na Introdução, o direito tem por características mais importantes ser coercitivo, institucionalizado e normativo. E as diferenças entre vários filósofos do direito podem ser consideradas frutos de diferentes explicações para essas características. No capítulo anterior, ofereceu-se uma explicação parcial sobre a normatividade do direito. Opinou-se ali que o direito é normativo porque tem a função de guiar a conduta humana de duas maneiras: seja por afetar as consequências de certo rumo de conduta, constituindo uma razão convencional para a abstenção daquela conduta; seja por afetar as consequências de certo rumo de conduta, constituindo uma razão para executar ou não essa conduta, dependendo da vontade do sujeito. Esta concepção é diferente das teorias de Bentham, Austin e Kelsen, que consideravam apenas a primeira forma de guiar a conduta. Está de acordo, por outro lado, com a posição de Hart, a de que o direito guia a conduta humana também fornecendo meios para a satisfação de certos desejos humanos.

Entretanto, Hart parece concordar com os outros filósofos ao pensar que a normatividade do direito significa que toda lei é uma norma. De acordo com Bentham, Austin, Hart e também, de forma particularmente distorcida, de acordo com Kelsen, a consideração mais importante na individuação das leis é garantir que toda lei seja uma norma. É assim que eles fazem dos princípios de individuação, e do conceito de *lei* que eles definem, as únicas chaves para a explicação da normatividade do direito.

Contra esta posição foi sugerido no Capítulo VI, Seção 3, acima, que há muitas outras considerações que afetam a individuação das leis e o conceito de lei, e, por consequência, há leis que não são normas. A normatividade do direito é explicada por duas teses:

(ix) Em todo sistema jurídico há normas.[1]

(x) Todas as leis de um sistema jurídico que não são normas guardam relações internas com normas jurídicas[2], isto é, afetam a existência ou a aplicação de normas jurídicas. Além disso, sua única pertinência legal é o modo pelo qual afetam a existência e a aplicação de normas jurídicas.

Caso se coloque esta explicação da normatividade do direito no lugar da explicação predominante que consiste na tese de que toda lei é uma norma, obter-se-ão dois resultados:

(1) A explicação da normatividade do direito, sendo dependente das relações internas entre as leis, passa a ser baseada no conceito de sistema jurídico, e não no conceito de lei.

(2) A análise do conceito de lei passa a depender da análise do conceito de sistema jurídico, pois a compreensão de algumas espécies de leis depende do entendimento de suas relações internas com outras leis. Elas derivam sua aplicabilidade jurídica de suas relações com outras leis. A análise da estrutura do sistema jurídico é, portanto, indispensável para a definição de "lei"[3].

VII.2. Sobre as permissões

A seguinte tese pode ser acrescentada às dez teses apresentadas até aqui:

(xi) De acordo com cada sistema jurídico vigente em determinado momento, toda situação de ato que não é proibida por uma lei específica do sistema é permitida.

---

[1] Cf. Capítulo VI, Seções 4 e 5, *supra*.
[2] As relações internas são, pelo menos algumas vezes, transitivas. Isso porque, na medida em que afetam a existência ou a aplicação de uma lei, também afetam a existência ou a aplicação das leis que dependem desta para sua existência ou aplicação.
[3] Cf. Introdução.

A tese (xi) é verdadeira independentemente de qual seja o conteúdo do sistema jurídico. Se um sistema vigente em determinado momento contém uma lei que proíbe a prática de qualquer ato que não seja expressamente permitido pelo direito, a tese ainda é verdadeira, embora não tenha aplicabilidade em relação àquele sistema. Isso porque, na prática, todas as situações de ato são ou expressamente permitidas ou expressamente proibidas pelo sistema. A tese também é verdadeira mas inaplicável quando se refere a um sistema jurídico que contém uma lei que permite todos os atos que não são expressamente proibidos por outras leis.

Do modo como é formulada, a tese se aplica somente aos sistemas jurídicos vigentes em determinado momento. Para que seja possível a aplicação aos sistemas jurídicos entendidos em sua totalidade temporal, ela deve ser modificada para explicar a possibilidade das leis retroativas. Sempre pode acontecer de uma situação de ato ser proibida *ex post facto* por uma legislação retroativa. Uma decisão judicial que entenda que um ato particular é um delito, embora não houvesse lei anterior que o transformasse em delito, é uma legislação retroativa desse tipo. Às vezes ela se aplica apenas àquele ato particular; às vezes equivale à criação de uma lei geral com efeito retroativo (ao menos parcial).

Tendo em vista que a veracidade da tese (xi) é independente do conteúdo dos sistemas jurídicos particulares e que ela deve ser distinguida das leis de sistemas particulares que proíbem ou permitem todos os atos que não são regulados de outro modo pelo sistema, qual é o significado dessa tese? Ela reflete a concepção de um direito que regula a conduta humana prescrevendo determinado comportamento e expressa a decisão de considerar os sistemas jurídicos como sistemas normativos independentes, isto é, sistemas normativos que podem ser e são estudados independentemente do estudo das outras normas.

Do ponto de vista jurídico, todos os atos são permitidos a menos que sejam proibidos pela lei. Nisso se reflete o fato de que o direito guia a conduta quer ao prescrevê-la, quer ao proibi-la. Se ele não a prescreve ou proíbe, ela não é regulada em nenhuma dessas direções. Dizer que um ato é permitido é o mesmo que afirmar que ele não é guiado de determinada maneira, que não é proibido. O princípio segundo o qual os atos são permitidos a menos que sejam proibidos pela lei expressa a decisão de considerar a forma pela qual o direito guia a conduta de determinada maneira, sem fazer referência à possibilidade de que ela possa ser guiada por outros fatores.

A tese (xi) deve ser suplementada pela seguinte tese:

> (xii) De acordo com todo sistema jurídico vigente em determinado momento, nenhum ato *futuro* pode criar leis ou afetar a aplicação das leis a menos que haja naquele sistema vigente naquele momento uma lei que confira àquele ato este poder.

Alguns atos praticados antes do instante em que um sistema vigente em determinado momento passa a existir podem ser reconhecidos como o exercício de poderes legislativos de acordo com aquele sistema, mesmo que o sistema não contenha nenhuma lei que autorize tais atos de legislação. É o caso, por exemplo, do sistema que contém leis que foram promulgadas sem nenhuma autorização legal[4]. Esses atos de legislação não foram orientados pelo direito, pois seu caráter de exercício de poderes legais é derivado apenas do fato de que um sistema vigente em um momento subsequente contém leis promulgadas por eles.

A tese (xii) é análoga à tese (xi). A tese (xi) expressa a decisão de considerar o direito da ótica de uma função isolada, a de guiar a

---

[4] Cf. Capítulo II, Seção I e Capítulo VI, Seção 3, *supra*.

conduta mediante a imposição de deveres. A tese (xii) expressa a decisão de considerar o direito da ótica de uma função isolada, a de guiar a conduta mediante a concessão de poderes.

Por causa da tese (xi), talvez pareça que toda situação de ato que não é proibida pela lei pode ser considerada o núcleo de uma lei que a permite. Tal doutrina geral não pode ser admitida, porque conflita com a normatividade da lei em geral na medida em que (a) dizer que um ato é permitido não equivale a dar a descrição de uma norma – não significa que o ato é regulado, mas que ele não é; e (b) os enunciados que descrevem tais permissões não são, genericamente, descrições de leis que não são normas, pois tais supostas leis não têm relações internas com outras normas jurídicas.

Contudo, alguns enunciados da forma "x tem permissão para (ou pode) praticar A na situação C" serão entendidos como descrições de leis que não são normas, leis estas que serão denominadas leis que concedem permissão ou leis-M. A postulação da existência das leis-M pressupõe a seguinte convenção:

A. Convenção de interpretação das leis-M: quando uma lei-M contradiz parcialmente uma lei-D do mesmo sistema vigente em determinado momento, ambas são válidas, e a lei-M representa uma exceção à lei-D: esta, apesar de seu conteúdo expresso, não se aplica aos casos a que se aplica a lei-M.

Quaisquer princípios aceitáveis de individuação que regulem a individuação das leis-M devem assegurar que toda lei-M satisfaça as três condições seguintes:

(1) A situação de ato permitida por uma lei-M que pertence a um sistema jurídico vigente em determinado momento é um caso particular da situação de ato proibida por uma ou mais leis-D que pertençam ao mesmo sistema; mas a situação de ato permiti-

da pela lei-M não é coextensiva (nem equivalente) à situação de ato proibida por qualquer uma dessas leis-D.

(2) Há razões para considerar a permissão concedida por uma lei-M como uma exceção às proibições impostas por uma ou mais leis-D.

(3) Há razões para considerar a exceção às proibições como uma lei independente.

A convenção de interpretação e a primeira condição determinam as relações formais entre as leis-M e as leis-D. Garantem que toda lei-M terá uma relação interna com uma ou mais leis-D. Toda lei-M modifica a aplicação de no mínimo uma lei-D. A segunda e a terceira condições justificam a postulação de leis que tenham essas relações com as leis-D.

Vamos supor, por exemplo, que os seguintes enunciados sejam verdadeiros:

(1) Todos podem usar da força em legítima defesa. (2) Todos podem andar com uma bengala. (3) É proibido portar armas. Por que consideramos que a primeira e não a segunda afirmação seja uma exceção à proibição geral? Não porque não haja um enunciado verdadeiro que descreva uma proibição que (2) contradiz parcialmente. Dado o enunciado (3), o seguinte enunciado é verdadeiro: (4) é proibido carregar um estipão ("estipão" é definido como "uma bengala ou uma arma de fogo"). (2) contradiz parcialmente (4), mas mesmo assim não se deve considerar que descreva uma exceção àquela afirmação. Não há razões para considerar que (2) descreve uma exceção a (4).

As razões para considerar um enunciado normativo desta forma como descrição de uma exceção a uma proibição geral estão nas reações críticas da população em geral e dos órgãos aplicadores e criadores da lei em particular. Em outras palavras, o fato de a permissão ser ou não exceção a uma proibição depende das razões dadas para a proibição e para a permissão. Por exemplo: uma permissão é uma exceção a uma ou mais proibições se as razões destas se aplicam também aos casos permitidos (no sentido em que se aplicam a uma classe geral que inclui tanto os casos proibidos quanto os permitidos), e também se esses casos forem isentos da proibição por causa da presença de certas características que são razões para permiti-los e que têm mais peso que as razões mais gerais para proibi-los.

Mas o fato de um enunciado verdadeiro que descreve uma permissão descrever também uma exceção à proibição é apenas condição necessária, mas não suficiente, para considerar que ele enuncia uma lei independente. Poderia ser considerado consequência de um enunciado que descreve uma proibição mais limitada. Por exemplo, a permissão para dirigir um Rolls Royce é uma exceção à proibição de dirigir carros fabricados antes de 1935. Ainda assim, não deve ser considerada como descrição de uma lei separada, mas antes como consequência de um enunciado no sentido de não se permitir que se dirija nenhum carro fabricado antes de 1935 a não ser que este seja um Rolls Royce. Caso este último enunciado descreva uma lei completa, ele descreve uma lei-D.

Uma das razões que poderiam nos levar a considerar que um enunciado que contenha uma permissão na verdade descreve uma lei-M, isto é, uma das razões que poderíamos ter para postular a existência de uma lei-M é que a permissão seja uma exceção a cada uma das leis que faça parte de um grupo de leis-D, e que revele uma característica comum importante a todas elas, mostrando, assim, uma ligação importante entre as leis[5]. Esta é a razão por que pode haver leis que permitem a legítima defesa e outras formas de autotutela. Razões semelhantes justificam, em sistemas

---

[5] Cf. Capítulo VI, Seção 3, *supra*.

jurídicos dotados de conteúdo adequado, a postulação de leis que permitem a ingerência nos bens de outrem em circunstâncias de emergência, para preservá-los etc.

Pode haver outras razões para postular as leis-M; um tipo de leis-M, já mencionado, é o grupo chamado de leis-MS, leis que permitem a aplicação de sanções. Uma lei é uma lei-S mesmo que não prescreva, mas apenas permita a execução de atos que constituam a aplicação de sanções; mas só o será se for uma exceção a uma proibição geral. A razão para postular leis-MS não é o fato de elas destacarem uma característica comum a muitas leis, mas o fato de esclarecerem a relação entre as leis-D e as leis-S, elucidação essa que tem a maior importância no entendimento do direito.

Vamos supor, por exemplo, que a sanção para a violação de uma lei-D que proíbe o adultério é que (1) o cônjuge traído ou seu parente mais próximo possa chicotear o cônjuge adúltero em praça pública etc. É melhor considerar (1) como descrição de uma lei-MS do que como parte da descrição da lei que proíbe a lesão corporal: (2) a lesão corporal é proibida a menos que se esteja castigando um cônjuge adúltero etc. Seria difícil considerar (2) ao mesmo tempo como uma lei que proíbe a lesão corporal e como uma lei que estipula uma sanção contra o adultério. Além do mais, a lei nesse caso serviria tanto para impor um dever quanto para conceder uma permissão. As duas funções devem ser separadas e atribuídas a duas leis: uma lei-D contra a lesão corporal e uma lei-MS relativa aos cônjuges adúlteros.

Uma análise completa destes tipos de leis-MS exige uma exploração detalhada que não pode ser feita aqui. Maiores investigações sem dúvida revelarão a necessidade de outros tipos de leis-M. Contudo, os objetivos desta seção foram alcançados quando delineamos os critérios que orientam a individuação das leis-M.

Prova-se a necessidade de postular, em determinadas circunstâncias, um tipo de lei que não é uma norma.

Não está claro se as leis-M existem em todo sistema jurídico, embora provavelmente existam em todos eles. Mas foi estabelecido que, quando quer que uma lei-M exista, ela terá relação interna com pelo menos uma lei-D, contribuindo dessa forma para a estrutura interna do sistema jurídico a que pertence.

Ao aceitar uma concepção do direito que admite a possibilidade de leis que são permissões, sigo a posição de Bentham[6], mas com duas diferenças importantes:

(1) Insistindo-se em que toda lei-M modifica uma ou mais leis-D existentes, exclui-se a possibilidade que a lei-M continue a existir depois que as leis-D que ela modificou foram revogadas, por ela ou por outras leis; e assegura-se a conformidade à tese da normatividade explicada na seção anterior[7].

(2) A existência de qualquer lei-M particular é determinada não pela consideração das circunstâncias em que o material jurídico pertinente foi criado[8], mas pela conclusão de que a admissão de sua existência – sem deixar de refletir corretamente o conteúdo do sistema jurídico – vai promover algum dos objetivos gerais que determinam os princípios de individuação[9].

VII.3. Sobre as leis que instituem direitos

Em todo sistema jurídico, muitas leis tratam da instituição de direitos ou pressupõem a existência de direitos, e entre elas há algumas que não são normas. Nesta seção faremos algumas considerações sobre a natureza das leis que instituem direitos e sobre

---

[6] Ver Capítulo III, Seção 2, *supra*.
[7] Sobre a posição diferente de Bentham ver o Capítulo III, Seção 2, *supra*.
[8] Esta é a posição de Bentham; cf. Capítulo III, Seção 2 e Capítulo IV, Seção I, *supra*.
[9] Ver Capítulo VI, Seção 3, *supra*.

o papel das leis-D e das leis-P na instituição destes. Não procuraremos fazer nenhuma classificação dos vários tipos de direitos ou distinção entre eles, e restringiremos nossas observações àquelas características comuns às leis que tratam de quaisquer tipos de direitos. Deve-se sublinhar que esta seção não analisa o conceito de direitos, mas sim as leis que instituem direitos. Essa análise é precondição para a definição de um "direito legal", e mais adiante nesta seção faremos algumas considerações a respeito de certas sugestões de definição desta expressão.

As pessoas têm certos tipos de direitos em relação a certos objetos ou em relação a certas pessoas. O direito de um proprietário é diferente do direito de um devedor hipotecário, bem como do direito de uma esposa ao sustento. O direito de propriedade sobre um bem imóvel é diferente, em certos aspectos, daquele que tem por objeto um bem móvel. Do mesmo modo, o direito da esposa ao sustento difere do direito de uma criança. Deve-se distinguir, portanto, não apenas entre vários tipos de direitos (propriedade, alimentos etc.), mas também entre várias classes de sujeitos de direito (isto é, os detentores de direitos) e objetos de direito.

Os direitos são relações entre sujeitos de direitos (que são sempre pessoas, embora nem sempre pessoas naturais) e objetos de direitos (que podem ser pessoas, coisas ou entidades jurídicas abstratas – ações, por exemplo). Alguns direitos pressupõem relações triplas etc., mas as leis que os instituem não se distinguem substancialmente daquelas que instituem outros direitos.

Todo enunciado mínimo (*atomic statement*) de uma relação de direitos, isto é, todo enunciado que afirme que determinadas pessoas têm determinado direito a certas coisas ou sobre certas pessoas, será denominado "enunciado fundamental". Toda lei cuja descrição adequada inclua um enunciado fundamental, ou seja logicamente equivalente a um enunciado que o inclua, é uma lei que institui o direito descrito pelo enunciado fundamental.

As leis que instituem direitos repartem-se em três categorias: leis de investidura, de destituição ou constitutivas. As leis de investidura especificam as formas pelas quais os direitos podem ser adquiridos. As leis de destituição determinam as formas pelas quais os direitos podem deixar de existir. As leis constitutivas especificam as consequências de ser um detentor de direitos.

Uma lei de investidura é aquela que determina que, quando certas condições se implementam, determinada pessoa que não tinha certo direito o adquire. Se "P" designa um estado de coisas e "K_{t1}" significa que um enunciado fundamental é verdadeiro no momento t_1, então pode-se dizer que a forma geral das leis de investidura é a seguinte: quando $\sim K_{t1}$ e P, então K_{t2}. Uma lei de destituição é aquela que determina que, quando certas condições se implementam, determinada pessoa que tem certo direito o perde. Pode-se dizer que sua forma geral é: quando K_{t1} e P, então $\sim K_{t2}$. Uma lei constitutiva é aquela que estabelece que, se determinada pessoa tem certo direito, e certas condições se implementam, ela passa a ter outro direito ou certo dever ou certo poder. Pode-se dizer que a forma geral das leis constitutivas é: quando K_{t1} e P, então Q, onde Q designa quer outro enunciado fundamental, quer a existência de um dever ou de um poder.

As condições especificadas por tais leis (e designadas por "P" em sua forma geral) podem ser divididas em três tipos:

(1) A existência de qualquer direito, dever ou poder legais nas mãos de determinada pessoa.

(2) A prática de alguns atos por determinada pessoa.

(3) A ocorrência de outro evento determinado.

Uma lei que institui um direito pode estipular uma ou mais condições de qualquer um desses tipos.

Pode, por exemplo, estipular que o direito de propriedade é adquirido por doação, isto é, por certos atos de um proprietário anterior. Tal lei é ao mesmo tempo uma lei de destituição e uma lei de investidura em matéria de propriedade. Determina uma forma pela qual a propriedade pode ser adquirida pelo ato de outro homem e uma forma pela qual pode ser perdida por um ato do proprietário. Outra lei pode determinar que o domínio sobre determinado bem que não pode ser objeto de doação testamentária é adquirido por certa pessoa quando da morte de seu cônjuge, o qual era o proprietário anterior. Tal lei torna a aquisição da propriedade dependente não da prática de um ato, mas da ocorrência de um evento.

Outras leis podem prescrever, por exemplo, que todo dono de terras tem o dever de pagar determinados tributos. Uma lei pode determinar que os donos de terras têm poderes de conceder licenças para outras pessoas visitarem ou usarem a terra. Uma lei pode determinar que os donos de terras são proprietários de tudo o que crescer na terra. Todas estas leis são constitutivas. Determinam as consequências de deter direitos. A última que foi mencionada é uma lei de investidura, pois também determina uma maneira de adquirir direitos.

Pode-se dizer que todas as leis de investidura, de destituição e constitutivas que tratam de determinado direito legal, todas as leis que instituem um direito em um sistema jurídico, definem tal direito nesse sistema jurídico. Contudo, essa definição não é o que se poderia chamar de "definição justeórica" daquele direito. Uma definição jurídica de um direito tem por meta destacar as características mais importantes dos vários tipos de leis que instituem o direito. As considerações que determinam quais características devem ser julgadas importantes na lei que institui um direito não podem ser examinadas aqui. Contudo, deve-se entender claramente que uma definição justeórica de qualquer direito pressupõe algum conhecimento das leis que instituem esse direito em alguns sistemas jurídicos.

As definições justeóricas de direitos pressupõem não apenas a definição do conteúdo das leis que os instituem, mas também a estrutura dessas leis. É essencial para uma análise adequada do conceito de qualquer direito levar em consideração o fato de que os direitos são instituídos por leis de investidura, leis de destituição e leis constitutivas, e entender sua função e estrutura. Portanto, uma teoria geral da estrutura dos sistemas jurídicos é um pré-requisito para uma análise adequada dos direitos.

Parece-me que as tentativas de investigar os conceitos de direitos têm deixado de lado as relações entre os direitos e as leis que os instituem, e isto explica em grande medida as imperfeições dessas tentativas de elucidação.

Um dos motivos pelos quais as leis que instituem direitos têm sido deixadas em segundo plano na análise dos direitos é a ideia de que a terminologia dos direitos não deve ser usada em uma descrição adequada das leis. Essa ideia deve ser separada de outra, a saber, a de que os legisladores normalmente não usam a terminologia dos direitos na formulação das leis como parte do processo de sua promulgação. O fato – se é que é mesmo um fato – de os legisladores não terem o costume de usar a terminologia dos direitos ao promulgar as leis não é motivo para que os juristas que descrevem essas leis não usem tal terminologia.

Duas razões diferentes são dadas para excluir a terminologia dos direitos da descrição adequada das leis. Hart, por exemplo, pensa que "um enunciado com a forma 'X tem um direito' é usado para tirar a partir da lei uma conclusão referente a um caso particular que se inclui na regra"[10], ao passo que as próprias re-

---

[10] *Definition and Theory in Jurisprudence*, p. 17.

gras não fazem referência aos direitos. A mesma coisa provavelmente vale, em sua opinião, para outros termos relacionados aos direitos (como "é dono de" etc.). Parece-me que a terminologia dos direitos é usada para formular enunciados normativos aplicados exatamente porque estes se aplicam a leis que podem ser adequadamente descritas pela terminologia dos direitos. Com efeito, as razões que tornam vantajosa a descrição de leis pela terminologia dos direitos são também as razões que tornam vantajoso, em certos momentos, o uso da terminologia dos direitos para descrever os casos particulares a que tais leis se aplicam.

Outra linha de entendimento é adotada por Alf Ross. Ele considera os enunciados, inclusive os fundamentais, primeiramente como um método conveniente para descrever partes de leis. Ross admite que a representação da lei fica muito simplificada quando usa enunciados que se referem a direitos. Admite que muitas "regras jurídicas podem ser declaradas de forma mais simples e viável" por enunciados que incluam enunciados fundamentais[11]. Todavia, não considera tais enunciados como descrições adequadas de leis, pois muitas destas leis não seriam normas, e nenhuma delas se encaixaria na única forma de lei reconhecida por Ross. Este herdou de Kelsen a crença de que todas as leis são dirigidas aos juízes e entende que todas as leis são prescritivas[12]. Todas estas concepções já foram examinadas e rejeitadas, e Ross não oferece argumentos novos e válidos para sustentá-las.

Ross fala de uma "técnica de representação [...] expressa [...] quando se enunciam em uma série de regras os fatos que 'criam

---

[11] *On Law and Justice*, p. 171. Cf. "Tû Tû" 70 *H.L.R.* (I) 819. Grande parte da estranheza das posições de Ross resulta de sua visão peculiar dos problemas ontológicos. Muitos de seus erros são expostos por Simpson: "The Analysis of Legal Concepts", 80 *L.Q.R.* 535.

[12] *On Law and Justice*, pp. 32-3.

a propriedade' e em outra série as consequências jurídicas que a 'propriedade' acarreta"[13]. Partindo do princípio de que estamos tratando aí de leis, e não de partes de leis, como quer a teoria de Ross, talvez seja possível equiparar a primeira série de "regras" de Ross com as minhas leis de investidura e sua segunda série com minhas leis constitutivas. Ross não postulou a necessidade das leis de destituição.

Em alguns aspectos, a análise de Hohfeld[14] fez progredir consideravelmente o nosso entendimento dos direitos, mas em outros aspectos foi completamente equivocada, e sua influência retardou, no fim, a compreensão adequada dos direitos. Quatro erros particularmente graves de Hohfeld devem ser brevemente mencionados aqui:

(1) A consideração de todos os direitos como combinações de um ou mais de seus quatro direitos elementares, a saber, pretensão, prerrogativa, poder e imunidade.

(2) O entendimento de que todo direito é uma relação entre no máximo duas pessoas.

(3) O entendimento de que todos os direitos são relações entre pessoas.

(4) O entendimento de que seus quatro direitos elementares são indefiníveis.

A análise precedente deixa bem claro que os direitos não são conjuntos de pretensões, poderes etc. Sua posse (frequentemente combinada com a ocorrência de algum evento ou a prática de algum ato) acarreta a posse de outros direitos, ou de poderes ou deveres. O mesmo assunto é abordado por Honoré:

> [...] o "direito a cem libras disposto em contrato" pode parecer idêntico à pretensão de obter cem libras do devedor. Mas isto só

---

[13] Ibid., p. 171.
[14] Em *Fundamental Legal Conceptions*.

é plausível enquanto descrição de uma situação transitória do detentor do direito. Já que há normas jurídicas segundo as quais os deveres dispostos em contrato são transferidos pela morte ou insolvência para outras pessoas que não o devedor, às vezes somos obrigados a dizer que o direito a cem libras disposto em contrato permanece, mas a pretensão de assegurá-lo não se exerce agora contra o devedor, e sim contra o administrador do patrimônio do insolvente ou o inventariante.[15]

Portanto, mesmo os direitos simples não são idênticos às pretensões. Tampouco são agregados de pretensões, poderes etc., embora ao contrário de Honoré eu não afirme que não possam ser representados como tais agregados. Afirmo apenas que tal representação obscurece o modo pelo qual eles são instituídos pelas leis e, em particular, a inter-relação entre leis de investidura, leis de destituição e leis constitutivas.

Honoré prefere dizer que os direitos são "protegidos por determinadas pretensões e dão origem a certas liberdades". O conceito de leis constitutivas pretende tornar possível uma explicação da maneira pela qual os direitos são protegidos por pretensões e dão origem a liberdades. Contudo, o conceito de leis constitutivas é mais amplo e leva em consideração a possibilidade de que os direitos também deem origem a deveres e poderes.

A insistência de Hohfeld em que todo direito é uma relação entre apenas duas pessoas é completamente infundada e torna impossível uma explicação dos direitos reais, como tem sido notado com frequência. Mas Hohfeld também está enganado ao pensar que os direitos não podem ser relações entre uma pessoa e uma coisa. Aqui o argumento de Honoré é decisivo:

---

[15] "Rights of Exclusion and Immunities against Divesting", 34 T.L.R., 456-7.

Afirmar que as relações jurídicas só podem subsistir entre pessoas equivale ou a restringir arbitrariamente a definição de "relação jurídica" ou a refletir de forma obscura o truísmo de que as pretensões jurídicas só podem ser garantidas por procedimentos dirigidos contra pessoas. Quando certa pessoa tem o direito de excluir os outros do uso e gozo de determinados bens tangíveis, é certo que, legalmente, ela mantém uma relação especial com os bens em questão. É inteiramente natural, e inquestionável, que se diga que esse direito é um direito *a* uma coisa, ou *ao uso* de uma coisa, ou *sobre* uma coisa. Não obstante, não poderíamos dizer que uma pessoa tem direito a alguma coisa a menos que tal pessoa fosse protegida por uma pretensão à exclusão das outras pessoas do uso dessa coisa. Um direito a alguma coisa, ao uso dessa coisa ou sobre alguma coisa é *protegido por* pretensões contra terceiros, mas não deve ser identificado com essas pretensões.[16]

A posição de Hohfeld de que esses quatro direitos elementares são indefiníveis decorre de uma concepção equivocada da natureza e da função das definições. Pois o próprio Hohfeld definiu a "prerrogativa" como "nenhum dever de não fazer", e a imunidade como a ausência de responsabilidade. Hart mostrou ainda que as pretensões podem ser definidas como o poder de exigir um dever associado à faculdade de aboli-lo[17]. A análise das leis-P no Capítulo VI, Seção 5, *supra*, dá a entender que os poderes podem ser definidos em última análise em razão dos deveres.

A possibilidade de analisar direitos, e portanto também as leis que os instituem, em razão de deveres e poderes e, por conseguinte, em razão de leis-P e leis-D, é da máxima importância.

---

[16] "Rights of Exclusion and Immunities against Divesting", 34 *T.L.R.*, 463.

[17] *Definition and Theory in Jurisprudence*, p. 16. Estas ideias foram desenvolvidas ainda por Hart em suas conferências sobre "Rights and Duties" (direitos e deveres).

Resulta das teses (ix) e (x)[18], que afirmam que todas as leis de um sistema jurídico são ou leis-P ou leis-D, ou ainda leis cuja única aplicabilidade jurídica está nas relações internas que mantêm com as leis-P e leis-D.

Os conceitos de direitos cumprem duas funções na representação do direito, e ambas são de capital importância para simplificar a estrutura das leis e demonstrar significativas ligações entre as várias partes de um sistema jurídico:

(1) São meios de relacionar as leis-PR com as leis-P e leis-D que elas regulam.

(2) Fornecem um modo de abstrair determinadas condições comuns a vários deveres ou poderes a partir das leis-D ou leis-P que estabelecem tais deveres e poderes, e isolá-los em leis que não são normas, mas que estão internamente relacionadas a estas leis-D ou leis-P.

Ao examinarem-se estas duas funções dos conceitos de direitos, dois níveis diferentes de complexidade das leis que instituem direitos podem ser identificados. Em primeiro lugar, vamos supor que todas as leis constitutivas relacionadas a determinado direito, digamos R, ou impõem deveres ou conferem poderes-PL, ou seja, que (dadas algumas condições adicionais) as consequências de ter um direito são tais que a pessoa tem alguns poderes legislativos ou tem alguns deveres. Isto significa que todas as leis constitutivas relacionadas a R são ou leis-PL ou leis-D.

Tais leis constitutivas têm relações internas com as leis de investidura e destituição ligadas a R. As leis de investidura ligadas a R ou são leis-PR, isto é, que põem a aquisição de R na dependência de um ato humano voluntário (entre outras condições), tais como leis que conferem poderes para transferir a propriedade

---

[18] Cf. Capítulo VII, Seção 1, *supra*.

por venda ou doação; ou são leis que não são normas, leis que põem a aquisição do direito na exclusiva dependência de eventos que não incluem atos humanos voluntários (por exemplo, a transferência da propriedade do bem pela morte do proprietário no caso de um bem que não pode ser objeto de doação testamentária).

As leis-PR que versam sobre a investidura de R regulam as leis constitutivas ligadas a R. Em tais leis os direitos cumprem a sua primeira função, a de relacionar as leis-PR com as leis-PL e leis-D por elas reguladas. As leis de investidura de R que não são normas destacam condições comuns a muitas normas jurídicas, isto é, comuns a todas as leis constitutivas de R, simplificando dessa forma estas leis constitutivas e ainda mostrando as ligações entre elas. Logo, nas leis de investidura que não são normas, os direitos cumprem a segunda função mencionada acima.

As leis de destituição também são leis-PR ou leis que não são normas, e também elas afetam as leis constitutivas do mesmo modo que as leis de investidura. Mas enquanto estas últimas determinam as condições positivas para a aplicação das leis constitutivas, as leis de destituição determinam as condições negativas para sua aplicação. Determinam quando aquelas leis não mais se aplicam. Os direitos cumprem suas duas funções nas leis de destituição do mesmo modo como as cumprem nas leis de investidura.

Admitindo a existência de leis constitutivas nas quais a posse de direitos é erigida como condição para a posse de um poder-PR ou de outro direito qualquer, incrementamos a complexidade estrutural dos sistemas jurídicos sem alterar seu funcionamento. As leis constitutivas que conferem direitos ou poderes-PR relacionam, direta ou indiretamente, um direito com outro. Portanto, criam relações indiretas entre a aquisição do primeiro direito e as consequências do segundo direito. Em última análise, todas elas ou estabelecem uma ligação entre as leis-PR e outras normas jurídicas ou simplificam a estrutura das leis e assinalam importantes ligações entre elas.

A estrutura dos sistemas jurídicos é ainda complicada por leis relacionadas à situação jurídica e às pessoas (ou sujeitos) de direito. As leis-PR regulam outras leis não somente viabilizando a aquisição ou a perda de direitos, mas também afetando a situação jurídica (poder para celebrar casamentos e poder para casar-se etc.) ou ainda afetando a constituição de sujeitos de direito (poder para votar em uma eleição parlamentar, poder para nomear o diretor de uma empresa, poder para abrir firma de responsabilidade limitada etc.). Estes tópicos não podem ser discutidos aqui, mas pode-se dizer que as leis que instituem situações jurídicas e pessoas de direito também são explicadas por suas relações com as leis-P e as leis-D.

Embora este ponto não seja defendido aqui, é importante notar que todo sistema jurídico institui alguns direitos e contém leis que instituem direitos, as quais não são normas. Dessa forma, o número de relações internas necessárias é consequentemente maior. Os padrões necessários dessas relações são assunto para uma investigação ulterior que não pode ser empreendida aqui.

VII.4. Estrutura genética e estrutura operativa

No último capítulo tratamos da variedade das normas jurídicas e das relações necessárias entre elas. Neste capítulo procuramos provar a possibilidade e a necessidade de leis que não são normas, e afirmamos que elas derivam sua aplicabilidade jurídica de suas relações internas com as normas jurídicas. Na demonstração desses tópicos, discutiram-se sumariamente algumas espécies de leis que não são normas. O objetivo geral destes capítulos foi o de substituir por outro o quadro da estrutura dos sistemas jurídicos adotado por Bentham, Austin e Kelsen.

Esses autores conceberam os sistemas jurídicos basicamente como grupos de leis independentes, sem nenhuma relação necessária entre elas. Hart afirmou que esta noção é fundamentalmente equivocada, mas não foi além disso. Aqui se propôs a ideia de que os sistemas jurídicos devem ser encarados como intrincadas redes de leis interligadas.

As considerações apresentadas neste capítulo e no anterior limitaram-se a lançar os fundamentos de um exame da estrutura dos sistemas jurídicos. Gostaria de terminar esta discussão propondo que é melhor distinguir entre dois tipos de estrutura dos sistemas jurídicos: uma estrutura genética e uma estrutura operativa[19].

A relação fundamental da estrutura genética é a relação genética, ou seja, a relação entre duas leis, uma das quais autoriza a existência da outra. As relações genéticas devem ser subdivididas levando-se em conta vários outros fatores que até aqui não foram considerados. Entre tais fatores estão:

(1) A data de criação de uma lei (nos casos em que tal data pode ser determinada).

(2) A função e a autoridade geral do órgão que criou a lei.

(3) A natureza de sua autoridade particular para criar uma lei particular (seu poder é derivado da Constituição ou de uma lei municipal? Etc.).

(4) Em certos casos, as razões dadas para justificar a criação da lei.

(5) As leis que determinam as maneiras de modificar ou revogar leis.

(6) A existência ou inexistência de fatos que revoguem ou modifiquem as leis.

---

[19] A distinção entre estruturas genéticas e operativas é análoga, em certa medida, à distinção de Kelsen entre as teorias dinâmica e estática do direito. Cf., p. ex., *PTL*, p. 70.

Uma teoria plenamente desenvolvida sobre a estrutura de um sistema estabelecerá entre as leis uma hierarquia de "resistência à mudança", isto é, resistência à modificação pelo conflito com outras leis etc., e fornecerá meios para representar a duração do período no decorrer do qual uma lei é ou será válida, seja este período determinado pela própria lei, seja ele determinado posteriormente de uma forma ou de outra. Esse sistema de relações vai explicar as várias possibilidades de conflitos de leis e alguns modos de resolvê-los; vai explicar ainda os vários graus de anulabilidade das leis e os vários modos pelos quais as leis podem ser retroativas.

A estrutura genética de um sistema jurídico revela quais de suas leis são ou foram válidas em qualquer momento determinado e quais poderes para a futura criação de leis os vários órgãos têm ou tinham naquele momento. Também revela como os sistemas jurídicos sofreram mudanças durante a sua existência. O desenvolvimento da teoria sobre a estrutura genética é essencial para a compreensão dos sistemas jurídicos considerados em sua existência não momentânea (*non-momentary legal systems*), ou seja, considerados na medida em que existem durante um período de tempo mais ou menos prolongado. De fato, é tentador dizer que a estrutura genética *é* a estrutura dos sistemas jurídicos considerados em sua existência não momentânea.

A estrutura operativa é particularmente relacionada com a compreensão dos sistemas jurídicos vigentes em determinado momento. Com efeito, gostaríamos de considerá-la como *a* estrutura própria dos sistemas vigentes em determinado momento. Ela não diz respeito à forma pela qual as leis foram criadas, mas aos seus efeitos existentes em dado momento. Várias partes da mesma lei podem ter graus diferentes de "resistência à mudança" (se foram, por exemplo, criadas pelo exercício de poderes diferentes) e uma durabilidade diferente (uma parte pode ter sido promulgada apenas por um ano, outra parte por um período indefinido etc.). A estrutura operativa do sistema não leva em conta estes fatos. Diz respeito somente aos efeitos das leis enquanto elas existem.

A estrutura operativa de um sistema jurídico é baseada em suas relações punitivas e reguladoras. Nos últimos dois capítulos, praticamente tudo o que dissemos se aplica à estrutura operativa dos sistemas jurídicos.

A. *Nota sobre as sanções coercitivas*

Sustentou-se acima[20] que nem toda sanção jurídica é coercitiva. Afirmou-se ainda que nem todo dever jurídico é sustentado por uma sanção[21], e não obstante admitiu-se que a coerção tem uma importância especial no direito[22]. Os fundamentos de uma teoria da estrutura dos sistemas jurídicos, acima lançados, tornam possível a análise do papel da coerção no direito.

Embora as leis que impõem deveres aos órgãos de criação e aplicação das leis possam existir sem as correspondentes leis-S, elas pressupõem a existência das leis-D dirigidas aos cidadãos comuns, leis essas que são sustentadas por leis-S. Neste sentido, os deveres não sustentados por sanções são subordinados e pressupõem a existência de deveres sustentados por sanções.

As sanções não coercitivas consistem na destituição de direitos, poderes, situações jurídicas etc. Deixamos claro que as leis que instituem direitos, situações etc. pressupõem essencialmente as leis-D e as leis-PL, que por sua vez não pressupõem nenhum outro direito, situação etc. Em todo sistema jurídico, algumas dessas leis-D são dirigidas aos cidadãos comuns e, portanto, pres-

---

[20] Cf. Capítulo IV, Seção 2, *supra*.
[21] Cf. Capítulo VI, Seção 4, *supra*.
[22] Cf. Introdução.

supõem algumas leis-S; pelo menos algumas destas não pressupõem outros direitos, situações etc. Algumas estatuem sanções coercitivas, talvez permitindo o uso da força caso se ofereça resistência, ou no mínimo por serem amparadas por outras leis que ilegalizam a obstrução da execução das sanções, sendo estas leis sustentadas por sanções coercitivas.

Desta maneira, todas as leis, com exceção das leis-PL, guardam relações operativas necessárias com as leis que estatuem sanções coercitivas. As leis-PL não se relacionam com as sanções coercitivas de modo semelhante. Além disso, podem existir mesmo que não se faça uso dos poderes que conferem, ou seja, mesmo que não tenham nenhuma relação genética com qualquer lei que estatua uma sanção coercitiva ou que pressuponha tal sanção estabelecida por outra lei. De todo modo, resta claro que o sentido da existência das leis-PL é, em última instância, que elas fornecem um meio de mudar leis que não sejam elas próprias leis-PL. Assim, mesmo as leis-PL pressupõem conceitualmente, de maneira muito indireta, a existência de algumas sanções coercitivas em algum momento da vida de um sistema jurídico.

De toda esta discussão se conclui que Bentham, Austin e Kelsen não compreenderam a função da coerção no direito. A coerção não tem a função de ser o motivo convencional de todos os atos determinados pelas leis. Tem uma função muito mais complicada e indireta, embora não menos essencial. A coerção é o fundamento último do direito, na medida em que é (ou faz parte da) razão convencional da obediência a algumas leis-D pressupostas das mais variadas maneiras por todas as outras normas jurídicas e, por meio destas, por todas as outras leis do sistema.

CAPÍTULO VIII

A IDENTIDADE DOS SISTEMAS JURÍDICOS

VIII.1. A identidade dos sistemas jurídicos considerados em sua existência não momentânea

A discussão sobre a estrutura dos sistemas jurídicos nos últimos dois capítulos partiu do princípio de que o conteúdo de determinado sistema jurídico é conhecido, e neles examinou-se a maneira adequada de representá-lo como um sistema de leis inter-relacionadas. Este capítulo trata do critério para determinar o conteúdo dos sistemas jurídicos, ou seja, o seu critério de identidade. A chave para o problema da estrutura é o critério que determina qual das descrições completas de um sistema jurídico é sua descrição adequada. O problema da identidade é o problema de encontrar um critério que determine se um dado grupo de enunciados normativos é uma descrição completa do sistema jurídico.

Assim como se distinguem o sistema jurídico no decorrer do tempo e o sistema jurídico vigente em determinado momento, também se distinguem dois critérios de identidade: um que especifica o modo de verificação da identidade dos sistemas jurídicos no decorrer do tempo e outro que especifica o modo de verificação da identidade dos sistemas jurídicos vigentes em determinado momento.

Excetuados alguns poucos comentários nesta seção, este capítulo trata apenas do problema da identidade dos sistemas jurídicos vigentes em determinado momento. O ponto crucial do problema da identidade dos sistemas jurídicos considerados em sua existência não momentânea é a questão da continuidade, ou seja, quais eventos interrompem a existência contínua de um sistema jurídico, provocam o seu desaparecimento e talvez resultem na criação de um novo sistema jurídico em seu lugar. Em outras palavras, o problema crucial é o de decidir se dois determinados sistemas vigentes em determinados momentos pertencem ao mesmo sistema jurídico.

Nos capítulos anteriores, as soluções para este problema indicadas pelas teorias de Austin e de Kelsen foram examinadas e rejeitadas. Eles admitem que o fato de dois sistemas vigentes em determinado momento conter muitas leis idênticas em conteúdo não é prova de que pertençam ao mesmo sistema jurídico. Austin indica que a identidade do legislador supremo nos dois sistemas vigentes em determinado momento é necessária e suficiente para que eles pertençam ao mesmo sistema jurídico.

Kelsen evita algumas fraquezas desta posição; para ele, o fator decisivo é a constitucionalidade da criação das leis em um sistema vigente em determinado momento, comparada com o mesmo critério aplicado ao outro sistema vigente em outro momento. De acordo com a sua teoria, dois sistemas *A* e *B* vigentes em dois momentos diferentes pertencem ao mesmo sistema jurídico se e somente se a criação de todas as leis de *B* que não são idênticas às leis de *A* tiver sido autorizada pelas leis de *A*. A criação de uma lei é autorizada por outra se os atos que criam a primeira consubstanciam o exercício de poderes legislativos conferidos pela segunda, ou por outra lei cuja criação é autorizada pela segunda.

Se a criação de uma lei não é autorizada por outra, ela pode ser denominada uma "lei original". O critério de Kelsen para a identidade dos sistemas jurídicos pressupõe que nenhum sistema vigente em determinado momento contenha uma lei original que não pertença também a um sistema vigente em um momento anterior do mesmo sistema jurídico. Mas como se afirmou no Capítulo V, Seção 4, *supra*, esta pressuposição não é justificada. A continuidade de um sistema jurídico não é necessariamente interrompida pela criação de novas leis originais. O fato de que a criação de uma lei seja autorizada por uma lei que pertence a determinado sistema jurídico também não é prova suficiente de que a lei autorizada pertença àquele sistema. A independência de um país pode ser concedida por uma lei de outro país que autorize todas as leis daquele; ainda assim, suas leis formam um sistema jurídico independente.

A "continuidade constitucional" das leis é apenas um fator, e não o mais importante, para determinar se dois sistemas vigentes em determinados momentos pertencem ao mesmo sistema jurídico. Outro fator é o conteúdo da lei não autorizada. A criação de uma nova lei original interrompe a continuidade de um sistema jurídico somente se for uma lei constitucional de grande importância.

Mas nem a "continuidade constitucional" das novas leis nem seu conteúdo são condições necessárias ou suficientes para estabelecer a continuidade ou a falta de continuidade dos sistemas jurídicos. Os sistemas jurídicos existem sempre em ambientes de vida social complexa, como religiões, Estados, regimes, tribos etc. Eles são apenas uma das características – não a única – que definem essas formas complexas de vida social.

Mudanças jurídicas significativas e inconstitucionais podem ser suficientemente importantes para estabelecer uma alteração na identidade da entidade social de que o sistema jurídico é uma parte, mas outros fatores devem também ser levados em conta. A identidade dos sistemas jurídicos depende da identidade das formas sociais às quais eles pertencem. O critério de identidade dos sistemas jurídicos é determinado, portanto, não apenas por considerações jurídicas, mas também por outros fatores, os quais são estudados pelas ciências sociais.

Sem querer ultrapassar o horizonte de pesquisa, daqui em diante nos limitaremos ao problema da identidade dos sistemas vigentes em determinado momento. Contudo, não se deve supor que os sistemas vigentes em determinado momento possam ser analisados de forma independente dos sistemas jurídicos contínuos a que pertencem. Ficará claro a partir dos argumentos deste e do próximo capítulo que tanto a identidade quanto a existência dos sistemas vigentes em determinado momento podem ser determinadas apenas mediante referência a outros sistemas vigentes em outros momentos e pertencentes ao mesmo sistema jurídico. Mas a solução destes problemas não pressupõe a capacidade de estabelecer os limites *precisos* dos sistemas jurídicos.

VIII.2: Identidade e pertinência nos sistemas jurídicos vigentes em determinado momento

O critério de identidade dos sistemas vigentes em determinado momento pode ser formulado desta maneira: um conjunto de enunciados normativos é uma descrição completa de um sistema jurídico vigente em determinado momento se e somente se (1) cada um de seus enunciados descreve o (ou parte do) mesmo sistema (vigente em determinado momento) descrito por todos os outros e (2) todo enunciado normativo que descreve o (ou parte do) mesmo sistema vigente em determinado momento está implicado por aquele conjunto.

Esta formulação pressupõe um critério de pertinência ou pertença aos sistemas vigentes em determinado momento, isto é, um critério que determina se dado enunciado normativo descreve o (ou parte do) mesmo sistema vigente em determinado momento que é descrito por determinado conjunto de enunciados normativos. O restante desta seção trata do problema da pertinência aos sistemas jurídicos vigentes em determinado momento.

A definição de "uma descrição completa" de um sistema vigente em determinado momento[1] deixa claro que, se um enunciado normativo é implicado por um conjunto de enunciados normativos, então ele descreve o mesmo sistema que é descrito pelo conjunto. A dificuldade para encontrar um critério de pertinência está em descobrir uma condição que determine se dado enunciado normativo de fato descreve parcialmente o mesmo sistema descrito por determinado conjunto de enunciados normativos, mesmo que não seja implicado por ele. Há várias maneiras para atacar este problema. Nos Capítulos II e V criticamos duas tentativas de solução baseadas no princípio de origem, segundo as quais os fatos criadores de leis são o único fator que determina o sistema jurídico ao qual as leis pertencem. Aqui tentamos esboçar uma abordagem com uma perspectiva mais promissora, que se baseia no princípio do reconhecimento por parte das autoridades.

Os equívocos do critério de pertinência de Austin foram logo descobertos por outros teóricos do direito. Alguns tentaram, sem muito sucesso, aperfeiçoá-lo, mas permaneceram fiéis a seu princípio de origem. Outros abandonaram totalmente esse princípio. Um dos últimos a fazê-lo foi Holland, que definiu a lei como "uma regra geral de ação humana externa imposta por uma autoridade política soberana"[2]. Holland, ao contrário de Austin, acre-

---

[1] Cf. Capítulo III, Seção I, *supra*.

[2] *Jurisprudence*, p. 40.

dita que não é a forma pela qual as leis são criadas, mas sim a forma com que são impostas, que determina sua natureza de leis "positivas", distintas do costume não jurídico etc.; e, à guisa de consequência, é isso o que determina também a que sistema jurídico uma lei pertence.

Sua definição, contudo, é deficiente em muitos aspectos. Uma das deficiências mais importantes é que ela aceita a teoria da soberania de Austin, modificando-a apenas ligeiramente, e pressupõe que existe um sentido em que se pode dizer que toda lei é passível de imposição. Resta claro a partir da discussão dos dois últimos capítulos que: (a) nem toda lei que é uma "regra de conduta", ou seja, uma norma, pode ser imposta. As leis que conferem poderes não podem ser impostas. (b) Nenhuma lei que não é uma norma pode ser imposta.

Estas duas deficiências são evitadas pela definição de lei dada por Salmond. Este teórico explica que, ao passo que existem várias maneiras pelas quais as leis são criadas, "toda lei, como quer que seja criada, é reconhecida e administrada pelos tribunais, e nenhuma norma é reconhecida pelos tribunais se não for norma de direito. Portanto, devemos recorrer aos tribunais, e não ao Poder Legislativo, para determinar a verdadeira natureza do direito"[3]. Consequentemente, ele define o direito da seguinte maneira: "O direito consiste naquelas normas reconhecidas e executadas pelos tribunais de justiça."[4]

Diferentemente da definição de direito dada por Austin, a definição de Salmond não inclui nenhuma teoria embrionária dos sistemas jurídicos. O objetivo de Salmond é apenas mostrar a diferença entre os sistemas jurídicos e outras normas e sistemas

---

[3] *Jurisprudence*, p. 40.
[4] *Salmond on Jurisprudence*, p. 41.

normativos. Portanto, ele pressupõe a normatividade do direito, desconsidera sua natureza coercitiva e baseia sua definição no fato de que os sistemas jurídicos são institucionalizados. É isso que os distingue de outros sistemas normativos. A natureza institucionalizada do direito se manifesta, de acordo com Salmond, na existência e nas operações dos tribunais, isto é, de certos órgãos aplicadores da lei. Nisto ele difere de Bentham, Austin e Kelsen, pois todos enfatizavam a importância dos órgãos criadores da lei e consideravam seu modo particular de criar as leis uma das características distintivas dos sistemas jurídicos.

A afirmação principal de Salmond é verdadeira. Nem toda lei é criada por órgãos legislativos, e, conquanto a importância do processo legislativo como método de criação do direito seja característica dos sistemas jurídicos modernos, não é característica de todos os sistemas jurídicos; e o mesmo se pode dizer de qualquer outro método de criação do direito. Por outro lado, pode-se dizer que todo sistema jurídico institui órgãos aplicadores da lei que reconhecem todas as leis do sistema. Mesmo assim, devemos admitir que há vários casos duvidosos. Alguns desses casos serão abordados na sequência. Mas casos duvidosos são inevitáveis em problemas como este, e sua existência em si não diminui o valor de enunciados gerais sobre o assunto, embora estes não devam ser interpretados de forma muito dogmática.

A importância dos órgãos aplicadores das leis no direito se manifesta de várias maneiras, que devem ser cuidadosamente distinguidas umas das outras. Um dos aspectos mais importantes do seu papel, o aspecto que mais do que qualquer outro é ligado a uma "definição do direito", é a relação dos órgãos aplicadores da lei com o critério de pertinência nos sistemas jurídicos vigentes em determinado momento. O critério formulado abaixo segue a tradição filosófica estabelecida por Salmond, mas se desvia em medida considerável de certas particularidades de sua posição. Diremos que um enunciado descreve um órgão primário quando o identifica e lhe atribui poderes jurídicos primários.

Determinado enunciado normativo descreve, na totalidade ou em parte, o mesmo sistema vigente em determinado momento que é descrito por determinado conjunto de enunciados normativos quando descreve um órgão primário aplicador da lei que reconhece[5] as leis descritas por esse conjunto de enunciados normativos; ou quando um órgão aplicador de leis descrito por um conjunto de enunciados normativos reconhece a lei que o enunciado isolado descreve. Em consequência, pode-se dizer que um sistema jurídico vigente em determinado momento contém todas as leis, e nenhuma a mais, que são reconhecidas por um órgão primário aplicador da lei que ele institui.

Pode ser que seja necessário conceber um sistema jurídico não como um conjunto de leis reconhecido por todos os órgãos primários de aplicação da lei instituídos sob a sua vigência – como está implícito neste critério –, mas como um conjunto de grupos de leis que se sobrepõem substancialmente, embora de forma parcial, e que são todos reconhecidos por um ou mais dos órgãos instituídos sob eles. O critério proposto de pertinência pode ser ampliado para levar em conta essa necessidade. Não examinaremos aqui as várias maneiras pelas quais isto pode ser feito.

O significado e a implicação deste critério de pertinência devem ser examinados cuidadosamente. Ele parte do princípio de que todo sistema jurídico vigente em determinado momento institui no mínimo um órgão aplicador da lei cuja natureza será explicada a seguir. Portanto, o critério pressupõe e manifesta certa

---

[5] "Reconhece" aqui significa "certamente reconhecerá se a questão for suscitada perante o órgão". Ou, quando o sistema descrito não existe mais, significa que o órgão reconhecia as leis em questão quando existia.

posição sobre a natureza institucional do direito. Além disso, supõe que a identidade e os atos dos órgãos aplicadores da lei são essenciais para estabelecer a pertinência a um sistema jurídico. Dados apenas dois enunciados normativos, nenhum dos quais descreve um órgão primário aplicador da lei, é impossível determinar se eles descrevem ou não parte do mesmo sistema jurídico vigente em determinado momento.

O critério é baseado em dois conceitos fundamentais, "órgãos primários de aplicação da lei" e "reconhecimento da lei". As observações seguintes são apenas o início de uma explicação sobre estes conceitos. Um órgão primário de aplicação da lei (em resumo, um "órgão primário") é aquele que é autorizado a decidir se o uso da força em certas circunstâncias é proibido ou permitido pela lei. Este conceito é, com efeito, a chave para o critério. Sustentou-se no Capítulo VII, Seção 4, que:

(1) Todo sistema jurídico proíbe o uso da força em certas condições (pelo menos quando a força é usada para obstruir a execução de sanções) e permite (ou prescreve) o uso da força em outras circunstâncias, a saber, no curso da execução de certas sanções.

(2) Em todo sistema jurídico, todas as leis têm relações internas com as leis que proíbem o uso da força ou com as leis que permitem ou prescrevem o uso da força na execução de sanções.

Pode acontecer de um órgão primário ter unicamente o poder de decidir se certa lei específica que proíbe o uso da força foi violada; mas, ao decidir isso, é possível que ele tenha de decidir se o uso da força foi justificado por ser a execução de uma ou outra sanção, ou se foi justificado por outros fundamentos (erro etc.). Ao reconhecer determinados atos como a execução de sanções, explícita ou implicitamente o órgão também reconhece outras leis que proíbem o uso da força, ou seja, aquelas leis para cujas violações algumas sanções foram prescritas. De forma semelhante, admitindo uma defesa baseada na ideia de erro (aceitando, p. ex., que o agente, ao agir, não tenha percebido corretamente quais eram seus direitos ou os direitos de outras pessoas), outras leis podem ser reconhecidas.

Desta forma, um órgão primário autorizado unicamente a decidir se certos atos que usam a força violaram determinada lei também pode vir a reconhecer, no exercício de seus poderes, outras leis que permitem o uso da força na execução de sanções ou que proíbem o uso da força, e que pertençam ao mesmo sistema vigente em determinado momento. Um órgão primário pode ainda reconhecer a existência de outros órgãos aplicadores ou criadores da lei, a validade de seus atos e as leis que os regulam. Assim, todo órgão primário reconhece direta ou indiretamente, explícita ou implicitamente, todas as leis de um sistema vigente em determinado momento.

Para os propósitos deste critério de pertinência, pode-se dizer que um órgão é autorizado a decidir se uma lei que proíbe o uso da força foi violada se, em certas circunstâncias, sua decisão for uma condição para a execução de uma sanção contra o violador, seja a sanção aplicada pelo próprio órgão, seja por outro órgão.

Pode-se imaginar uma sociedade em que existam determinadas regras que prescrevem uma conduta e sejam sustentadas por sanções coercitivas, mas na qual não existam órgãos primários aplicadores da lei. A decisão de que uma lei foi violada e a aplicação de sanções pode ser confiada à parte prejudicada ou à sua família, ou a qualquer membro da sociedade, contanto que o violador não tenha sido punido por outra pessoa etc. Os órgãos primários surgem no momento em que o poder de decidir sobre a aplicação de tais sanções está concentrado nas mãos de um número relativamente pequeno de pessoas, que são indicadas ou cuja tarefa lhes é confiada primeiramente por causa de suas supostas capacidades, ou porque a merecem, e não por causa de suas relações com a parte prejudicada ou com o violador da lei, contanto que tais pessoas exerçam seus poderes por um período relativamente longo e possam usá-los em um número indefinido de casos. Os órgãos primários podem executar as sanções, ou, por outra, sua decisão de que a lei foi violada pode ser uma condição necessária para a aplicação das sanções em determinadas circunstâncias.

O estudo das formas elementares dos órgãos primários pode lançar luz sobre os sistemas normativos que estão no limite entre uma situação jurídica e uma situação pré-jurídica. Entender os vários tipos de sistemas normativos vigentes em determinado momento é mais importante que decidir se cada um deles é um sistema jurídico ou não, questão que é completamente estéril em muitos casos. Contudo, o exame das várias formas dos órgãos primários está claramente além do objetivo deste estudo.

A partir do momento em que um órgão primário existe, mesmo que seja autorizado a decidir apenas sobre a violação de uma única norma, é possível distinguir entre as normas reconhecidas por ele e as outras normas que não são reconhecidas, quer por não terem relação com o uso da força, quer por outra razão. O fato de as decisões dos órgãos serem baseadas, ainda que remota ou indiretamente, em determinado grupo de normas justifica que estas sejam consideradas elementos de um sistema normativo. Este é o sentido de "sistema normativo" determinado pelo critério de pertinência formulado acima.

É plausível que nem todo sistema normativo seja um sistema jurídico; que, em um sistema jurídico, a decisão sobre a violação de mais de uma norma deva ser confiada a órgãos primários. Como se assinalou acima, o papel essencial das instituições no direito não se reduz a seu papel no critério de pertinência. Não precisamos, contudo, nos preocupar aqui com este problema, pois, qualquer que seja a sua solução, a correção do critério de pertinência proposto não é afetada por ele.

A decisão de um órgão primário pode ser declarada, e às vezes é acompanhada de um comando ou permissão para aplicar a sanção ou praticar alguns outros atos. A decisão pode nem chegar a ser declarada. Ao tomá-la, o órgão pode simplesmente começar a agir conforme a sua decisão, ou seja, pode aplicar a sanção ou abster-se de aplicá-la. Em sistemas jurídicos desenvolvidos, os órgãos primários normalmente chegam a suas decisões depois de um processo litigioso regulado pela lei, e a decisão em si é com frequência acompanhada por uma explicação das razões que a justificam. Em tais circunstâncias, é relativamente fácil encontrar quais são as leis reconhecidas e executadas pelos órgãos. É mais difícil fazer isso quando a decisão não é explicada ou justificada pelo órgão.

Entretanto, é possível descobrir as razões que uma pessoa teve para praticar um ato ou tomar uma decisão, mesmo que tais razões não sejam declaradas pela pessoa. No que concerne aos órgãos jurídicos, a tarefa é facilitada pelo fato de que as leis existem apenas como parte de sistemas jurídicos largamente aceitos por determinada população. Assim, a população ou os juristas normalmente têm como certo que o órgão primário vai reconhecer certas leis; e se as decisões dele não entrarem em conflito com elas, pode-se supor que ele agiu baseado nelas.

É desnecessário dizer que as leis proporcionam apenas parte das razões para as decisões dos órgãos primários. Outras razões podem ser a verificação de certos fatos, considerações de justiça etc.

Os órgãos primários não precisam apenas executar leis previamente existentes; podem às vezes criar novas leis e aplicá-las. Como reconhecem as leis que criaram, a distinção entre as leis que existem antes de ser reconhecidas pelos órgãos primários e aquelas que são criadas e aplicadas pelos órgãos primários não é essencial para a compreensão do critério de pertinência. Contudo, é da maior importância entender que a tese de que todas as leis são reconhecidas pelos órgãos primários (ou a de que todas são reconhecidas pelos tribunais), ou que a sua pertinência a determinado sistema jurídico é garantida por este fato, não acarreta a ideia de que os órgãos primários criem todas as leis (ou que os tribunais o façam).

Determinar se a criação das leis pode ser atribuída aos órgãos primários (ou aos tribunais) depende de vários fatores. Assim, se uma lei foi criada pelo exercício de poderes conferidos por outra lei-PL reconhecida pelos órgãos primários ou pelos tribunais, ela é reconhecida por eles como elaborada por quem quer que tenha tais poderes. Além disso, se as razões dadas para o reconhecimento de uma lei justificam o seu conteúdo, tenderemos a pensar que ela foi criada pelos tribunais ou pelos órgãos primários. Por outro lado, se as razões para o reconhecimento de uma lei têm relação com a autoridade da pessoa ou grupo que a emitiu, é provável que o tribunal ou o órgão primário esteja aplicando uma lei previamente existente. Esta posição será reforçada se a lei é tida como válida a partir do momento em que foi emitida por aquela pessoa ou grupo, e mais ainda se ela era praticamente certa antes da decisão do órgão de executá-la. Quando essas condições se realizam, a lei reconhecida pode ser original, isto é, uma lei criada por uma pessoa ou grupo que não estavam autorizados pelo direito a criá-la.

Dizer que um órgão primário reconhece uma lei significa que, no exercício adequado de seus poderes, este órgão executaria aquela lei se a questão fosse suscitada perante ele. Este enunciado contrafactual suscita várias questões filosóficas que não nos interessam aqui. Os dados concretos que justificam tais enunciados são a conduta passada do órgão primário, as atitudes e opiniões da população e dos juristas etc. Essas provas podem ser, e são, em grande parte indiretas. É de especial importância o fato de que o reconhecimento de uma lei-PL implica logicamente o reconhecimento de todas as leis criadas pelo exercício dos poderes por ela conferidos. Este fato é responsável pela importância que é frequentemente ligada às leis-PL nas discussões do problema da pertinência. Uma importância igual deve ser conferida ao fato de que o reconhecimento, por parte de um órgão primário, das normas que criam outro órgão (ou um tribunal) dá considerável sustentação à suposição de que o primeiro órgão reconhecerá todas as leis reconhecidas pelo segundo, embora esta suposição não esteja necessariamente implicada naquele fato.

Este pequeno exame do critério de pertinência deixa muitas questões sem resposta, embora eu acredite que todas possam ser respondidas satisfatoriamente. Podemos concluir esta seção enumerando algumas delas.

Devem-se fazer algumas explorações adicionais sobre a estrutura dos sistemas jurídicos para provar que o grau de interdependência das leis pressuposto pelo critério realmente existe. Eis alguns dos problemas principais:

Existe a questão de determinadas exceções ou defesas, como a de imunidade pessoal, e seus efeitos sobre o conteúdo dos sistemas jurídicos. A imunidade total às sanções pode às vezes impedir que os órgãos primários levem em conta certas normas. Neste caso, elas devem ser consideradas como não pertencentes ao sistema jurídico composto pelas leis reconhecidas pelos órgãos primários. Assim, as organizações religiosas podem ser imunes ao controle do Estado e estar sujeitas a um sistema jurídico separado. Quando a imunidade não é completa, já não basta isolar as normas que governam a conduta das pessoas imunes, se é que tais normas existem. Mas os efeitos precisos da imunidade e de outras exceções semelhantes demandam uma investigação mais precisa e muito mais detalhada.

Outro problema é a questão de um possível "conflito" entre os atos de vários órgãos primários. É possível que um órgão *A* reconheça outro órgão *B*, ao passo que *B* não reconhece *A* e algumas de suas leis? E como se poderia explicar tal situação?

Ainda outro problema difícil é a distinção entre o reconhecimento, por parte de um órgão, das leis de seu próprio sistema jurídico e seu reconhecimento das leis de outro sistema jurídico em virtude das orientações postas por suas leis de direito internacional privado.

Finalmente, há o problema da distinção entre fato e direito, Os regulamentos internos de empresas são reconhecidos pelos tribunais como normas de direito ou como simples fatos? Qual é a situação jurídica de uma ordem que o pai dá ao filho, cuja desobediência é punível pela lei? Etc.

VIII.3. Sobre a norma de reconhecimento

Muitos teóricos do direito baseiam suas explicações sobre o direito nas atividades dos órgãos aplicadores da lei. Nenhum deles, porém, conseguiu postular um critério satisfatório de pertinência. Isto se deve, sem dúvida, ao menos em parte, ao fato de não conseguirem formular claramente o problema, nem sequer separá-lo de outros problemas. Esta característica é tão acentuada que se pergunta com frequência se eles estavam de fato interessados nos problemas da pertinência e da identidade. O critério formulado na seção anterior se diferencia em dois aspectos importantes das posições da maioria dos outros teóricos que partilham a abordagem de Salmond:

(1) Não trata das atividades dos tribunais ou dos órgãos aplicadores da lei em geral, mas apenas daquela dos órgãos primários.

(2) Trata daquilo que os órgãos primários efetivamente fazem, e não com daquilo que deveriam fazer; não obstante, interpreta a atividade destes órgãos no contexto de considerações normativas.

Este segundo ponto, bem como a natureza do critério proposto de pertinência em geral, podem ser esclarecidos mediante referência à posição de Hart sobre o assunto, isto é, à sua doutrina da norma de reconhecimento.

A relação entre a norma de reconhecimento e o problema da pertinência é esclarecida na primeira passagem em que o conceito é introduzido. A norma de reconhecimento, explica Hart, "especifica as características que, se estiverem presentes em determinada norma, serão consideradas como indicação conclusiva de que se trata de uma norma do grupo"[6]. Ou seja, a norma de reconhecimento é "uma norma destinada à identificação conclusiva das normas primárias de obrigação"[7].

A norma de reconhecimento é uma norma jurídica e pertence ao sistema jurídico. Ela se distingue das outras leis porque sua existência não é determinada por critérios estabelecidos em outras leis, mas pelo fato de que ela é realmente aplicada:

> [...] enquanto uma norma subordinada de um sistema pode ser válida e, nesse sentido, existir, mesmo que seja geralmente desrespeitada, a norma de reconhecimento só existe como uma prática complexa, embora normalmente harmoniosa e convergente, que envolve a identificação do direito pelos tribunais, autoridades e indivíduos privados por meio da referência a determinados critérios. Sua existência é uma questão de fato.[8]

---

[6] *CL*, p. 92.
[7] *CL*, p. 92
[8] *CL*, p. 107.

Isto parece implicar que a norma de reconhecimento é sempre uma norma costumeira e não legislada. Por outro lado, Hart diz que:

> Se uma Constituição que especifica as várias fontes do direito é uma realidade viva, no sentido de que os tribunais e autoridades do sistema realmente identificam o direito de acordo com os critérios que ela oferece, então a Constituição é aceita e realmente existe. Parece desnecessário afirmar que há uma norma ulterior que diz que a Constituição ou aqueles que "a formularam" devem ser obedecidos.[9]

É de presumir que a Constituição, em tais casos, deve ser considerada criada tanto pela legislação quanto pelo costume, concepção que talvez não seja impossível, mas que precisa de alguma explicação.

Esta é uma dificuldade menor. Muito mais importante é a dificuldade de encontrar quem são os sujeitos da norma de reconhecimento e a dúvida quanto a ser ela uma lei que impõe deveres ou uma lei que confere poderes. (Deve-se lembrar que, de acordo com Hart, todas as normas impõem deveres ou conferem poderes; e que ele supõe que todas as leis são normas.) Hart diz que "onde quer que essa norma de reconhecimento seja aceita, tanto os indivíduos quanto as autoridades públicas dispõem de critérios válidos para a identificação das normas primárias de obrigação"[10]. Isto dá a entender que a norma de reconhecimento é dirigida ao conjunto da população. Acaso isto, por sua vez, significa que todos os que estão sujeitos ao conjunto das leis identificadas por essa norma de reconhecimento são os sujeitos desta norma?

---

[9] *CL*, p. 246.
[10] *CL*, p. 97.

Hart frequentemente contrasta a norma de reconhecimento e outras normas secundárias com as normas primárias, que são normas de obrigação. Assim, é de presumir que as normas de reconhecimento não impõem obrigações, mas conferem poderes. Esta hipótese é reforçada pela seguinte afirmação: em determinadas circunstâncias, "[...] a norma que confere jurisdição será também uma norma de reconhecimento"[11]. Mas está bem claro que não é essa a intenção de Hart, como ele mesmo confirmou a mim. Em seu livro, Hart explica apenas que as leis que impõem deveres podem ser leis costumeiras. Não é cabível, de acordo com a sua teoria, que as leis que conferem poderes sejam leis costumeiras[12], a menos que façam parte de um sistema jurídico do qual não sejam a norma de reconhecimento.

Por conseguinte, pode-se concluir que a norma de reconhecimento é uma lei que impõe deveres. Contudo, isto significa que seus sujeitos não podem ser o conjunto da população, pois as pessoas comuns não têm o dever de identificar certas leis e não identificar outras (nem têm o poder legal para fazer isso).

A norma de reconhecimento deve, portanto, ser interpretada como uma lei-D dirigida às autoridades, orientando-as a aplicar ou executar determinadas leis. Assim, somente a conduta das autoridades, e não a da população como um todo, determina se a norma de reconhecimento existe.

A razão fundamental que levou Hart a adotar sua doutrina da norma de reconhecimento é expressa na seguinte sentença: "Caso se indague sobre a validade jurídica de uma norma qualquer, de-

---

[11] *CL*, p. 95.
[12] A explicação das leis-P no Capítulo VI, Seção 5, *supra*, admite a possibilidade de leis-P costumeiras. Mas a existência das leis-P em geral depende da existência ou da possível criação de determinadas leis-D, e não existem leis-D que possibilitem a interpretação da norma de reconhecimento como uma lei-P.

vemos, para responder à pergunta, utilizar um critério de validade *oferecido por alguma outra norma*."[13] É esta suposição que é questionável. Parece-me que, para saber se uma lei qualquer existe enquanto lei em determinado sistema jurídico, é preciso tomar como referência última não uma lei, mas um critério jusfilosófico[14]. Em última análise, é preciso tomar como referência um enunciado geral que não descreve uma lei, mas uma verdade geral sobre o direito.

Alguns sistemas jurídicos podem ter leis que obrigam determinados órgãos a aplicar todas as leis que satisfaçam a certas condições, e pode ser que estas leis sejam, na prática, todas as leis do sistema. Mas mesmo quando existem leis desse tipo, o que não ocorre sempre, as leis do sistema pertencem a ele não por causa desta norma de reconhecimento, mas porque são todas reconhecidas pelos órgãos primários.

O fato de não ser verdade que em todo sistema jurídico há uma norma de reconhecimento pode ser verificado pela consideração dos dois pontos seguintes:

(1) Não está claro em que Hart fundamenta sua concepção de que há apenas uma norma de reconhecimento em todo sistema jurídico. Por que não dizer que há várias normas de reconhecimento, cada uma dirigida a um tipo diferente de autoridade? Por que não dizer que as normas de reconhecimento prescrevem o reconhecimento de vários tipos de leis?

(2) Na seção anterior, propusemos que a conduta dos órgãos primários seja a chave do critério de pertinência; não obstante, não há razão para pensar que eles sempre ajam no sentido de cumprir deveres a que estejam sujeitos, como implica a teoria de

---

[13] *CL*, p. 103. Grifo meu.
[14] Deve-se lembrar que estamos interessados no ponto de vista do homem comum, e não no do juiz que está diante da questão "que lei deve ser reconhecida?".

Hart. Eles podem ter o dever de reconhecer algumas leis e, ainda assim, serem legalmente livres para reconhecer ou não algumas outras[15]. Suponhamos, com Hart, que as normas jurídicas possam ser leis-D meramente em virtude de reações críticas difusas, sem serem sustentadas por sanções ou outros remédios jurídicos. Mesmo assim, não é necessário que os órgãos primários sejam objeto de reações críticas caso parem de reconhecer certas leis ou comecem a reconhecer outras.

A. *Nota sobre as leis em geral e sobre aquelas que só existem no papel*

Este capítulo trata de como o fato de o direito ser institucionalizado ajuda a resolver o problema da pertinência. A solução proposta confere uma importância especial a certos órgãos aplicadores da lei, sem assim supor que (1) as leis são predições ou descrições dos atos desses órgãos; (2) as leis são dirigidas apenas a esses órgãos; na verdade, são dirigidas às várias classes de pessoas e são simplesmente reconhecidas por esses órgãos; (3) todas as leis são criadas por esses órgãos; ou (4) os órgãos têm sempre o dever de reconhecê-las.

O critério de pertinência proposto indica o caminho para a solução de outro problema. Kelsen pensa que a eficácia mínima é condição necessária para a validade de qualquer lei[16]. Esta é sua solução para o problema das "leis que só existem no papel". O critério de pertinência proposto sugere uma abordagem diferente ao problema: as leis de um sistema são aquelas reconhecidas pelos órgãos primários. As leis ou regulamentos etc. que são desconsiderados pelos órgãos aplicadores da lei na verdade não fazem parte do sistema jurídico. Se forem reconhecidas de uma

---

[15] Cf. Capítulo II, Seção 4, *supra*.
[16] Cf. Capítulo III, Seção 3, *supra*.

forma diferente, são leis nessa forma modificada. Mas o fato de que sejam desconsideradas pela população nada diz sobre sua existência ou inexistência. Além disso, mesmo que sejam desconsideradas pela polícia, mesmo que não haja ações judiciais por sua violação (em se tratando de leis-D), ou mesmo que as partes interessadas não as invoquem perante o órgão aplicador da lei, elas ainda serão leis válidas se, quando suscitadas perante órgãos primários no exercício adequado de seus poderes, estes as reconheçam e executem.

Deve-se admitir que a opinião corrente sobre o assunto está dividida, e a posição aqui defendida não pode ser justificada como uma explicação da opinião corrente. Sua justificação é indireta. Primeiramente, ela concorda com as posições expressas sobre os problemas da pertinência e da identidade, que por sua vez são explicações do senso comum e dos juristas sobre estes assuntos. Em segundo lugar, ela expressa outro aspecto da decisão de atribuir um papel central aos órgãos aplicadores da lei.

É verdade que uma das características distintivas das normas é que elas constituem determinados tipos de razões para a ação. Mas em cada situação as normas são sempre apenas uma das razões para a ação; seu efeito e seu peso são afetados por muitos outros fatores que também são razões para a ação e que às vezes aumentam, às vezes diminuem, às vezes mesmo contradizem o efeito das normas. É reconhecido por todos o fato de que a existência de certas normas não é sempre uma razão decisiva para agir como elas prescrevem. Uma regra moral importante que contradiz uma lei pode levar a população a rejeitar esta última, mas nem a contradição nem o seu efeito sobre a população querem dizer que a lei não existe. De forma semelhante, um índice baixo de solução de crimes pode levar as pessoas a atribuir um peso menor a certas leis, embora isso não signifique que estas leis não existam.

É característico das normas que as razões para a ação que elas constituem sejam, em geral, importantes e de grande peso. Daí a tendência de pensar que, se a lei perdeu grande parte de sua importância enquanto razão para a ação em virtude de sua rejeição geral, ela não é mais uma lei. Mas em se tratando de um sistema normativo, parece razoável admitir que esta consideração do peso das normas individuais como razões para a ação seja afastada pela consideração da natureza sistemática das normas. Porque pertencem a um sistema caracterizado pela aplicação organizada das leis por órgãos especialmente indicados, mesmo as leis mais amplamente rejeitadas e desconsideradas são leis na medida em que são reconhecidas por esses órgãos.

CAPÍTULO IX

SOBRE A EXISTÊNCIA DOS SISTEMAS JURÍDICOS

IX.1. Sobre o princípio de eficácia

O problema da existência é o da busca de um critério para determinar se certo sistema jurídico existe: isto é, se é verdadeiro um dado conjunto de enunciados normativos que, caso sejam verdadeiros, constituirão uma descrição completa do sistema jurídico em questão.

Alguns teóricos do direito fundamentaram suas posições a respeito deste problema no princípio de eficácia, isto é, na suposição de que a existência dos sistemas jurídicos depende somente de sua eficácia, da obediência às suas leis[1]. Nenhum dos expoentes desta posição esclareceu muito o sentido preciso de eficácia ou de obediência em sua teoria. Uma interpretação possível é que um sistema existe se há certa proporção entre os casos de obediência a suas leis e o número total de oportunidades para obedecê-las. Esta é sem dúvida uma interpretação grosseira, mas é melhor que nenhuma, e pode servir no mínimo como base para algum comentário ou crítica. Alguns dos pontos para os quais chamo a atenção a seguir podem ser contornados caso se refine ou se aperfeiçoe esta interpretação do princípio de eficá-

---

[1] Cf. Capítulo V, Seção 1, *supra*.

cia, mas outros mostrarão que o princípio é inadequado e deve ser abandonado.

Como os casos de desobediência devem ser computados? Suponhamos que alguém dirija um carro a 50 milhas por hora, ultrapassando o limite de velocidade. Quantas vezes essa pessoa violou a lei? Como o número de oportunidades para obedecer a lei deve ser computado? Quantas oportunidades se tem de não matar durante um ano? E quantas oportunidades de não roubar? Suponhamos que um método adequado de cômputo seja estabelecido. O fato de uma pessoa não cometer assassinato 500 vezes e cometer apenas uma, o fato de pagar o imposto de renda duas vezes e não pagá-lo três vezes – acaso estes fatos indicam uma proporção (parcial) de eficácia de 4 para 506? Parece-me que nenhum método de cômputo pode fazer muito sentido.

Todas as violações de todas as leis têm a mesma importância para a existência do sistema jurídico? O fato de um homem violar um contrato ou de não obedecer à sinalização de trânsito é tão prejudicial para a existência do sistema jurídico quanto o fato de ele desertar do exército ou conspirar contra o governo?

Além do mais, todas as violações da mesma lei têm idêntica importância para a existência do sistema jurídico? O assassinato do chefe de Estado não abala mais o sistema jurídico do que qualquer outro assassinato, independentemente de ser ou não um tipo diferente de crime? Parece também que a intenção expressa com que uma lei é violada pode fazer toda a diferença. Compare, por exemplo, o efeito da inadimplência tributária deliberada, planejada como ato de desobediência civil, com o efeito do mesmo delito cometido por sonegadores comuns.

Uma questão geral e muito importante, que não é respondida pela maioria dos expoentes do princípio de eficácia, é a de saber se a mera conformidade à lei deve ser equiparada a uma obediência que implique no mínimo algum conhecimento da lei, ou mesmo a uma obediência que implique que a existência da lei afetou a decisão de conduta da pessoa.

O princípio de eficácia está relacionado apenas com a obediência e a desobediência às leis-D. Mas acaso a maneira com que as pessoas fazem ou não uso dos poderes conferidos pelas leis-P não tem a mesma importância para a existência do sistema jurídico? Suponha que, em certo país, os membros de algum grupo racial ou étnico são considerados cidadãos de segunda classe e não têm direitos políticos. Suponha que o governo indique alguns membros desse grupo para uma assembleia legislativa semiautônoma, e que essas pessoas, em protesto contra o regime, se recusem a usar seus poderes. A sua ação não é tão prejudicial à existência do sistema jurídico quanto qualquer ato de violação de deveres por desobediência civil? Uma abstenção em massa nas eleições parlamentares é menos importante para este assunto do que uma reunião pública ilegal? Do mesmo modo, se a violação de certos contratos ou de certos deveres dos diretores de uma empresa afeta a existência do sistema jurídico, este também é afetado pelo fato de a população evitar a celebração de determinados tipos de contrato ou a criação de certos tipos de pessoa jurídica com fins comerciais.

Finalmente, deve-se notar que o sistema jurídico existente não é sempre o único que recebe um grau maior de obediência. Pode-se, por exemplo, defender a ideia de que o sistema jurídico pós-UDI (Declaração Unilateral de Independência) era o sistema jurídico existente na Rodésia* em 1968. Mas isto não implica que

---

* A Rodésia foi um território britânico localizado no centro da África, formalmente administrado pela Companhia Britânica da África do Sul. Em 1924, foi dividido em Rodésia do Norte e Rodésia do Sul. Em 1953, as duas Rodésias fundiram-se com a colônia britânica de Niassalândia (atual Maláui) e formaram a Federação

fosse este o único sistema jurídico eficaz na Rodésia. Pode ser que o sistema pré-UDI também fosse eficaz. Com efeito, pode ter sido o sistema mais eficaz e ainda assim não ter sido o sistema existente. Os dois sistemas são em grande parte idênticos em conteúdo. Pode ser, por exemplo, que determinado número de leis penais promulgadas depois da UDI não tenha sido plenamente obedecido. Isto pode ter oferecido ao sistema pré-UDI certa vantagem na proporção de eficácia, apesar do fato de uma nova lei constitucional, de grande importância, ter substituído a lei constitucional anterior, e de que a lei mais obedecida tenha sido a nova e não a antiga. A eficácia dessa única lei constitucional pode ter determinado que o sistema existente na Rodésia em 1968 era o sistema pós-UDI.

Em resumo: embora a obediência a todas as leis-D possa ser pertinente para a existência de um sistema jurídico, é preciso: (1) evitar um cômputo muito simplificado; (2) atribuir pesos diferentes a delitos diferentes; (3) levar em conta circunstâncias e intenções que não têm diretamente a ver com o direito; (4) levar em conta o conhecimento da lei e sua influência no comportamento das pessoas[2]; (5) levar em consideração não só a obediência aos deveres, mas também o uso dos poderes; (6) atribuir uma importância maior às leis constitucionais importantes[3].

---

de Rodésia e Niassalândia, sob tutela britânica, também chamada de Federação da África Central. A Federação se dissolveu em 31/12/1963; a Rodésia do Norte e Niassalândia tornaram-se independentes no ano seguinte com os nomes de Zâmbia e Maláui, respectivamente. Em 1965, o administrador da Rodésia do Sul, Ian Smith, declarou unilateralmente a independência em relação ao Reino Unido, que considerou tal declaração ilegal. O país, depois denominado Zimbábue, conquistou efetivamente sua independência em 1980. A sucessão de regimes políticos e jurídicos desta região esclarece o exemplo do autor. (N. da T. e do R. da T.)

[2] O primeiro dos três pontos e a primeira metade do quarto foram reconhecidos explicitamente por Bentham; cf. sua discussão sobre a rebelião, que é relacionada com a mudança dos sistemas jurídicos: *Fragment*, pp. 45-6.

[3] Os últimos dois pontos são abordados por Hart: cf. *CL*, pp. 109-14.

IX.2. Algumas considerações adicionais

A complexidade do problema da existência não é suscetível de tratamento breve, e parece-me que até agora a maioria das questões envolvidas não foi desenvolvida pelos filósofos do direito. As páginas seguintes contêm apenas algumas sugestões relacionadas à maneira como o problema deve ser abordado. Não trazem nem mesmo o germe de sua solução.

Deve-se distinguir duas questões:

(1) Existe um sistema jurídico em determinada sociedade?

(2) Supondo que determinada sociedade seja governada por um sistema jurídico, por qual sistema é ela governada? Que sistema jurídico nela existe?

A primeira questão pode ser interpretada de duas maneiras: pode significar: (a) Dado que S é um sistema normativo existente em determinada sociedade, S é um sistema jurídico? Ou (b) Acaso alguma descrição completa de um sistema jurídico descreve um sistema que existe em determinada sociedade? Aqui estaremos interessados apenas na segunda interpretação.

A estas duas questões correspondem dois grupos de testes: um para determinar se em dada sociedade existe de fato algum sistema jurídico; o outro para determinar, se houver resposta positiva à primeira questão, que sistema jurídico existe ali.

Para o primeiro grupo de testes, que pode ser denominado "teste preliminar", todas as leis do sistema são pertinentes, embora não haja razão para pensar que sejam todas igualmente importantes. Deve-se levar em consideração não só a obediência ao direito público, mas também ao direito privado. O uso de poderes legais de todos os tipos pela população também deve ser considerado. Deve-se dar atenção particular ao grau em que as leis são conhecidas e à influência que exercem na conduta das pessoas.

Ao considerar o uso dos poderes legais, é preciso notar que nem toda oportunidade não aproveitada de exercer um poder legal é pertinente, mas apenas aquelas em que seu uso poderia ser esperado – por exemplo, em razão de vantagem óbvia à pessoa interessada. Desnecessário dizer que o conhecimento da lei é mais importante para a efetividade das leis-P do que para a conformidade com as leis-D.

O teste preliminar é um teste da eficácia geral dos sistemas jurídicos. (O termo "eficácia" é usado em um sentido mais amplo do que o empregado até aqui.) Mais de um sistema jurídico pode passar no teste preliminar e ser eficaz em determinada sociedade. Em tais casos, pode ser necessário usar o segundo grupo de testes para encontrar qual dos sistemas eficazes existe naquela sociedade. Como foi mostrado na seção anterior, o fato de um dos dois sistemas jurídicos que passaram no primeiro teste ser mais eficaz que o outro não é prova de que é o sistema existente. Esta questão é decidida por um segundo grupo de testes, que será denominado "teste de exclusão".

O teste preliminar e a questão a que ele deve responder não aparecem muito nas discussões jurídicas. Estas tratam sobretudo de determinar se certo sistema normativo é um sistema jurídico, ou de saber qual de dois sistemas jurídicos é o que existe em certa sociedade. Seriam exemplos a questão de saber se as normas de uma sociedade primitiva formam um sistema jurídico e a questão de qual sistema jurídico existia na Rodésia em 1968.

Para responder a questões como a última, deve-se fazer referência ao teste de exclusão. Antes que este teste seja aplicado, porém, deve-se verificar se os dois sistemas jurídicos sob consideração são de fato mutuamente exclusivos. Uma sociedade pode ser governada por dois sistemas jurídicos – um religioso e um civil, por exemplo – que, mesmo que às vezes sejam conflitantes, são compatíveis.

Determinar se dois sistemas jurídicos são compatíveis ou não dependerá antes de tudo das formas de organização social de que eles fazem parte (por exemplo, os sistemas jurídicos de uma tribo, um Estado, uma religião etc.). Em geral, cada organização social de determinado tipo é incompatível com outras organizações do mesmo tipo, mas pode coexistir com organizações sociais de outros tipos. (Os Estados são incompatíveis uns com outros, mas são normalmente compatíveis com as religiões etc.) Em segundo lugar, a compatibilidade dos sistemas jurídicos vai depender do grau de conflito entre eles. (Certas religiões podem proibir o reconhecimento de qualquer autoridade não religiosa etc.)

Dado que dois sistemas jurídicos putativos sejam eficazes em certa sociedade e também sejam incompatíveis, resta ao teste de exclusão determinar qual deles existe naquela sociedade. Este teste confere importância especial à atitude e aos atos das pessoas em relação ao Estado, ao regime ou a outra forma de organização social com que o sistema jurídico esteja relacionado, sendo dela uma parte integrante. A população desafia ou rejeita parte de um dos sistemas jurídicos por causa de sua lealdade a um regime de preferência ao outro? É aqui que se torna pertinente a intenção das pessoas no ato de violar certos deveres ou de exercer ou se abster do exercício de poderes legais.

O teste de exclusão confere importância especial a outros fatores, como a eficácia das leis constitucionais principais (ou seja, as atividades dos órgãos que criam e aplicam as leis importantes) e a eficácia de outras leis que tenham caráter político. Estas variam de um sistema jurídico para outro. O teste de exclusão é um teste comparativo. O sistema jurídico que se sai melhor entre os sistemas que competem é o que existe. Em certos casos, dois sistemas concorrentes podem ter as mesmas qualidades, e o caso deve ser julgado como não decidido.

Até aqui, fizemos constante referência à existência dos sistemas jurídicos em determinadas sociedades. O termo "sociedade" deve, neste contexto, ser interpretado de forma muito ampla. Ao dizer que um sistema jurídico é o sistema jurídico da Inglaterra ou do povo inglês, pretende-se dizer (a) que suas leis se aplicam (*grosso modo*) apenas aos atos executados na Inglaterra ou pelo povo inglês; e (b) que, quando verificado pelos testes acima mencionados na Inglaterra ou entre o povo inglês, isto é, em sua esfera de aplicação, fica provado que ele aí existe. Às vezes a esfera de existência efetiva de um sistema jurídico é mais estreita que sua esfera de aplicação. Assim, entendo que o sistema jurídico em vigor em Formosa em 1968 poderia ter-se aplicado também à China continental. Os critérios de existência tornam possível estabelecer que este sistema jurídico existe de fato apenas em Formosa.

Um sistema jurídico sempre existe em determinado momento ou durante certo período. Contudo, deve-se lembrar que os testes de eficácia e exclusão produzem resultados apenas se executados durante um período mínimo de tempo. Um sistema jurídico existe em determinado momento se este momento faz parte de um período em que ele existe.

Estas poucas observações sobre o critério de existência são simples partes dos esclarecimentos preliminares necessários antes que o problema da existência seja enfrentado em sua totalidade. Como muitas outras sugestões feitas neste livro, são meros indicadores do caminho a seguir para solucionar os problemas envolvidos. Contudo, tenho esperança de que o livro tenha sido bem-sucedido em formular e demonstrar a importância de alguns problemas de filosofia do direito, problemas grandes mas frequentemente esquecidos; e tenha conseguido, com êxito, não só lançar nova luz sobre o trabalho de alguns grandes pensadores do direito como também oferecer alguma contribuição para a solução daqueles problemas.

PÓS-ESCRITO

FONTES, NORMATIVIDADE E INDIVIDUAÇÃO[1]

A teoria da natureza dos sistemas jurídicos é um dos principais elementos da parte analítica da filosofia do direito. Juntamente com uma teoria da decisão judicial, ela fornece os fundamentos conceituais de nosso entendimento do direito como uma instituição social da maior importância; esses dois elementos formam a base para a avaliação crítica do direito, que é a outra parte da jusfilosofia.

Alguns autores sustentam que as leis não pertencem necessariamente a sistemas jurídicos[2]. Como observação linguística, não

---

[1] De nada adiantaria listar todos os pontos em que desenvolvi ou modifiquei as posições expostas na primeira edição de *O conceito de sistema jurídico*. O que pretendo aqui é me concentrar em três pontos importantes tratados neste livro: defender as posições expostas sobre a dependência do direito perante suas fontes e sobre a individuação das leis; e explicar como me enganei ao sustentar determinadas suposições sobre a normatividade do direito.

[2] Ver especialmente de A. M. Honoré, "What is a Group", *Archiv für Rechts und Sozialphilosophie* 61 (1975) 161; G. MacCormack, "'Law' and 'Legal System'", (1979) 42 M.L.R. 282. Cf. também J. M. Eekelaar, "Principles of Revolutionary Legality" in *Oxford Essays in Jurisprudence*, 2nd series, org. A. W. B. Simpson, Oxford, 1973, onde se encontrará um argumento que justifica a existência de princípios jurídicos que transcendem o sistema jurídico. R. M. Dworkin às vezes se exprime como se partilhasse essa posição: *Taking Rights Seriously*, ed. rev., Londres, 1979, p. 344. Mas as posições lá expostas não se coadunam bem com a tese principal do ensaio "Hard Cases", que identifica o direito com a moral institucional dos tribunais e o considera como algo distinto tanto do que Dworkin chama de moral "de fundo" como das morais institucionais de outras instituições.

há dúvida de que essa posição é correta. A palavra "lei" é aplicada a regras de conduta que não pertencem a sistemas jurídicos. Se a filosofia do direito fosse o estudo do significado da palavra "lei", a teoria dos sistemas jurídicos não seria uma parte tão importante dela. Mas a filosofia do direito não é e nunca foi concebida por seus expoentes principais como uma investigação sobre o sentido desta ou de qualquer outra palavra[3]. É o estudo de uma forma característica de organização social. Essa organização social fornece um dos contextos importantes em que a palavra "lei" é usada, sendo aí estreitamente associada ao uso das palavras "legal" e "legalmente". Mas o tema deste livro é o estudo da organização social e de sua estrutura normativa, não do significado de qualquer palavra.

1. Fontes

O livro se concentra em duas das quatro principais questões que perfazem a teoria dos sistemas jurídicos: a identidade dos sistemas jurídicos e a sua estrutura. O problema da identificação do conteúdo necessário do direito não foi discutido em absoluto[4]. A questão da existência foi discutida de forma predominantemente crítica. É comum supor que um sistema jurídico não está em vigor a menos que seja eficaz em alguma medida. Kelsen afirma que a eficácia não depende apenas do fato de a população em geral conformar-se ao direito, mas também da capacidade dos tribunais e outros órgãos aplicadores de aplicar sanções aos violadores da lei. Hart mostrou que, para que o sistema seja eficaz, a conformidade não é suficiente. É necessária também, no míni-

---

[3] Sobre a abordagem linguística na filosofia do direito, ver meu "The Problem about the Nature of Law", no prelo, e *The Authority of Law*, Oxford, 1979, terceiro ensaio
[4] Tentei dizer algo sobre isso em *Practical Reason and Norms*, Seção 5.1, Londres, 1975.

mo, a aceitação do direito por parte das autoridades. No último capítulo do livro, discuti algumas confusões em nosso entendimento sobre a eficácia e apontei várias diferenciações necessárias de ênfase. E o assunto permaneceu assim até o momento. Para haver algum progresso significativo nesta matéria, teriam de ser empregados alguns instrumentos mais refinados, emprestados da sociologia teórica

Esta dependência da sociologia teórica não é acidental. Os sistemas jurídicos não são organizações sociais "autárquicas". São um aspecto ou dimensão de algum sistema político. Este fato se relaciona com a delimitação temporal de sistemas jurídicos contínuos. No Capítulo VIII, critiquei teóricos do direito como Austin, Kelsen e Hart, que buscavam fornecer critérios jurídicos autônomos para a definição da continuidade do direito[5]. Os critérios jurídicos autônomos são aqueles derivados do conteúdo das leis, de suas inter-relações e de sua eficácia. A confiança neles pressupõe que não apenas a operação interna, mas também os limites precisos do direito podem ser fixados apenas com base em considerações especificamente jurídicas. Mas o direito é um aspecto de um sistema político, seja ele um Estado, uma igreja, uma tribo nômade ou qualquer outro. Sua existência e sua identidade são limitadas pela existência e pela identidade do sistema político do qual ele faz parte. Se o livro errou, foi por não enfatizar este ponto suficientemente. Ele de fato sustenta que a identidade de um sistema jurídico ao longo do tempo depende da continuidade do sistema político do qual o direito faz parte, mas tenta propor uma definição autônoma dos limites de um sistema jurídico vigente em determinado momento. Embora seja verdade que os critérios

---

[5] Veja-se crítica semelhante em J. N. Finnis, "Revolution and Continuity in Law", in *Oxford Essays in Jurisprudence*, 2nd series, e ver também *The Authority of Law*, ensaios 5 e 7.

autônomos são muito úteis para identificar os limites de um sistema jurídico vigente em determinado momento, em última análise eles deixam alguma margem de dúvida. Um sistema jurídico vigente em determinado momento consiste apenas nas normas que determinado sistema de tribunais é obrigado a aplicar de acordo com seus próprios costumes e práticas[6]. Isto não explica a noção de um sistema de tribunais[7]. Pode-se dizer que os tribunais pertencem a um mesmo sistema quando têm a prática de reconhecer normas a partir dos mesmos critérios de validade (isto é, quando praticam as mesmas normas de reconhecimento). Este teste deixa bem abertos os limites do sistema[8]. É possível dizer que não há nada de errado nisso e que a noção de "sistema jurídico" é vaga e imprecisa nesses casos limítrofes. Por outro lado, talvez seja conveniente evocar mais uma vez aqui o caráter do sistema político do qual o sistema jurídico faz parte e distinguir entre os tribunais que são órgãos do sistema político e aqueles que não são. Isto vai gerar uma definição mais precisa do sistema jurídico vigente em determinado momento, mas sua grande vantagem é destacar o fato de que o direito é um elemento na organização política da sociedade. Em muitos contextos, ele pode e deve ser tratado como um sistema autônomo; porém seus limites são, em última instância, dependentes da natureza e dos limites do sistema político maior do qual ele faz parte.

---

[6] Sigo aqui a definição de *Pratical Reason and Norms*, Seção 4.3, e não a oferecida no Capítulo VIII, *supra*, já que a última se apoia no uso de sanções coercitivas e interpreta de forma equivocada o papel da coerção no direito. Cf. H. Oberdiek, "The Role of Sanctions and Coercion in Understanding Law and Legal Sistems", *Am. J. of Juris.* 21 (1976) 71 e *Practical Reason and Norms*, Seção 5.2.

[7] O conceito de tribunal pode ser explicado por critérios autônomos: cf. *The Authority of Law*, ensaio 6; e "The Problem about the Nature of Law".

[8] Além disso, pelo fato de o sistema jurídico ser aberto, ele precisa ser refinado para levar em consideração as diferentes situações das normas aplicadas; ver *The Authority of Law*, ensaios 5 e 6.

Uma vez sublinhada a insuficiência das considerações jurídicas autônomas para fornecer uma doutrina da identidade dos sistemas jurídicos, deve-se cuidar para não cometer o erro inverso. É muito fácil subestimar a importância daquelas considerações autônomas que contribuem para uma doutrina da identidade. Elas fazem parte da essência do direito, parte daquelas qualidades que estão presentes em todos os sistemas jurídicos e em virtude das quais eles são sistemas jurídicos. Estão também entre as características que explicam o papel especial que o direito desempenha no sistema político[9].

Um sistema jurídico pode ser concebido como um sistema de razões para a ação. A questão de sua identidade é saber quais razões são jurídicas, ou, mais precisamente, quais razões são as razões jurídicas de um mesmo sistema jurídico. Mencionei acima duas características necessárias para que uma razão seja uma razão jurídica: (1) As razões jurídicas são aplicadas e reconhecidas por um sistema de tribunais. (2) Os tribunais estão obrigados a aplicá-las de acordo com suas práticas e costumes. Esses aspectos explicam o caráter institucional do direito: este é um sistema de razões reconhecidas e impostas por instituições aplicadoras da lei. Mais: esses aspectos constituem a pedra fundamental da doutrina de Hart sobre a identidade do direito, expressa em sua doutrina da norma de reconhecimento[10].

A essas condições é preciso acrescentar outra. As razões jurídicas são tais que sua existência e seu conteúdo podem ser estabelecidos com fundamento nos fatos sociais, sem que seja necessário

---

[9] O conteúdo necessário do direito, isto é, o fato de ele ser aberto, abrangente e supremo, é sem dúvida também crucial para a compreensão de seu papel no sistema político.
[10] CL, Capítulo 6; e cf. os argumentos com que procurei justificar e modificar de algum modo a posição de Hart em *The Authority of Law*, ensaios 4 a 6. Cf. também pp. 252 ss., *supra*.

recorrer a argumentos morais. Dei a esta condição o nome de "tese das fontes". É tentador pensar que esta tese demarca a diferença entre aqueles antagonistas notórios, os juspositivistas, que a aceitam, e os jusnaturalistas, que a rejeitam. Mas embora a tese tenha, sem dúvida, forte ligação com essa divisão histórica, ela não pode ser considerada propriedade exclusiva de nenhuma das duas escolas[11].

A fim de explicar a motivação para adotar a tese das fontes, o melhor é usar uma linguagem mais ou menos metafórica: as outras condições sucintamente expostas acima explicam que as razões jurídicas pretendem obrigar legitimamente os membros de uma sociedade. No debate acerca de como os membros de uma sociedade devem se conduzir, pode-se distinguir entre o estágio deliberativo e o executivo. No primeiro, o mérito relativo de diferentes cursos de ação é avaliado. No segundo, o estágio executivo, a avaliação é excluída. A questão sobre o que fazer ainda se impõe, mas desta vez como um problema executivo. Uma vez tomada, no estágio deliberativo, a decisão sobre o que fazer em determinadas circunstâncias, as únicas questões que permanecem são as da memória (que ação foi decidida e sob quais circunstâncias) e as da identificação (se esta ação corresponde àquele tipo específico e se são estas as circunstâncias específicas), bem como um elemento residual de escolha que permanece indiferente quando concluído o estágio deliberativo. (Essa escolha residual permanece porque a deliberação termina sempre com uma conclusão for-

---

[11] Ela parece compatível com os textos de grandes jusnaturalistas, como L. Fuller em *The Morality of Law*, Cambridge, Mass., 1964, e J. M. Finnis em *Natural Law and Natural Rights*, Oxford, 1980. A medida que essa tese é aceita por Hart foi investigada recentemente por Soper em "Legal Theory and the Obligation of a Judge: The Hart/Dworkin Dispute", *Mich. L. Rev.* 75 (1977) 473, e D. Lyons em "Principles, Positivism and Legal Theory – Dworkin, *Taking Rights Seriously*", *Yale L. J.* 87 (1977) 415.

mulada em termos gerais: executar uma ação de determinado tipo em circunstâncias de determinada natureza. Sempre há mais que uma forma de agir de acordo com tais instruções. O modo pelo qual a aquiescência é assegurada é indiferente do ponto de vista daquela instrução[12].)

Naturalmente, as questões de identificação podem depender de avaliações morais quando o ponto consiste em saber que ação é a mais justa. Quando é esta a natureza da questão, ela pertence por definição ao estágio deliberativo. É só quando a identificação da ação exigida não depende de argumentos morais que ela pertence ao estágio executivo. Não se afirma aqui que todas as sociedades necessariamente distinguem entre os dois estágios. Afirma-se unicamente que a distinção é coerente, que ela de fato se opera em algumas sociedades e que a sua existência é uma condição necessária para a existência do direito. De acordo com a tese das fontes, o direito só existe naquelas sociedades em que haja instituições judiciais que reconheçam a distinção entre o estágio deliberativo e o executivo, ou seja, que se consideram obrigadas a reconhecer e impor certas razões não porque as teriam aprovado se tivessem sido incumbidas da questão no estágio deliberativo, mas porque consideram que sua validade foi legítima e oficialmente decidida pelo costume, pela legislação ou por decisões judiciais anteriores; desse modo, os tribunais consideram que as questões litigiosas submetidas à sua apreciação encontram-se no estágio executivo. Quando isto ocorre, os tribunais não entabulam discussões morais sobre a conveniência de considerar determinado fato (por exemplo, uma

---

[12] Kelsen é o mais importante filósofo do direito a pôr em relevo este ponto. Cf. *PTL*, p. 349. Cf. uma abordagem semelhante, relacionada à intenção, em D. Davidson, "Intending", Y. Yovel (org.), *Philosophy of History and Action*, Dordrecht, 1978.

lei previamente existente) como razão para determinada ação; ao contrário, uma vez que a existência do fato pertinente tenha sido estabelecida por meio de um argumento moralmente neutro, eles o tomam como uma razão que estarão obrigados a aplicar. Apenas as razões que obrigam os tribunais de tal maneira, isto é, apenas as razões "executivas", cuja existência possa ser estabelecida sem invocar argumentos morais, são razões jurídicas. A tese das fontes atribui ao direito o estágio executivo da tomada de decisões sociais.

Vários esclarecimentos são necessários para delinear os contornos da tese das fontes. Em primeiro lugar, fez-se referência ocasional às razões válidas ou vinculantes. Deve-se esclarecer, contudo, que a tese em si mesma não exige que nenhuma razão seja de fato boa ou vinculante. Pressupõe que as considerações vinculantes, quaisquer que sejam, podem ser classificadas naquelas apropriadas ao estágio deliberativo, de um lado, e naquelas adequadas ao estágio executivo, de outro; e que o processo que leva à ação passa às vezes por ambos os estágios. A tese em si pressupõe que as razões jurídicas são de tipo "executivo" e são consideradas válidas pelos tribunais. Não confirma o ponto de vista do tribunal.

Em segundo lugar, não se afirma que todas as considerações que os tribunais reconhecem e aplicam sejam fatos que podem ser identificados sem que se recorram a argumentos morais. Tudo o que se afirma é que das considerações que as cortes reconhecem legitimamente, apenas aquelas que se conformam à condição acima são jurídicas. Os tribunais também têm o direito de agir, e de fato agem, baseados em considerações extrajurídicas[13].

---

[13] Também é possível que alguns tribunais tenham um poder restrito de rever as considerações jurídicas com base em considerações extrajurídicas. Cf. *The Authority of Law*, ensaios 6, 10.

Em terceiro lugar, a tese identifica as razões jurídicas através do olhar dos tribunais, isto é, como razões "executivas" que os tribunais consideram-se obrigados a reconhecer. Mas a ideia de que todas as razões jurídicas se dirigem aos tribunais não faz parte da tese. É claro que era este o ponto de vista de Kelsen, mas a concepção mais correta é que as razões jurídicas são dirigidas a todos os tipos de agentes, embora todas tenham em comum o fato de que os tribunais são obrigados a reconhecê-las e a tirar conclusões apropriadas a partir da constatação de que certos atos se conformam ou não a elas.

Em quarto lugar, às vezes os tribunais são instruídos pela lei a só reconhecer a validade de certa razão se o ato de reconhecê-la não for injusto ou moralmente indesejável. Às vezes, tais instruções resultam em uma situação em que um contrato, por exemplo, só é legalmente válido se for moralmente irrepreensível. Em um caso desses, a validade de cada contrato não se baseia apenas em "fatos sociais". Para determinar a validade de um contrato particular é preciso usar um argumento moral. Apenas quando a validade de um contrato tenha sido declarada pelos tribunais é que ela pode ser estabelecida de acordo com a tese das fontes, isto é, mediante referência à decisão do tribunal. Portanto, a tese das fontes tem como consequência necessária que, antes de tal decisão, nenhum contrato pode ser considerado conclusivamente válido no direito. Mas é claro, por outro lado, que tais contratos são juridicamente válidos *prima facie*, contanto que se conformem a outros critérios de validade exigidos pelo direito.

Em quinto lugar, o objetivo da tese é a finalidade, não a certeza ou a capacidade de previsão. Esse objetivo é frequentemente negligenciado pelos próprios teóricos que aprovam a tese das fontes. Eles insistem na importância da certeza e na capacidade de prever o direito e as decisões judiciais, partindo do princípio de que as leis baseadas nas fontes são mais seguras e menos equívocas que as considerações morais ou que as decisões judiciais baseadas em considerações morais. Em consequência, afirmam, o direito é baseado nas fontes. Tais argumentos são completamente equivocados. É objeto de controvérsia se as considerações morais (do tipo pertinente para as decisões judiciais) são mais ou menos seguras e determináveis que as questões sociais factuais. Seja como for, está claro que as próprias questões sociais factuais podem ser muito complicadas e estão sujeitas a muitas incertezas. Contudo, o ponto importante é que os argumentos daqueles teóricos tratam no máximo de qual *deve* ser a importância relativa das considerações jurídicas e extrajurídicas nas decisões judiciais. A tese das fontes, por outro lado, não é sobre o que deve ou deveria ocorrer. É um elemento da análise do conceito de direito.

A finalidade é uma função da divisão de trabalho entre estágios formais e informais de reflexão e deliberação e estágios formais e informais de implementação. Até mesmo na vida de uma pessoa, a deliberação é frequentemente seguida por uma decisão que pode anteceder a ação por um período considerável de tempo e que fixa a intenção, a qual se torna, assim, relativamente imune à revisão. Em se tratando da ação social, a necessidade de fixar a decisão antes da ação, a necessidade de decidir oficialmente o que deve ser feito de modo a vincular os membros da comunidade, para que estes não possam discordar uns dos outros quanto ao que é melhor – tal necessidade de propósito é importantíssima.

Os comentários acima pretendem esclarecer e definir melhor a tese das fontes. Não propõem nenhum argumento direto para que a tese seja aceita. O argumento direto é breve e simples. A concepção comum do direito que prevalece em nossa sociedade é compatível com a tese das fontes. Além disso, esta tese explica várias crenças fundamentais sobre o direito que são correntes em nossa sociedade, tais como a ideia de que o direito às vezes é algo determinado e às vezes é indeterminado, de modo que os tribunais às vezes aplicam a lei preexistente e às vezes criam uma nova norma etc. Tendo em vista que a distinção entre os dois tipos de razões indicadas pela tese das fontes é importante para a vida e o funcionamento de qualquer sociedade e que está inserida em nossa concepção comum do direito, temos toda razão para aceitá-la como um ingrediente essencial de nosso conceito de direito.

2. A individuação em geral

Há pouca coisa a acrescentar aos detalhes da análise da doutrina da individuação apresentada neste livro. Ainda assim, pode ser útil dizer algo a respeito da natureza geral da doutrina, elaborando e modificando em certa medida a abordagem geral adotada no livro, e defender na próxima seção uma de suas teses principais, a saber, a de que as regras que conferem poder são um tipo específico de regra jurídica e, mais ainda, que são normas.

É melhor abordar a questão da individuação por meio de um exame dos enunciados jurídicos. Todos os enunciados jurídicos (diretos) podem ser expressos por sentenças que têm a forma "pela lei, p" ou "Lp", onde "p" é uma variável[14]. Uma classe especial de enunciados jurídicos é normalmente expressa por sentenças que têm a forma "há uma lei que diz p" ou "a regra (jurídica) [...] determina que [...]". A análise desta classe de enunciados jurídicos é o tema da doutrina da individuação. O problema é posto com clareza admirável por Honoré:

---

[14] Sobre os enunciados jurídicos em geral, ver pp. 65-7, *supra*, e "The Problem about the Nature of Law". Os enunciados jurídicos "indiretos" devem ser entendidos como enunciados sobre o direito. Aqui nos referimos apenas aos enunciados jurídicos diretos.

Os juristas falam livremente sobre regras jurídicas particulares e às vezes lhes dão nome: por exemplo a "regra que proíbe as anuidades perpétuas" ou a "regra de *Rylands vs. Fletcher*". Isso sugere que há um uso profissional do termo "regra" ou "lei" em que as leis ou regras são individualizadas. Mas este uso de "regra" ou "lei" não identifica uma lei com um artigo da legislação nem com a fundamentação apresentada por um juiz ao decidir uma causa. O jurisconsulto, o advogado ou o autor que descreve a "regra de *Rylands vs. Fletcher*" não a copia letra a letra do caso *Rylands vs. Fletcher*. Leva em consideração as decisões subsequentes, a formulação tradicional dada pelos livros didáticos ou pela tradição geral ou profissional, acrescentando e subtraindo certas características da regra nua. Com efeito, pode ir além e extrair daquela matéria-prima uma lei que esteja implícita mas não foi enunciada: como, por exemplo, que determinado tipo de direito real existe.[15]

O papel do filósofo é fornecer uma explicação sistemática do significado desta classe de enunciado jurídico. Os enunciados "pela lei, você me deve cinco libras" ou "de acordo com a lei, você deve desocupar o prédio até o fim do mês" podem ser verdadeiros, enquanto "há uma lei que diz que você me deve cinco libras" ou "há uma lei que diz que você deve desocupar o prédio" são falsos. As obrigações envolvidas podem, por exemplo, ser decorrentes de contratos, e não de uma lei em si e por si.

---

[15] "Real Laws", in *Law, Morality and Society*, org. P. M. S. Hacker e J. Raz, Oxford, 1977, pp. 100-1. Honoré acusa alguns autores, eu inclusive, de estar à procura de algo que não existe. Ao que parece, atribui-nos equivocadamente "uma forma estranha de metafísica analítica", tão misteriosa que eu mesmo não consegui entender a sua natureza. Que eu saiba, todos aqueles que ele critica fazem essencialmente o mesmo tipo de análise que ele. As diferenças principais entre os diversos autores no que se refere a este problema são as soluções que apresentam. Decerto, porém, isto não quer dizer que a concepção de alguns filósofos sobre a natureza do problema não seja confusa.

Os enunciados jurídicos verdadeiros podem ser puros, aplicados ou ambos. Os enunciados jurídicos puros, quando verdadeiros, são aqueles em relação aos quais a existência ou a inexistência de certas leis é suficiente para estabelecer sua veracidade, ao passo que os enunciados jurídicos aplicados contam outros fatos entre suas condições suficientes de veracidade. "Os contratos são celebrados por oferta e aceitação", "os contratos ilegais são inexigíveis", "os contratos que restringem o comércio são ilegais" e "os contratos são frustrados quando há impossibilidade de execução" são todos enunciados puros do direito inglês. Especificamente, são enunciados do direito contratual inglês. Por outro lado, "devo dois meses de aluguel ao proprietário" e "devo entregar a geladeira ao John até o fim da semana", se forem verdadeiros, são enunciados jurídicos aplicados. Sua veracidade depende provavelmente da existência de certas leis, mas também de outros fatos – por exemplo, de que certas transações tenham ocorrido ou de que certos eventos que não criam direitos tenham acontecido. Um enunciado é ao mesmo tempo puro e aplicado quando depende da ocorrência de dois grupos de condições, qualquer um dos quais é suficiente (independentemente do outro) para determinar sua veracidade: um grupo que consiste na existência ou inexistência de leis somente, e outro que consiste tanto na existência ou inexistência de leis quanto em alguns outros fatos.

Os enunciados jurídicos são, em sua maioria, logicamente passíveis de ser ou puros ou aplicados, ou seja, há estados de coisas logicamente possíveis que, se ocorrerem, fazem com que os enunciados jurídicos de que se trata sejam ao mesmo tempo puros e aplicados. Alguns enunciados jurídicos, contudo, são logicamente puros: aqueles que, quando verdadeiros, são puros, e não podem se tornar verdadeiros por força de "fatos aplicativos". (Há também enunciados logicamente aplicados, mas não estamos interessados neles.)

Os enunciados do tipo "há uma lei que diz *p*" são logicamente puros. Se forem verdadeiros, serão puros e não poderão ser enunciados aplicados. Não podem se tornar verdadeiros por força de fatos relacionados a transações jurídicas ou por quaisquer outros fatos, com exceção daqueles que criam ou revogam leis. Assim, ou tais enunciados são verdadeiros por causa da existência ou inexistência de leis, ou simplesmente não são verdadeiros.

Pode-se pensar que "há uma lei que diz *p*" seja a forma característica de todo enunciado jurídico logicamente puro, assim como "pela lei, *p*" seria uma forma característica de todos os enunciados jurídicos. Mas isso é um equívoco. Vários enunciados jurídicos logicamente puros não podem ser expressos pelo uso do operador "há uma lei...". Considere o enunciado "as mulheres com mais de 45 anos estão sujeitas ao pagamento de imposto de renda". Trata-se de um enunciado puro do direito inglês. É verdadeiro somente por causa da lei. As leis da Fazenda pública determinam que a obrigação de pagar imposto de renda independe do sexo ou da idade; então, as mulheres com mais de 45 anos estão, como qualquer outra pessoa, sujeitas ao pagamento do imposto. É claro que há um enunciado logicamente puro que afirma que as mulheres com mais de 45 anos estão sujeitas ao pagamento do imposto de renda; é claro que este enunciado resulta da própria lei e não é devido a nenhum fato aplicativo. Mas esse enunciado logicamente puro é expresso comumente por sentenças tais como (1) "pela lei, as mulheres com mais de 45 anos são obrigadas a pagar tributo". O enunciado (2), "há uma lei que diz que as mulheres com mais de 45 anos são obrigadas a pagar tributo", longe de ser sinônimo de (1), é de fato falso, enquanto (1) é verdadeiro. O fato de as mulheres com mais de 45 anos serem obrigadas a pagar imposto de renda resulta das condições gerais das leis tributárias. Não há nenhuma lei especial sobre essa obrigação.

A lição deste exemplo é que os enunciados do tipo "há uma lei que diz *p*" são uma subclasse de enunciados logicamente puros. Cada um desses enunciados descreve uma lei completa ou (dado que a descrição completa de uma lei, com todos os seus detalhes, é rara) a ideia central de uma lei completa. Agora identificamos as características básicas do operador "há uma lei que diz...". Os enunciados normalmente feitos com o uso desse operador (1) são logicamente puros e (2) descrevem uma lei completa ou a ideia central de uma lei completa. Darei a esse operador o nome de "operador individuador". Aos enunciados nos quais ele é normalmente usado pode-se, mediante análise, atribuir o sentido "pela lei, há uma regra que diz *p*". Isto mostra que eles são simplesmente uma subclasse de enunciados jurídicos comuns. Também eles exibem a forma "*Lp*".

Alguns autores de filosofia do direito, como Holmes, Llewellyn e Hohfeld, entre outros, estavam interessados nas propriedades gerais dos enunciados jurídicos e não deram nenhuma atenção especial às propriedades especiais dos enunciados jurídicos puros ou do operador individuador. Já outros, entre os quais Bentham, Austin, Kelsen, Hart e Dworkin, prestaram especial atenção às características dos enunciados jurídicos que explicam as propriedades do operador individuador.

Qual é a importância do operador individuador? O que escapa àqueles que deixam de examiná-lo? A resposta tem duas partes, correspondentes aos dois elementos da explicação desse operador. Em primeiro lugar, então, qual é o conhecimento importante que pode ser adquirido a partir da distinção entre os enunciados logicamente puros e os demais? A distinção se opera entre aqueles enunciados que só podem ser verdadeiros em virtude do direito e aqueles cuja veracidade também pode depender da existência ou inexistência de fatos aplicativos. As leis, como procuraremos demonstrar na próxima seção, existem apenas por causa de certos fatos sociais. Os enunciados logicamente puros são, portanto, enunciados cujas condições de veracidade consistem apenas em fatos criadores de leis (entre estes incluímos aqueles que revogam ou emendam leis). Os outros enunciados jurídicos incluem os fatos aplicativos entre suas condições de veracidade. A distinção entre os enunciados logicamente puros e os outros enunciados jurídicos é importante porque reflete a distinção entre os fatos que criam a lei e aqueles que a aplicam[16], que é em si o próprio fundamento de nosso entendimento do direito.

Profundamente inserido em nossa concepção de direito está um quadro no qual se vê que os direitos e deveres do povo, seus estados e suas responsabilidades etc. – em suma, sua situação jurídica – são determinados diretamente pelo direito ou indiretamente pelo modo com que o direito determina as implicações legais dos vários atos aos quais as leis se referem (isto é, dos atos de exercício de poderes legais, como a elaboração de contratos, a efetivação de uma venda, um casamento) ou ainda de outros eventos (tais como a morte de uma pessoa). Os leigos imaginam frequentemente que a diferença está na generalidade. As leis são gerais, e os fatos criadores de leis afetam a vida de classes indeterminadas de pessoas, ao passo que outras transações e eventos que têm consequências jurídicas afetam apenas a vida de indivíduos identificáveis. Mas como todo jurista sabe, isto está longe da verdade. As "normas individuais", promulgadas por órgãos legislativos mas referentes somente aos atos de uma pessoa particular em uma ocasião particular, embora raras, são possíveis. A venda e outras transações que afetam os direitos reais modificam a situação jurídica de classes indeterminadas de pessoas, sem por isso qualificar-se

---

[16] Cf. pp. 82 ss., *supra*.

como "criadoras de leis". Além disso, os contratos e os regimentos e regulamentos de associações privadas são com frequência exigíveis juridicamente, sem ser leis em si mesmos.

A distinção entre os fatos criadores de leis e os fatos aplicadores de leis não depende da generalidade dos primeiros, mas do fato de serem ou manifestações do costume ou atos do governo no poder ou de seus órgãos. Este enunciado ousado está simplificado demais. Os governos podem celebrar contratos, emitir ordens administrativas ou judiciais, bem como executar atos físicos que não criam nenhuma norma. Os atos criadores de leis são uma subclasse dos atos governamentais. São os atos criadores de normas da autoridade governamental regular suprema e os atos que, emitidos por outros órgãos governamentais, criam regras gerais.

Por uma de duas razões, o legislador regular supremo não precisa ser a fonte das leis superiores do sistema jurídico. Em primeiro lugar, o direito superior pode ser costumeiro. A autoridade suprema do legislador pode ser subordinada a esse direito costumeiro. Em segundo lugar, a autoridade legislativa suprema pode ser um órgão constitucional que age muito raramente. Em um país assim (como, por exemplo, os EUA), o legislador regular supremo não será de fato supremo, pois seus poderes estão sujeitos à autoridade constitucional. (De modo semelhante, algumas autoridades religiosas só raramente exercem um poder supremo.)

Esta minha concepção dos fatos criadores de leis tem três ramos. Se um ato é juridicamente significativo, se os tribunais são obrigados a reconhecê-lo como válido, isto é, obrigados a reconhecer que ele tem os efeitos pretendidos, então os fatos criadores de leis são (1) todos aqueles atos juridicamente significativos do legislador regular supremo; (2) todos os atos de outros órgãos governamentais que pretendem emitir regras gerais; (3) todos os costumes sociais juridicamente significativos. Esta é uma concepção política do direito, pois não repousa em nenhuma distinção técnica ou jurídico-formal, mas no papel político das instituições e normas envolvidas. Seu caráter político explica por que algumas teorias do direito foram indiferentes à sua existência. Muitos teóricos do direito são juristas por formação e por seu ponto de vista. Seus interesses teóricos são o esclarecimento de conceitos e técnicas que desempenham um papel no trabalho de um advogado ou de um juiz. Do ponto de vista do advogado militante, a distinção entre os fatos que aplicam e os fatos que criam as leis é de pequena importância. Em vários sistemas jurídicos, há regulamentos que dependem desta distinção ou de outras parecidas, como as diferenças quanto ao modo de provar a existência das leis e de outros fatos. Diferentes regras de interpretação podem se aplicar à legislação e a documentos particulares etc. Mas estas diferenças são relativamente menores e localizadas.

Os filósofos do direito que atribuíram grande importância à distinção entre os fatos aplicadores e criadores de leis são aqueles que se elevaram acima do horizonte estreito do advogado militante e de suas preocupações. Isso não surpreende. Estavam interessados em localizar o direito e suas instituições no contexto mais amplo da vida social e política de uma sociedade. É nesse contexto que a distinção adquire toda a sua relevância. Os atos criadores de leis fazem parte dos eventos políticos da vida da sociedade, mas o modo pelo qual se inserem na vida *política* da sociedade é significativamente diferente daquele de outros eventos.

Está na hora de fazer uma recapitulação. Um enunciado da forma "há uma lei que diz p" é verdadeiro se e somente se o enunciado correlato Lp

(1) for verdadeiro;

(2) sua veracidade for estabelecida apenas por fatos criadores de leis (isto é, se Lp for um enunciado logicamente puro);

(3) representar o conteúdo (o núcleo) de uma única lei completa.

As considerações precedentes explicam a importância desses enunciados para nossa concepção do direito, na medida em que explicam o papel da distinção entre os fatos criadores de leis e outros fatos juridicamente significativos. Qual é o papel do terceiro elemento da explicação? Não se trata aqui de justificar a sua inclusão. A justificação é dada pelo argumento linguístico fornecido acima[17]. A questão é o papel desse ramo da explicação para tornar tais enunciados úteis no discurso jurídico. Aqui a explicação é simples: uma lei independente é uma unidade de conteúdo. Contém algum material jurídico suficientemente independente do restante e suficientemente interessante para merecer destaque como uma unidade separada – uma regra ou uma lei – e, ainda assim, suficientemente simples para ser considerada uma unidade, uma única regra. A utilidade de ter um modo padrão para se referir a tais unidades de conteúdo é evidente por si.

A tarefa do filósofo do direito é formular as convenções que regem o uso de tais enunciados e apresentar uma explicação sistemática dessas convenções. Esta é a tarefa da doutrina da individuação. Os pontos que acabo de mencionar, e que regem o uso do operador individuador, são a fonte dos requisitos que determinam o sucesso de qualquer doutrina da individuação, como foi explicado nas páginas 188-96, *supra*.

O uso do operador individuador é frequentemente *ad hoc*. Cada unidade de conteúdo que corresponde de modo aproximado às condições de relativa independência, simplicidade e interesse pode ser adequadamente reconhecida e designada como uma regra ou uma lei para algum fim transitório. Se o operador

---

[17] P. 292.

fosse sempre usado *ad hoc* desta maneira, não haveria nada mais a dizer sobre a doutrina da individuação. Contudo, seu uso não é normalmente *ad hoc*. É moldado de duas maneiras. Em primeiro lugar, muitas unidades legais se cristalizam em uma forma estável, de modo que a mesma unidade é normalmente mencionada como uma regra em várias ocasiões. Em segundo lugar, mesmo quando o conteúdo da unidade mencionada como uma regra não se cristaliza em uma regra aceita, ele normalmente assume um padrão reconhecível e segue princípios reconhecíveis. Em "Real Laws", Honoré nos fornece muitos exemplos desse tipo. Vou citar apenas dois ou três: enunciados de responsabilidade civil ou penal ("todo aquele que [...] é civilmente responsável"; "todo aquele que [...] é culpado de um delito"), enunciados de autorização ("[...] pode [...]") e enunciados de condições para a efetuação de uma modificação jurídica (por exemplo, "nenhum testamento revogado poderá ser restaurado em sua totalidade a não ser [...]") são empregados frequentemente na individuação de regras, isto é, na aplicação do operador individuador. É a existência destas convenções (todas atendendo as condições básicas) que uma doutrina da individuação articula. Elas fornecem o fundamento para a tradicional discussão filosófica sobre os tipos de leis. A tipologia das leis reflete as convenções linguísticas que regem o uso do operador individuador e ilumina nossa concepção da estrutura do direito. Este não é pensado como um amontoado de objetos díspares, mas como uma estrutura razoavelmente bem organizada de tipos diferentes de unidades inter-relacionadas em vários padrões mais ou menos fixos. Estes são os produtos daquelas convenções, e a doutrina da individuação trata de seu estudo sistemático[18].

---

[18] Somente um leitor muito ingênuo pensará que o objetivo da doutrina da individuação é capacitar alguém a contar quantas regras existem. As questões de individuação surgem sempre que alguém se refira a coisas computáveis pela fórmula "uma ...":

3. Regras que conferem poderes

Cinco teses principais constituem as conclusões essenciais da doutrina da individuação neste livro; afirmam algumas das características gerais que dirigem o uso do operador individuador:

I Em todo sistema jurídico há regras que impõem deveres e que conferem poderes.
II Estas são as normas jurídicas[19].
III Em todo sistema jurídico há vários outros tipos de leis que não são normas[20].

"uma lei", "uma intenção", "uma ideia" etc. Estas trazem consigo outras formas de expressão, como quantificação, identidade e diferença: "há uma lei...", "há uma ideia" etc.; "esta é a mesma lei", "esta é uma regra diferente", "eu tive a mesma ideia", "não, minha intenção era diferente", "eu também tive outra intenção" etc. As doutrinas da individuação estudam o uso de tais expressões e das estruturas a que elas dão origem. Em algum destes casos faz sentido calcular quantas intenções eu tive ontem?

[19] Abandonei a explicação dada no Capítulo VI sobre o caráter normativo destas regras, que se baseia nas sanções ou em outras consequências que acompanham a conduta designada pelas regras. Ver uma explicação alternativa em *Practical Reason and Norms*, capítulos 2 e 3, onde também se explica que as permissões legais são normas. Cf. também meu "Promises and Obligations" in *Law, Morality and Society* para uma exposição sobre as obrigações e deveres, e P. M. S. Hacker, "Sanction Theories of Duty" in *Oxford Essays in Jurisprudence*, 2nd series, para uma análise crítica de tais teorias.

[20] Honoré, na página 112 de "Real Laws" opina que há (no mínimo) cinco tipos de leis que não são normas.
1. As leis de existência criam, destroem ou determinam a existência ou a inexistência de entidades.
2. As regras de inferência estipulam como os fatos podem ou devem ser provados preferencialmente e que inferências podem ou devem ser traçadas preferencialmente a partir das provas.
3. As regras categorizadoras explicam como traduzir atos, eventos e outros fatos nas categorias apropriadas.
4. As regras de alcance, que estabelecem o alcance de outras regras.
5. As regras especificadoras de posição, que fixam a posição legal de pessoas ou coisas em termos de direitos, responsabilidades, status etc.
Não concordo necessariamente com todos os detalhes de sua análise, mas devo comentar aqui pelo menos uma questão. Na p. 117, Honoré se refere a "uma regra ou suposição de direito" que é a proibição de cometer delitos. Contudo, faz parte do significado de "delito" o fato de que ele não deve ser cometido. Portanto, não há

IV Todas as leis que não são normas têm relação interna com as normas jurídicas.

V As regras jurídicas podem conflitar entre si[21].

Alguns autores duvidam da existência independente das leis que conferem poderes. Essa dúvida tem uma tradição longa e respeitável, que foi resgatada recentemente por J. W. Harris[22]. Afirma ele que é possível descrever o conteúdo total de um sistema jurídico na forma de um número qualquer de regras que impõem deveres, e que é desejável que assim seja. Mas é duvidoso que tal projeto seja viável. D. N. MacCormick[23] já sustentou de forma

---

lei normativa especial nesse sentido. Toda lei que define um delito é (*pace* Honoré) uma norma.

[21] Posição contrária é sustentada por J. W. Harris; ver *Law and Legal Science*, pp. 81-3. O erro de Harris é confundir conflito com contradição e, a partir do fato de que um tribunal que aprecia um conflito fará algo para resolvê-lo, deduzir que o conflito nunca existiu. Em *Taking Rights Seriously*, no segundo ensaio, Dworkin sublinha corretamente a importância dos conflitos na decisão judicial. Contudo, supõe de forma equivocada que apenas um tipo de padrão legal (que naquela obra ele chamou de "princípios") pode ser objeto de conflito (pp. 24 ss.). Sua estipulação de que o outro tipo (que ele chama "regras") não possa conflitar com nenhum padrão legal é contradita por sua própria admissão de que elas podem conflitar com os princípios. No Capítulo VII, *supra*, parti do princípio de que em todo sistema jurídico há regras para a resolução de todos os conflitos jurídicos. Mas isto não é necessário. Cf. *The Authority of Law*, ensaio 4. Os conflitos que examinei são os das regras que impõem deveres entre si e aqueles entre estas e as permissões. Para uma tentativa de aplicar a noção de forma mais ampla, ver S. Munzer, "Validity and Legal Conflicts", *Yale L. J.* 82 (1973) 1140.

[22] Esta história remonta no mínimo a *Of Laws in General*, de Bentham. Discuti as posições de Bentham, Austin e Kelsen sobre o assunto nos Capítulos I e V. Ver Hart, "Bentham on Legal Powers", *Yale L. J.* 81 (1972) 799. Cf. também D. N. MacCormick, "Voluntary Obligations and Normative Powers", *Aristotelian Society*, Supp. Vol. 46 (1972) 59. J. W. Harris apresenta seu argumento no capítulo 5 de *Law and Legal Science*.

[23] Em "Rights in Legislation", *Law, Morality and Society*, p. 189. Um argumento semelhante é exposto de forma menos direta em "Rights of Exclusion and Immunities against Divesting" de A. M. Honoré, *Tulane L. Rev.* 34 (1960) 453. Ver também o argumento mais geral no mesmo sentido de J. Feinberg, *Social Philosophy*, Englewood Cliffs, N. J., 1973, Capítulo 4.

convincente que os direitos podem existir independentemente dos deveres. Uma lei ou um negócio privado pode investir uma pessoa em um direito sem que haja outra pessoa que tenha o dever de respeitar esse direito. Às vezes a ausência de um dever "correspondente" ou "protetor" é devida ao fato de que a lei torna condicional a existência desse dever, e não há ninguém que atenda à condição imposta pela lei. A lei, descrita de forma esquemática, prevê que se alguém tem aquele direito, e se alguma outra condição é satisfeita, outra pessoa estará sujeita a um dever. Há casos em que o direito existe mas a condição adicional não é satisfeita. Isto torna impossível reduzir os direitos a deveres existentes, embora ainda seja possível reduzi-los a deveres condicionais[24]. Mas a força residual dos direitos é maior do que seria se eles fossem somente parte das condições antecedentes de deveres condicionais. Os direitos são princípios que orientam a discricionariedade dos tribunais. Estes podem invocar a existência de direitos para justificar a criação de novos deveres (e de novos direitos subsidiários). Este aspecto dos direitos é diferente daquele pelo qual eles são partes antecedentes de deveres condicionais. A relação entre um direito e um dever condicional existe em virtude de uma regra jurídica válida, uma regra constitutiva na terminologia do Capítulo XII, *supra*. Mas os direitos também são "fontes" de novas regras. Regras que impõem deveres podem ser criadas para proteger tais direitos; novos poderes podem ser conferidos para facilitar seu exercício etc. O ponto crucial é que os deveres envolvidos não podem ser deduzidos a partir dos direitos, uma vez que estes não acarretam a existência de tais deveres, mas simplesmente autorizam e orientam os tribunais a agir de modo a promover

---

[24] Ainda assim, é plausível que tal redução deturpe a natureza dos direitos. Ver, por exemplo, no que pode implicar um argumento neste sentido em "The Obligations of Reparation", de McCormick, *Proc. of Aristotelian Society* 78 (1977-8) 195.

a sua proteção, desde que tal ação seja considerada a melhor em face de todas as considerações morais válidas. Os direitos em geral têm duas dimensões. Por um lado, são regulados pelas regras de investidura, regras de destituição e regras constitutivas já existentes. Por outro, constituem uma fonte potencial de novas leis, uma autorização aos tribunais para que criem novas regras para sua proteção. Esta segunda dimensão dos direitos legais afasta a sua redução a deveres. Note que isto não significa que o conceito de um direito possa ser explicado sem referência ao de dever. A explicação esboçada acima representa os direitos como uma "fonte", entre outras coisas, de deveres "potenciais". Mas é enganoso pensar que a dependência explicativa dos "direitos" em relação aos "deveres" nos autoriza a concluir que as regras que regulam os direitos são meras partes de regras de dever, ou equivalem a estas.

Tampouco podem os direitos ser reduzidos a obrigações condicionais mais complicadas: "Se x tem um direito e se um tribunal decide que todos devem praticar A, então todos devem praticar A." O problema é que a decisão do tribunal pode ser um precedente vinculante (como é no direito inglês) mesmo que não houvesse um direito que autorizasse o tribunal a tomá-la. Portanto, esta interpretação do aspecto dinâmico dos direitos não é bem-sucedida. As decisões dos tribunais devem ser obedecidas de qualquer jeito. A menção do direito naquela suposta redução é redundante.

Finalmente, e este é um aspecto crucial, os direitos não podem ser reduzidos a razões *prima facie* que os tribunais podem usar para assegurar seu conteúdo. O direito de A a φ é uma razão para que os tribunais permitam que ele usufrua de φ, oponham-se a outros que tentem impedi-lo de usufruir de φ etc.; mas além de não existir hoje nenhuma lista definitiva e exaustiva que possa substituir esse "etc.", devemos lembrar ainda que os tribunais podem agir da mesma maneira por motivos diferentes. As razões dos tribunais podem ser baseadas no bem-estar geral, na segurança, na preservação da paz civil etc. Ou podem estar fundadas nos direitos de A. A redução nos impediria de conhecer sua real fundamentação. Mas a declaração do fundamento legalmente reconhecido pelo qual o tribunal garante o direito de A a φ etc. não é mera retórica. Pode ser crucial para determinar o peso que o tribunal pode atribuir a esta razão quando ela conflita com outras[25].

Cabe perguntar o que a possibilidade ou a impossibilidade de descrever o conteúdo de um sistema jurídico completo como um conjunto de deveres tem a ver com a individuação das leis. É incontroverso que o operador individuador se aplica também a outras regras, inclusive àquelas que conferem poderes. Harris pensa que essas regras constituem "exceções a deveres". Mas se ele pensa assim, é porque não faz a distinção entre permissões e autorizações. Tanto as permissões quanto as autorizações conferem poderes, e as últimas concedem também a permissão para usá-los. Ele usa o seguinte exemplo: "o juiz pode (em certas circunstâncias) distribuir os bens de uma pessoa falecida de modo contrário à vontade daquela" (Harris, p. 94). Essa autorização permite claramente ao juiz que distribua os bens, mas também lhe confere o poder de fazê-lo. Como resultado de tal regra, a distribuição feita por um juiz é válida e confere um título válido de propriedade. A diferença entre eu e um juiz não é que eu não tenha permissão para distribuir bens contrariamente aos termos de um testamento, mas que eu não posso fazê-lo. Não tenho o poder necessário.

Está claro que existem regras que conferem poderes. No discurso jurídico, o operador individuador e outros instrumentos

---

[25] Os direitos (ou alguns tipos de direitos) podem ser permissões, mas então é necessária uma teoria adequada das permissões para explicá-los. Harris não oferece nenhuma análise desse conceito. Na página 124, afirma em duas frases sucessivas a existência e a não existência de regras que concedem permissão.

individualizadores são usados regularmente para se referir a regras que conferem poderes[26]. Mas será que tais regras são normas? Não se "uma norma" for equiparada a uma exigência ou proibição. Os poderes são capacidades normativas conferidas às pessoas porque é desejável deixá-las modificar as situações normativas quando decidirem fazê-lo[27]. Quando poderes legais estão envolvidos, por "desejável" leia-se "aceito como desejável pelos tribunais". Tal capacidade significa que o próprio direito confere consequências jurídicas a uma ação, determinando as considerações a favor ou contra ela de tal modo que o detentor do poder possa decidir o que fazer. O direito guia a ação do próprio detentor do poder. Guia a sua decisão de exercer ou não o poder. Não guia meramente a ação das pessoas sujeitas a deveres ou isentas deles por consequência de seu exercício desse poder. É em razão deste fato que as regras que conferem poderes são normas: porque elas guiam a conduta. Mas diferentemente das regras que impõem deveres, elas não fornecem uma orientação determinada. Os deveres são exigências que invalidam as outras razões do agente para a ação. A orientação fornecida pelos poderes *depende* das outras razões do agente. Se ele tem razões para assegurar o resultado que o poder lhe faculta, tem razões para exercê-lo. Se tem razões para evitar o resultado, não tem razões para exercer o poder.

A ideia central é simples: o direito orienta a ação quando pretende determinar as razões pelas quais o agente deve se orientar, com base nas quais ele deve decidir o que fazer. Ao impor deveres, o direito exige uma única decisão. Postula o dever como a

---

[26] Há uma outra questão que consiste em saber se todas as regras que conferem poderes também impõem deveres. Discuti este problema sumariamente nas pp. 247-8, *supra*, e mais longamente em "Voluntary Obligations and Normative Powers", *Aristotelian Society*, Supp. Vol. 46 (1972) 79 nas pp. 17-23.

[27] Neste ponto estou me desviando da análise que eu propus nas pp. 212 ss. e seguindo a análise de *Pratical Reason and Norms*, Seção 3.2.

única razão legítima para determinar essa decisão. (Estou fazendo uma simplificação na medida em que desconsidero a possibilidade de conflitos entre regras jurídicas. Mas estes podem ser facilmente acomodados dentro dos limites desta exposição.) Nesse caso, o direito determina as razões para a ação constrangendo a escolha do agente; não lhe deixa nenhuma outra opção. O agente é dotado da capacidade de mudar sua posição jurídica ou a de outras pessoas, e isto pode afetar a sua decisão. Mas nem todas as ocasiões em que uma ação atrai consequências legais que podem afetar a decisão são casos de orientação normativa. O ato de conferir poderes é um caso de orientação normativa, pois aí o direito confere aquelas consequências à ação para que os agentes baseiem somente nelas sua decisão de agir ou não. Não é mera coincidência que todas as demais consequências dos atos que conferem poderes sejam triviais (o poder é tipicamente exercido pela palavra falada ou por assinatura). Os deveres e os poderes pretendem determinar (por vias diferentes) as razões a favor ou contra as ações que eles afetam. Quando uma lei orienta uma conduta – isto é, quando determina as razões para uma ação de um agente da maneira acima descrita –, é uma norma. Portanto, há no mínimo duas espécies de normas jurídicas, as que impõem deveres e as que conferem poderes[28].

É orientando normativamente a conduta que o direito tenta alcançar seus propósitos sociais, primeiro diretamente, mediante pessoas que são de fato orientadas pelo direito, e depois indiretamente, pelas consequências causais do conhecimento do direito e dos atos

---

[28] Algumas regras que concedem permissões também são normas (Cf. *Pratical Reason and Norms*, pp. 89-97, e *Authority of Law*, pp. 64-7, 256); para determinar a natureza das regras que instituem direitos, é preciso aguardar uma análise mais satisfatória dos direitos. Sobre as funções sociais do direito ver *The Authority of Law*, ensaio 9.

por ele orientados. Uma vez que o direito cumpre todas as suas funções sociais por meio da orientação normativa, as duas coisas estão estreitamente ligadas. No âmbito conceitual, porém, elas são claramente distintas, e nem a função social nem o propósito social devem ser confundidos com o modo de orientação normativa.

4. Normatividade

Uma grande lacuna na concepção das tarefas da filosofia do direito apresentada na introdução é a ausência de qualquer referência à explicação da normatividade do direito, entendida tal explicação como uma tarefa independente. Em decorrência dessa omissão, as concepções sobre a normatividade do direito expressas no livro surgem obliquamente da discussão de outros assuntos. Como essas concepções permanecem fora de foco, a imagem que temos delas resta distorcida e pode nos induzir a erro. Existem três questões que devem ser mantidas rigorosamente separadas: (1) Como determinar o caráter normativo das regras jurídicas? (2) De que modo a existência do direito afeta as motivações da ação? (3) Por que as pessoas usam linguagem normativa quando tratam do direito?

A primeira questão, que diz respeito à determinação do caráter normativo das regras jurídicas, já foi discutida na última seção. Ela não deve ser confundida com uma investigação filosófica mais ampla sobre o sentido dos principais termos normativos. Adota as conclusões desta investigação e procede ao exame de quais regras jurídicas devem ser descritas por meio de quais conceitos normativos. Em outras palavras, nesta fase se adota uma interpretação pronta de "dever", "permissão", "poder" e "direito" e se estabelece sob quais fundamentos uma regra jurídica particular pode ser considerada uma regra que impõe dever, que confere poder etc. Como se indicou acima, esta questão deve ser decidida pela intenção ou o propósito que os tribunais atribuem à lei. Uma regra é uma norma se pretende orientar a ação determinando razões a favor ou contra a execução de certo ato. O caráter da orientação decide que espécie de norma ela é.

A questão do caráter normativo das regras jurídicas (isto é, se elas são normas e, em caso positivo, de que tipo) está estreitamente relacionada ao problema do impacto motivacional do direito (isto é, se ele afeta as atitudes e ações das pessoas, e, em caso positivo, como o faz). Esta ligação, embora seja percebida muitas vezes, é frequentemente mal compreendida. O caráter normativo de uma regra é amiúde um fator crucial para a determinação de sua influência motivacional. Uma versão da equivocada tese contrária, de que a força motivacional de uma regra decide seu caráter normativo, foi refutada de maneira convincente por Hart quando este critica Kelsen, um dos defensores mais poderosos desta falácia[29]. Hart mostrou que os deveres legais não podem ser identificados como aquelas ações cuja inexecução acarreta uma sanção legal. Essa tese pressupõe que, para distinguir as sanções de outras consequências indesejáveis para o agente (a tributação do salário ou de importações, por exemplo), existe algum outro procedimento que não seja o de definir as sanções como as consequências jurídicas ligadas à inexecução de deveres. O argumento de Hart mostra que a influência motivacional de uma regra não é

---

[29] Em "Kelsen Visited", 10 *U.C.L.A. Law Review* 709 (1963). É claro que Kelsen nega que esteja tratando da influência motivacional que o direito exerce. Preocupa-se somente com as consequências potencialmente motivadoras estipuladas pelo direito. Sua teoria é uma teoria do direito nos livros, o direito visto do ponto de vista de um jurista. O restante pertence à sociologia. Mas é necessário acrescentar apenas que o mecanismo de imposição do direito é eficaz de modo geral, e que esse fato é geralmente conhecido, para derivar (supondo-se um mínimo de racionalidade da parte da população) pelo menos algumas generalizações fracas sobre as influências motivacionais do direito. A doutrina de Holmes de que o direito deve ser estudado a partir do ponto de vista do Homem Mau é outra versão do mesmo erro.

suficiente para determinar seu caráter normativo. A explicação declarada acima acerca da determinação do caráter normativo das regras torna este caráter dependente da intenção com que a lei determina as razões para a ação. No caso do poder, isto envolve conferir à ação certas consequências jurídicas; mas nem todas as consequências jurídicas têm relação com a determinação do caráter normativo das regras. Considere as seguintes situações:

(1) Se faço um testamento e morro sem modificá-lo, os beneficiários declarados no testamento terão direito à minha herança.

(2) Se solicito um alvará, a autoridade provocada tem o dever de apreciar meu pedido segundo o procedimento correto e tomar uma decisão com base na legalidade.

(3) Se compro um aparelho de TV, devo pagar a respectiva licença.

(4) Se causo um dano em razão de meu emprego, meu empregador tem o dever de indenizar a parte prejudicada.

(5) Se demito um funcionário, este tem direito ao seguro-desemprego.

Em todas essas situações, um ato dá origem a certas consequências legais. Mas apenas nas duas primeiras o direito tem a intenção de que as decisões (de fazer um testamento ou pedir um alvará) sejam determinadas unicamente pelas consequências jurídicas. Nas demais, essas razões no máximo se acrescentam às outras considerações do agente. De mesmo modo, embora a violação de um dever possa atrair uma sanção, é a estipulação de que a ação é obrigatória que tem a intenção de determinar o juízo do agente, à exclusão de todas as outras consequências não jurídicas. A estipulação de uma sanção fornece um reforço àqueles que não são movidos pela própria existência do dever. A dissuasão por meio de sanções, em si e por si, não é diferente da dissuasão por meio da tributação e de outras medidas semelhantes.

Esta abordagem dá ênfase à intenção do direito como fator decisivo na determinação do seu caráter normativo. Isto está de acordo com a intuição básica que informa o trabalho de muitos estudiosos do direito: a de que o caráter do direito depende das atividades e atitudes das principais instituições legais que o criam e impõem. O que acontece de fato "no mundo real" é outra questão; constitui o assunto de muitas investigações sociológicas sobre o direito.

É possível, entretanto, baseando-nos apenas nas suposições mais gerais sobre o funcionamento da sociedade, fazer várias generalizações sobre a influência motivacional do direito. De minha parte, faço apenas uma observação: o direito motiva de duas maneiras, quer ligando consequências a várias formas de conduta, quer estabelecendo padrões para a conduta. Dado que todo sistema jurídico em vigor é eficaz de modo geral, há certa probabilidade de que as consequências legalmente estipuladas sejam de fato implementadas. Todos que tenham um conhecimento geral destes simples fatos, supondo que sejam minimamente racionais, terão sua motivação afetada. Ou seja, em igualdade de condições, eles tenderão a adotar um curso de ação que atraia consequências jurídicas favoráveis e a evitar a ação que traga consequências desfavoráveis. Isto de fato não é mais do que um truísmo e contém toda a verdade que há nas teorias que reduzem toda a influência motivacional àquela exercida pelas sanções.

As teorias que proclamam que o direito motiva unicamente por meio das sanções abraçam dois erros e têm forte possibilidade de cair em um terceiro. Tendem a exagerar a verdadeira força motivacional das sanções. É muito fácil confiar totalmente nelas, como fazem tantos defensores da lei e da ordem, e esquecer que o sucesso real das sanções para assegurar os resultados desejados não depende da probabilidade geral de que elas sejam aplicadas dada a eficácia geral do direito, mas da probabilidade de que sejam aplicadas em classes particulares de casos – da probabilidade de que a investigação e a acusação sejam bem-sucedidas, de que o cidadão lesado decida impetrar ação e consiga obter um julgamento favorável, de que o delinquente tenha a possibilidade de pagar (se a sanção for pecuniária) ou de submeter-se ao castigo (talvez ele esteja muito velho ou muito doente), da vontade do juiz ou do júri de efetivamente impor as sanções que a lei permite ou exige, dos benefícios que o réu obtém por violar a lei, do seu conhecimento dos fatos mencionados acima, da sua disposição a correr riscos etc.

Alguns estudiosos cuidadosos têm evitado o equívoco de exagerar a influência motivacional direta das sanções. Contudo, caso já tenham se comprometido com a crença de que o direito motiva apenas por meio das sanções, tornam-se culpados de dois outros erros, a saber, de negligenciar a importância de outras consequências legalmente estipuladas e de desconsiderar o impacto motivacional do estabelecimento de padrões. Já se notou que os poderes legais existem quando o direito atribui ao exercício de poderes certas consequências jurídicas que não são sanções. Há muitas consequências jurídicas que não são sanções, como a tributação, as taxas compulsórias e outros pagamentos, as limitações administrativas, as exigências probatórias e processuais, a simples "burocracia" etc. Algumas destas são imposições incondicionais. A maioria, entretanto, é condicionada à vontade do cidadão de encetar este ou aquele curso de ação. Elas cumprem um papel motivador que não difere daquele das sanções (exceto pelo fato de que algumas consequências assim estipuladas são agradáveis e não desagradáveis).

Compare uma multa por estacionar em local proibido com a soma equivalente paga na permissão para usar um estacionamento.

É de esperar que a multa seja mais eficiente para reduzir o estacionamento em local proibido do que a cobrança de uma taxa para estacionar. A diferença de poder motivacional não pode ser explicada em razão de uma diferença de consequências legalmente estipuladas, as quais, por definição, são as mesmas. Deve ser explicada pelo fato de que o direito no primeiro caso realmente estabelece um padrão de proibição, ao passo que tal padrão não existe no segundo. Esta influência motivacional do direito às vezes é considerada irrelevante para o nosso entendimento da sua natureza, pois não é uma característica universal dele, mas depende de uma motivação independente que pode ou não estar presente. Nisto ela difere de fato das sanções que se baseiam em motivos universais (embora nem sempre decisivos), tais como os interesses na vida, na saúde, na liberdade e na propriedade. Por outro lado, outras consequências estipuladas legalmente não precisam basear-se em motivos universais. São importantes para nosso entendimento do direito porque, mesmo que seu modo de operação varie nos detalhes, enquanto grupo elas são sistematicamente usadas; além disso, tanto as instituições jurídicas quanto os sujeitos da lei invariavelmente pressupõem a sua existência.

O mesmo se pode dizer da motivação que o direito proporciona quando estabelece padrões de conduta. Isto acontece simplesmente quando o direito declara quais atos são proibidos e quais são permitidos, quais são os deveres de uma pessoa e a que ela tem direito. Na maioria das sociedades, vários grupos, e não somente as autoridades, aceitam as convenções que exigem a obediência ao direito em geral ou a determinados grupos de leis (por exemplo, todas as leis menos as de trânsito; ou somente as leis que definem os crimes mais graves e protegem os negócios honestos etc.). Sua aceitação pode ser devida à superstição, à moral, a convicções religiosas, a considerações egoístas ou simplesmente ao fato de que é nisso que todos acreditam. Em todo caso, a existência de tais convenções permite ao direito fornecer motivação, estabelecendo padrões que as fazem despertar e aplicam seu poder motivador a novas formas de conduta. A importância dessas convenções deve ser reconhecida em toda exposição geral da natureza do direito, pois elas explicam em larga medida a eficácia deste, tal como ele é, e porque o processo legislativo, de modo perfeitamente consciente, as leva em conta, invoca sua existência e as põe em funcionamento.

5. Enunciados normativos

Nem a explicação do caráter normativo das regras jurídicas nem uma compreensão da força motivacional do direito são suficientes para explicar por que as pessoas usam a linguagem normativa para descrever o direito. Por que as pessoas descrevem as situações jurídicas falando de deveres, direitos, permissões etc.? A primeira coisa a se notar é que há um vocabulário alternativo para descrever o direito que é usado com certa frequência. Pode-se falar daquilo que é exigido pela lei, do que se deve fazer para não ir para a cadeia, do que a classe dominante, a elite, os tiranos etc. determinam ou exigem. Estas e muitas outras expressões fornecem um rico vocabulário não normativo para descrever situações jurídicas, vocabulário esse que é mais usado do que alguns estudiosos do direito gostariam de admitir.

O uso da linguagem normativa em geral implica a aceitação da validade, do caráter vinculante das regras jurídicas envolvidas. O ato de evitar essa linguagem sugere muitas vezes a descrença na validade do direito. O assentimento aqui não se identifica com a aprovação moral da regra, nem mesmo com a crença de que haja razões morais adequadas para obedecê-la. O assentimento pode se dar por razões morais, por considerações de prudência, por outras razões ainda ou por nenhuma razão em absoluto. Tudo o que ele significa é a crença de que o agente deve seguir a regra de acordo com os termos por ela estipulados. O assentimento às regras é às vezes contraposto ao agir por medo da sanção. Isto é um erro. O medo da sanção é uma razão egoísta; se outras razões egoístas podem levar ao assentimento, por que não a de temer a sanção? "A honestidade é a melhor política": este é o tipo de consideração que conduz ao assentimento às regras de conduta, quer a recompensa seja uma vantagem qualquer, quer seja a imunidade às punições. O cidadão aceita a regra de conduta quando se conduz de acordo com ela enquanto regra e quando o faz regularmente. Não aceita a regra quando torna a ponderar os benefícios da conformidade em cada ocasião em que a regra se aplica.

Uma pessoa que descreve situações jurídicas usando termos normativos em geral indica assim sua aceitação das regras sobre as quais versa sua narrativa. Podemos dar a esse ato o nome de "uso comprometido da linguagem normativa". Nem todas as afirmações feitas com a linguagem normativa são desse tipo. Muitos observaram que a linguagem normativa pode ser usada para descrever as posições normativas de outras pessoas, como na frase "durante a última década, tornou-se comum entre os profissionais liberais a crença de que a mulher tem direito plenamente discricionário ao aborto". Muitos autores supõem que todos os usos não comprometidos da linguagem normativa se reduzem a este único tipo. Mas imagine um advogado aconselhando um cliente ou um jurista discutindo uma questão legal. Tipicamente, eles não estarão declarando o que as outras pessoas acreditam que o direito seja, mas sim declarando o que ele de fato é. Já que o direito é, em regra, um assunto de conhecimento público, é muito possível que outras pessoas acreditem que ele de fato é tal como o advogado ou o jurista dizem que ele é. Mas do ponto de vista da intenção deles, este fato é acidental; e, em casos típicos, o direito não é de fato o que eles afirmam. É bem possível que a questão legal esclarecida por eles, embora correta, nunca antes tivesse ocorrido a ninguém. O advogado pode, por razões práticas, ficar preocupado com isso. O jurista teórico, por outro lado, provavelmente vai considerar essa novidade um motivo de orgulho. De todo modo, nem o conteúdo nem a veracidade das declarações deles são afetados pelo fato de a questão legal ser ou não uma novidade. Negar isto é negar a possibilidade de enunciar novas questões legais de modo não comprometido.

Pode-se objetar que tudo o que este argumento prova é que os enunciados normativos não comprometidos nem sempre afirmam o que as pessoas creem *explicitamente*. Às vezes afirmam o que os outros creem implicitamente. A objeção só é fundada quando se aceita o princípio errôneo de que toda pessoa necessariamente acredita em todas as consequências lógicas de suas crenças, isto é, em todas as proposições implicadas pelas proposições em que ela acredita. Este não é o lugar adequado para explicar por que esse princípio é errôneo. O abandono desse princípio não conduz à negação do conhecimento implícito, mas simplesmente a um uso mais restrito dessa noção. Entretanto, uma vez restrita, ela se torna insuficiente para explicar o tipo de enunciado não comprometido que estamos discutindo, o qual vou chamar de "enunciado destacado" ou "enunciado do ponto de vista jurídico"[30].

---

[30] O modo alternativo de analisar o enunciado destacado consiste em considerá-lo uma espécie de enunciado interno (em um sentido lato deste termo), e é igualmente malsucedido. Para tentar fazer essa análise, a melhor aposta é considerar tais enunciados como enunciados condicionais de razão. Tal interpretação poderia seguir mais ou menos as seguintes linhas: "'Pela lei, fulano deve fazer φ', quando constitui um enunciado destacado (isto é, um enunciado que seja compatível com 'mas fulano não tem razão nenhuma para fazer φ') significa: 'Se os fatos criadores

Imagine uma pessoa que acredite na força vinculante das normas inglesas de reconhecimento (e das outras normas últimas do direito inglês, se é que existem). Imagine ainda que ela acredita que nenhum dever é obrigatório, nenhum direito é válido e nenhuma consequência normativa pode ser imposta àqueles que a ela estão sujeitos a menos que possam ser relacionados com as normas últimas do direito inglês. Suponha ainda que essa pessoa tenha o conhecimento de todas as informações factuais, seja completa e inabalavelmente racional e tenha calculado todas as consequências das normas últimas do direito inglês, inclusive todas aquelas que decorrem delas quando aplicadas aos fatos tais como são. Essa pessoa, que claramente é diabólica demais para que possa existir em qualquer outra forma que não a de um modelo lógico abstrato, representa a aceitação exclusiva do ponto de

---

da lei fossem razões, seria verdade que fulano deve fazer φ.'" Deve-se ter cuidado ao interpretar enunciados aparentemente categóricos como enunciados condicionais elípticos. É necessário ter uma razão muito forte para fazer isso, especialmente em um caso como este, em que o enunciado condicional completo é raramente declarado em sua forma completa e explícita. Mesmo sem levar em conta estas dúvidas gerais, temos outras razões para rejeitar essa interpretação. Pode ser que os fatos criadores da lei sejam razões para a ação e ainda assim seja falso que fulano tenha o dever de fazer φ. Pode haver outras razões não jurídicas para que x não faça φ, que afastam as razões jurídicas. Não é possível evitar este problema dizendo que o "dever" no enunciado condicional é um "dever" presumido, que equivale simplesmente a afirmar a existência de uma razão para a ação. Os enunciados destacados podem ser enunciados de "dever" presumido, mas também podem ser enunciados conclusivos de "dever"; e qualquer interpretação deles deve levar esse fato em conta. A interpretação proposta não o faz.

Pode-se propor agora uma interpretação mais complicada. "Pela lei, fulano tem o dever de fazer φ" pode ser considerado equivalente a "se os fatos criadores da lei são razões, então, na medida em que tais razões afetam o problema, fulano tem o dever de fazer φ". Isto é verdadeiro, mas é inócuo e pouco informativo. Seria o mesmo que dizer: "Se fulano tem o dever de fazer φ porque pela lei ele tem o dever de fazer φ, então ele tem o dever de fazer φ." Isso é verdade, mas não constitui, em absoluto, uma boa explicação para: "Pela lei, fulano tem o dever de fazer φ." O enunciado condicional é tautológico, ao passo que o enunciado jurídico que ele pretende explicar não é.

vista jurídico. Os enunciados destacados são verdadeiros apenas nos casos em que essa pessoa imaginária acredita em seus homólogos comprometidos (ou seja, no enunciado normativo comprometido que é expresso pelo uso da mesma sentença normativa, quando é usada para formular um enunciado comprometido). Um enunciado destacado será verdadeiro se e somente o ponto de vista jurídico for válido e exaustivo. Em outras palavras, um enunciado destacado normalmente formulado pelo uso de certa sentença será verdadeiro se e somente se o enunciado normativo comprometido comumente formulado pelo uso da mesma sentença for verdadeiro – dados os fatos não normativos deste mundo –, se todas as normas últimas do sistema jurídico em causa forem vinculantes e, por fim, se não houver nenhuma outra consideração normativa vinculante.

Na página 66, *supra*, distingui entre os enunciados jurídicos normativos diretos e indiretos. Os comentários sobre o uso da linguagem normativa feitos aqui mostram que os enunciados jurídicos indiretos são, em sua maioria, enunciados sobre as atitudes, crenças e práticas das pessoas. Os enunciados normativos diretos, dependendo das intenções daqueles que os declaram, são ou comprometidos ou destacados; e essas intenções se revelam nas próprias declarações ou pelo contexto em que os enunciados foram feitos.

BIBLIOGRAFIA

(INCLUI APENAS AS OBRAS CITADAS OU REFERIDAS)

AUSTIN, John. *Lectures on Jurisprudence*. John Murray, Londres, 5ª edição, 1885.

———. *The Province of Jurisprudence Determined*. The Noonday Press, Nova York, 1954.

———. *The Uses of the Study of Jurisprudence*, publicado no mesmo volume de *The Province*.

BENTHAM, J. *A Fragment on Government*. Blackwell, Oxford, 1960.

———. "A General View of a Complete Code of Laws", in *The Works of J. Bentham*.

———. *The Limits of Jurisprudence Defined*. Columbia University Press, 1945.

———. *Of laws in General*, The Athlone Press, 1970.

———. *The Works of J. Bentham*, org. J. Bowrigg. William Tait, Edimburgo, 1863.

BROWN, J. *The Austinian Theory of Law*. John Murray, Londres, 1920.

BRYCE, J. "The Nature of Sovereignty", in *Studies in History and Jurisprudence*, vol. ii. Clarendon Press, Oxford, 1901.

BUCKLAND, W. W. *Some Reflections on Jurisprudence*. Cambridge University Press, 1949.

D'ARCY, E. *Human Acts*. Clarendon Press, Oxford, 1963.

DAVIDSON, D. "Intending", Y. Yovel (org.), *Philosophy of History and Action*, Dordrecht, 1978.

DICEY, A. V. *Introduction to the Study of the Law of the Constitution.* Macmillan & Co., Londres, 10ª edição, 1964.

DWORKIN, R. M. *Taking Rights Seriously*, edição revisada, Londres, 1979.

EEKELAAR, J. M. "Principles of Revolutionary Legality", in A. W. Simpson (org.), *Oxford Essays in Jurisprudence.*

FEINBERG, J. *Social Philosophy*, Englewood Cliffs, N. J., 1973.

FINNIS, J. M. *Natural Law and Natural Rights*, Oxford, 1980.

_____. "Revolution and Continuity in Law", in A. W. B. Simpson (org.), *Oxford Essays in Jurisprudence.*

FULLER, L. *The Morality of Law*, Cambridge, Mass., 1964.

GRAY, J. C. *The Nature and Sources of the Law.* Beacon Press, Boston, 2ª edição, 1963.

HACKER, P. M. S. "Sanction Theories of Duty", in A. W. Simpson (org.), *Oxford Essays in Jurisprudence.*

HACKER, P. M. S. and Raz., J. (orgs.) *Law, Morality and Society*, Oxford, 1977.

HARE, R. M. *The Language of Morals.* Oxford University Press, 1964.

HARRIS, J. W. *Law and Legal Science*, Oxford, 1979.

HART, H. L. A. "Bentham on Legal Powers", *Yale L. J.* 81 (1972).

_____. *Definition and Theory in Jurisprudence*, Clarendon Press, Oxford, 1959.

_____. "Kelsen Visited", 10 *U. C. L. A. Law Review*, 709.

_____. "Legal and Moral Obligation", in A. L. Melden (org.), *Essays in Moral Philosophy.* University of Washington Press, 1958.

_____. "Positivism and the Separation of Law and Morals", (1958) 71 *Harvard Law Review* 593.

_____. "Self-Referring Laws", in *In Honour of Karl Olivecrona.*

_____. *The Concept of Law*, Clarendon Press, Oxford, 1961.

HOBBES, T. *Leviathan*, Blackwell, Oxford, 1960.

HOHFELD, W. N. *Fundamental Legal Conceptions*, Yale University Press, New Haven, Londres, 1964.

Honoré, A. M. "Real Laws", in *Law, Morality and Society*, P. M. S. Hacker and J. Raz (orgs.), Oxford, 1977.

_____. "Rights of Exclusion and Immunities against Divesting", (1960) 34 *Tulane Law Review* 453.

_____. "What is a Group", *Archiv für Rechts und Sozialphilosophie* 61 (1975) 161.

Holland, T. E. *The Elements of Jurisprudence*. Clarendon Press, Oxford, 10ª edição, 1906.

Kelsen, H. *General Theory of Law and State*. Russell & Russell, Nova York, 1961.

_____. "On the Pure Theory of Law", (1966) 1 *Israel Law Review* 1.

_____. "Prof. Stone and the Pure Theory of Law", (1965) 17 *Stanford Law Review*, vol. 2, p. 1128.

_____. *Théorie pure du droit*. Dalloz, Paris, 1962.

_____ *The Pure Theory of Law*. University of California Press, Berkeley & Los Angeles, 1967.[1]

_____. "The Pure Theory of Law", (1934) 50 *Law Quarterly Review* 477, and (1935) 51 *Law Quarterly Review* 517.

_____. "The Pure Theory of Law and Analytic Jurisprudence" published in *What is Justice?*

_____. *What is Justice?* University of California Press, 1960.

Kenny, A. "Intention and Purpose", (1966) 63 *The Journal of Philosophy* 642.

Lyons, D. "Principles, Positivism and Legal Theory – Dworkin, *Taking Rights Seriously*", *Yale L. J.* 87 (1977) 415.

MacCormack, G. "'Law' and 'Legal System'", (1979) 42 *M. L. R.* 285.

MacCormick, D. N. "Rights in Legislation", *Law, Morality and Society*, p. 189.

---

[1] Usei na maior parte das vezes esta tradução de Reine Rechtslehre (2ª edição), mas às vezes, quando entendi que a tradução se desviava de forma significativa do sentido do original, usei a tradução francesa listada acima.

_____. "The Obligations of Reparation", *Proc. of the Aristotelian Society*, 78 (1977-8) 195.

_____. "Voluntary Obligations and Normative Powers", *Aristotelian Society*, Sup. Vol. 46 (1972) 59.

MARKBY, W. *Elements of Law*. Clarendon Press, Oxford, 5ª edição, 1896.

MUNZER, S. "Validity and Legal Conflicts", *Yale L. J.* 82 (1973) 1140.

OBERDIEK, H. "The Role of Sanctions and Coercion in Understanding Law and Legal Systems", *Am. J. of Juris.* 21 (1976) 71.

PRIOR, A. *Formal Logic*. Clarendon Press, Oxford, 2ª edição, 1962.

RAZ, J. "Voluntary Obligations and Normative Powers", *Aristotelian Society*, Sup. Vol. 46 (1972) 79.

_____. *Practical Reason and Norms*, Londres, 1975.

_____. "Promises and Obligations" in *Law, Morality and Society*.

_____. *The Authority of Law*, Oxford, 1979.

_____. "The Problem about the Nature of Law", forthcoming.

ROSS, A. "A Review of Kelsen's *What is Justice?*", 45 *California Law Review* 564.

_____. *On Law and Justice*. Stevens, Londres, 1958.

_____. "Tû Tû, 70 *Harvard Law Review*, vol. 1, p. 812.

SALMOND, J. W. *The First Principles of Jurisprudence*. Stevens & Haynes, 1893.

_____. *Salmond on Jurisprudence: Eleventh Edition*, org. G. Williams, Sweet & Maxwell, Londres, 1957.

SIMPSON, A. W. B. (org.) *Oxford Essays in Jurisprudence*, 2ª série, Oxford, 1973.

_____. "The Analysis of Legal Concepts", (1964) 80 *L. Q. R.* 535.

SOPER, E. P. "Legal Theory and the Obligation of a Judge: The Hart/Dworkin Dispute", *Mich. L. Rev.* 75 (1977) 473.

STENIUS, E. *Wittgenstein's "Tractatus"*. Blackwell, Oxford, 1960.

STRAWSON, P. "Intention and Convention in Speech Acts", (1964) 73 *Philosophical Review* 439.

Von Wright, G. H. *Norm and Action.* Routledge & Kegan Paul, Nova York, 1963.

Willoughby, W. W. *The Fundamental Concepts of Public Law,* MacMillan, Londres, 1924.

ÍNDICE REMISSIVO

A

Ação
  Atos elementares, 72
  Situação de ato, 71-2
  Teoria de Bentham sobre a, 67-74
Austin, J., 5, 7-58, 84, 90, 124-7, 132-3, 141-5, 209, 221, 225, 244, 248, 250, 254-5, 281, 293, 300

B

Bentham, J., 1, 9-15, 23-4, 29-30, 58-60, 67-81, 84, 90, 94-7, 100-5, 114-6, 119, 121-3, 153, 161, 188, 190, 192-3, 195, 200, 209, 221, 225, 233, 244, 248, 255, 274, 293, 300
Brown, J., 57
Bryce, J., 56, 132
Buckland, W. W., 57

C

Cadeias de validade, 129-34, 140-6, 152
Coerção no direito, 4, 247-8, 282
  Concepção de Austin, 18-9, 32
  Concepção de Kelsen, 105-11
  ver também Sanções

Comando, 7, 15-9, 32, 61, 170-5
  tácito, 52-3
Conflitos entre leis, 229, 246, 263, 300
  Concepção de Bentham, 100-1
  Concepção de Kelsen, 104-5, 128-9
Criação das leis, 90-3, 95-8, 227, 260-2, 294-6, 301-2
  Concepção de Austin, 15-20, 25-30, 51-5
  Concepção de Bentham, 29-30, 100-1
  Concepção de Kelsen, 83-4, 90-3, 109-14, 156-60, 166-7

D

D'Arcy, E., 70-1
Davidson, D., 285
Dever, 235
  Concepção de Austin, 27, 32, 37-8
  Concepção de Bentham, 100-1, 116
  Concepção de Kelsen, 114-8, 121-2, 146
  Concepção de Hart, 197-8
Dicey, A. V., 56-8

Direito,
  caráter coercitivo do, 4, 120, 282;
    ver também Sanções, Coerção
    no direito
  e moral, 9, 120, (4-8); ver também
    Sistemas jurídicos
  Institucionalizado, 4, 92, 253-9,
    269-70, 280-3, 286-9, 309
Direitos, 26-7, 37-43, 233-44
Dworkin, R. M., 279, 284, 300

E

Eekelaar, J. M., 279
Eficácia, 8, 124-6
  Princípio de, 23, 36, 44, 124,
    271-4; ver também Obediência
Enunciados jurídicos, ver
  Enunciados normativos
Enunciados normativos, 59-67, 151,
  312-6
  Aplicados e puros, 66, 291
  Concepção de Kelsen, 175-84
  De direitos, 234-5
  Descrição adequada de um
    sistema jurídico, 54-67, 98-9
  Descrição completa de um sistema
    jurídico, 67, 99-100, 153, 252
  Descrição total de um sistema
    jurídico, 67
  Diretos e indiretos, 66-7, 98,
    289-94, 316
  Logicamente puros, 291-4, 296
  Não comprometidos, 313-5
Estrutura dos sistemas jurídicos, 2-3,
  32-3, 59-60, 67, 92, 98-100, 153,
  187-8, 207-8, 226-7, 233, 242-9,
  262
  Concepção de Austin, 7-8, 31-5
  Concepção de Kelsen, 146-60
  Estrutura operativa e estrutura
    genética, 244-7

Estrutura genética, 246
Estrutura interna, 8, 32-3
Estrutura operativa, 246-8
Existência das leis, 82, 90-3
  Concepção de Austin, 15-20
  Concepção de Kelsen, 82-92
Existência dos sistemas jurídicos, 2,
  67, 98-9, 271-8, 280-1
  Concepção de Austin, 7-8, 15-24,
    44-5, 55-8
  Concepção de Kelsen, 124-7

F

Feinberg, J., 300
Finnis, J., 281, 284
Fuller, L., 284
Funções sociais do direito, 210, 305-6

G

Gray, J. C., 57

H

Hacker, P. M. S., 290, 299
Hare, R. M., 63
Harris, J. M., 300, 303
Hart, H. L. A., 1-5, 7, 30, 32, 37, 53,
  93, 117, 161, 170, 196-201, 209-11,
  220-1, 225, 237, 245, 264-8, 274,
  280-1, 283-4, 293, 307
Hobbes, T., 40
Hohfeld, W. N., 37, 239-41, 293
Holland, T. E., 55, 253
Holmes, O. W., 293, 307
Honoré, A. N., 239-40, 279, 290,
  298-300

I

Identidade dos sistemas jurídicos, 2,
  67, 98-9, 134, 249-70, 280-2
  Concepção de Austin, 7-8, 14-5,
    25-30, 44-55, 127-8, 140-6

Concepção de Bentham, 13-5
Concepção de Kelsen, 127-46
Independência, princípio de, 35-6, 124, 152
Individuação, 59-60, 67, 94-123, 153-4, 187-96, 210-1, 225, 233, 289-98
　Concepção de Bentham, 95-105, 114-23, 188, 195
　Concepção de Kelsen, 95-8, 104-23, 146-56, 160, 195
　Operador individuador, 292-8
Instituições, jurídicas, 4, 203-8, 230, 255-8, 269-70; *ver também* Órgãos aplicadores da lei

J
Justificação dinâmica, 179-80

K
Kelsen, H., 1-5, 15, 32, 58-66, 80-92, 95-8, 104-23, 124-187, 190-2, 195, 209, 225, ,238, 244-5, 248, 250-1, 255, 268, 280, 285, 287, 300, 307
Kenny, A. J. P., 73

L
Lei, 3, 59-60, 97-101, 225, 291-8; *ver também* Individuação; Criação das leis
　Concepção de Austin, 7-8, 15-24, 32
　Concepção de Bentham, 29-30, 74-80
　Concepção de Kelsen, 80-93, 109-14
Lei constitutiva, 235
Lei de investidura, 235
Lei original, 82, 251
Leis constitucionais
　Concepção de Austin, 43-4
　Concepção de Kelsen, 158-60

Leis costumeiras
　Concepção de Austin, 53-5
　Concepção de Kelsen, 85-7, 90-3
Leis de destituição, 235
Leis derivadas, 82
Leis que conferem poderes, 209-23, 241-4, 247-8, 262, 265, 273, 277, 299-306
Leis-PL, 215, 211-3, 242
Leis-PR, 215-20, 242
Leis que impõem deveres, 196-208, 210-2, 216-21, 229-33, 241-4, 247-8, 265-6, 273, 277, 303-4
Leis que só existem no papel, 268-70
Leis revogadoras, 78-9, 85-7, 157, 245
Llewellyn, K. A., 293
Lógica deôntica, lógica da vontade de Bentham, 74-80
Lyons, D., 284

M
MacCormack, G., 279
MacCormick, D. N., 300
Markby, W., 41
Melden, A. I., 196
Munzer, S., 300

N
Norma de reconhecimento, 263-7
Norma fundamental, 87-91, 127-44, 152-3, 158-60, 170-87
Normas, 59-93, 99-100, 212-8, 304-8
Normas imperativas, 162-70, 209
Normas-O, 212-8
Normas prescritivas, 165, 209, 212, 216
Normatividade do direito, 4, 210-3, 225-8, 268-70, 306-12
　Concepção de Kelsen, 174-83
Nulidade, como sanção, 30

O

Obediência, 8-9, 15, 19-22, 44-8, 125-6
  Leis de obediência, 29-33, 221-3
Oberdiek, H., 282
Órgãos aplicadores da lei, 175-82, 230, 255-6, 282
  Primários, 256-63
Orientação da conduta, 163-4, 170, 209-12, 215-20, 225-8, 304-30
Origem, princípio de, 25, 36, 124, 127-8, 144-5

P

Permissões, 64, 76-8, 105-6, 113-6, 146, 153, 226-36, 303, 305-6
Pertença, *ver* Pertinência
Pertinência (da lei) a um sistema jurídico, *ver* Identidade dos sistemas jurídicos
Poderes, 26-31, 39-43, 140-6, 150, 156, 184-5, 212-21, 228, 235
  Poderes reguladores e legislativos, 216-20
Ponto de vista do advogado, 296, 313-4
Prior, A. N., 76

R

Reação crítica, 197-205, 230
Relações genéticas, 33-4, 153, 160, 218-9, 246
Relações internas, 8, 34, 153, 162, 187-8, 194, 208, 215-6, 218-20, 226-9, 242-4, 257
Relações punitivas, 31-2, 153, 188, 208, 247
Relações reguladoras, 216-21, 242-3, 247
Ross, A., 169, 238

S

Salmond, J. W., 37, 57-8, 254-5, 263
Sanções, 102, 201-2, 247-8, 257-60
  Concepção de Austin, 16-9, 31-2, 34
  Concepção de Kelsen, 105-11, 113-4, 121-2, 158-60, 167-8
  Leis que estipulam sanções, 153-4, 205-7, 232, 247-8
Simpson, A. W. B., 238, 279
Sistemas jurídicos
  Autonomia dos, 227
  Conteúdo necessário dos, 2-3, 280
  Teoria dos, 1-2, 226-7, 279-80
  Toda lei pertence a um, 1, 261, 279-80
  Vigentes em determinado momento, 47-8, 65, 226-7, 249, 252-63
Soberania, 8-15, 19, 37-44, 48-58, 124, 126, 133, 140-6
Soper, E. P., 284
Stenius, E., 63
Strawson, P., 84

T

Tese das fontes, 284
Tomada de decisões, estágios executivo e deliberativo de, 284-6

V

Von Wright, G. H., 63, 68, 81

W

Willoughby, W. W., 40

Y

Yovel, Y., 285